人民日报社论集

（2017.10-2023.03）

人民日报评论部 ◎ 编

人民日报出版社
北京

图书在版编目（CIP）数据

人民日报社论集. 2017.10—2023.03 / 人民日报评论部编. —北京：人民日报出版社，2023.4
　　ISBN 978-7-5115-7761-0

Ⅰ.①人… Ⅱ.①人… Ⅲ.①《人民日报》—社论—选编—2017—2023　Ⅳ.①D609-53

中国国家版本馆CIP数据核字（2023）第064290号

书　　名：	人民日报社论集（2017.10–2023.03） RENMIN RIBAO SHELUNJI（2017.10–2023.03）
编　　者：	人民日报评论部
出 版 人：	刘华新
责任编辑：	曹　腾　季　玮
版式设计：	九章文化
出版发行：	人民日报出版社
社　　址：	北京金台西路2号
邮政编码：	100733
发行热线：	（010）65369509　65369527　65369846　65369512
邮购热线：	（010）65369530　65363527
编辑热线：	（010）65369523
网　　址：	www.peopledailypress.com
经　　销：	新华书店
印　　刷：	大厂回族自治县彩虹印刷有限公司
法律顾问：	北京科宇律师事务所　（010）83622312
开　　本：	787mm×1092mm　1/16
字　　数：	300千字
印　　张：	23.5
版次印次：	2023年4月第1版　2024年3月第4次印刷
书　　号：	ISBN 978-7-5115-7761-0
定　　价：	58.00元

出版说明

习近平总书记在中央和国家机关党的建设工作会议上的重要讲话中明确指出："党中央作出新的决策部署、出台新的文件，都要第一时间学习领会，养成读人民日报时政报道和重要评论、看中央电视台新闻联播、读《求是》杂志的习惯，线上线下同步学习，做到学习跟进、认识跟进、行动跟进。"

人民日报社论，在重要会议、重要活动、重要节点中，发挥着重要作用。广大干部群众认为，人民日报社论内容权威、深刻，文风庄重、大气，既有对中央精神的准确阐述，又有对发展大局的深入思考，是深入学习领会习近平新时代中国特色社会主义思想、深刻理解党和国家大政方针与重要部署的重要参考材料。

为满足广大干部群众深入学习党的创新理论和党中央决策部署的需要，我们将党的十九大以来人民日报社论结集出版，以期更好发挥党报评论在舆论上的导向作用、旗帜作用、引领作用，为全面建设社会主义现代化国家凝心聚力。

本书编写组

目录

开辟中国特色社会主义新境界 ……………………………… 001

夺取新时代中国特色社会主义伟大胜利 …………………… 004

引领新时代的坚强领导核心 ………………………………… 008

不忘历史　矢志复兴 ………………………………………… 010

牢牢把握高质量发展这个根本要求 ………………………… 013

谱写新时代乡村振兴新篇章 ………………………………… 016

我们的新时代　历史的新光荣 ……………………………… 019

书写中华民族伟大复兴的"三农"新篇章 ………………… 022

不负新时代的光荣使命 ……………………………………… 025

凝聚新时代的奋斗伟力 ……………………………………… 028

为民族复兴提供有力宪法保障 ……………………………… 031

画好同心圆　筑梦新时代 …………………………………… 034

国家的掌舵者　人民的领路人 ……………………………… 036

让中华儿女共享幸福和荣光 039

肩负新使命 迈向新征程 042

用劳动书写我们的新时代 045

向人类最伟大的思想家致敬 048

谱写无愧于新时代的青春篇章 051

始终同人民想在一起、干在一起 053

汇聚侨界力量 建功复兴伟业 056

办好人民满意的教育 058

促进残疾人全面发展和共同富裕 061

让塞上明珠更璀璨 064

用奋斗成就复兴伟业 067

唱响新时代奋斗者之歌 070

谱写新时代的巾帼华章 073

筑牢民族复兴的宪法根基 075

书写八桂大地繁荣发展新篇章 078

在新时代创造新的更大奇迹 080

深化供给侧结构性改革要在巩固增强提升畅通上下功夫 083

奋力谱写决胜全面小康的"三农"篇章 086

创造无愧于伟大新时代的新辉煌 089

推进祖国和平统一进程的重大宣示 092

决胜全面建成小康社会 推进乡村全面振兴 095

| 目 录 |

同心建言资政　同向凝聚共识 …………………………………… 098

激发制度活力　凝聚复兴伟力 …………………………………… 101

凝心聚力共创美好新时代 ………………………………………… 104

同心同向创造新的更大奇迹 ……………………………………… 106

铭记伟大变革　激扬奋进力量 …………………………………… 109

书写新时代劳动者新的荣光 ……………………………………… 112

让五四精神在新时代放射新的光芒 ……………………………… 115

为新时代党的历史使命而努力奋斗 ……………………………… 118

牢记初心使命　奋进复兴征程 …………………………………… 121

奋力书写人民政协事业新篇章 …………………………………… 124

共同谱写新时代人民共和国壮丽凯歌 …………………………… 127

奋斗的史诗　复兴的伟力 ………………………………………… 130

为实现中华民族伟大复兴提供有力保证 ………………………… 134

坚决夺取全面建成小康社会伟大胜利 …………………………… 137

续写"一国两制"成功实践新篇章 ……………………………… 140

奋力完成"三农"任务　决胜全面小康 ………………………… 142

决胜全面小康　迈向新的征程 …………………………………… 144

奋力抓好"三农"工作　确保如期实现全面小康 ……………… 147

凝心聚力决胜全面小康 …………………………………………… 150

广泛凝聚共识　决胜全面小康 …………………………………… 153

激发制度优势　凝聚奋斗伟力 …………………………………… 156

决胜全面小康　共襄复兴伟业 …………………………………… 159

凝聚智慧力量　迈上新的征程 …………………………………… 162

永远把人民放在最高位置 ………………………………………… 165

凝聚实现民族复兴的磅礴力量 …………………………………… 168

抗疫斗争铸就民族复兴新的精神丰碑 …………………………… 172

在新时代伟大征程上奋勇前进 …………………………………… 175

树立新时代改革开放新标杆 ……………………………………… 178

大力弘扬伟大的抗美援朝精神 …………………………………… 181

奋力夺取全面建设社会主义现代化国家新胜利 ………………… 184

勇当新时代改革开放排头兵 ……………………………………… 187

大力弘扬劳模精神 ………………………………………………… 190

加快构建新发展格局　为"十四五"开好局 …………………… 193

真抓实干做好新阶段"三农"工作 ……………………………… 196

乘势而上开启新的伟大征程 ……………………………………… 199

让广大农民过上更加美好的生活 ………………………………… 204

为"十四五"开好局起好步凝心聚力 …………………………… 207

凝聚复兴伟力　奋进伟大征程 …………………………………… 210

乘势而上开启崭新征程 …………………………………………… 213

凝心聚力创伟业　勇立潮头开新局 ……………………………… 216

在新征程上铸就新的历史伟业 …………………………………… 219

在民族复兴伟业中为党和人民建功立业 ………………………… 222

铸就百年辉煌　书写千秋伟业·············225

书写奥运华章　创造新的辉煌·············231

奋力谱写雪域高原长治久安和高质量发展新篇章·············234

谱写全运荣光　展现时代风采·············237

为全面建成社会主义现代化强国而不懈奋斗·············240

汇聚起实现中华民族伟大复兴的磅礴力量·············244

在新时代新征程上赢得更加伟大的胜利和荣光·············248

稳字当头、稳中求进，推动高质量发展·············253

稳住农业基本盘　守好"三农"基础·············256

在新的伟大征程上奋勇前进·············258

让我们一起向未来！·············263

共同奏响和平、团结、进步的时代乐章·············267

奋力开创全面推进乡村振兴新局面·············271

携手共奋进，一起向未来·············274

团结一心，凝聚起共同奋斗的力量·············277

在新征程上凝聚奋斗力量书写新的华章·············280

凝聚智慧力量　共谱奋进新篇·············284

团结奋斗创造新的伟业·············287

向世界传递信心、友爱与希望·············290

团结奋斗，在新征程上创造新的历史伟业·············293

在矢志奋斗中谱写新时代的青春之歌·············296

坚定历史自信　保持历史主动　续写历史新篇 …………………… 300

在新起点上再创新辉煌 ………………………………………………… 304

为实现中华民族伟大复兴提供更为坚强的战略支撑 ………………… 308

坚定不移推进中华民族伟大复兴历史进程 …………………………… 312

奋力开创中国特色社会主义新局面 …………………………………… 316

团结奋斗，谱写新时代中国特色社会主义更加绚丽的华章 ………… 320

肩负使命任务　创造新的伟业 ………………………………………… 326

缅怀功绩　继承遗志　团结奋斗 ……………………………………… 329

为全面建设社会主义现代化国家开好局起好步 ……………………… 334

铆足干劲，加快建设农业强国 ………………………………………… 338

锚定奋斗目标　创造新的伟业 ………………………………………… 341

全面推进乡村振兴　加快建设农业强国 ……………………………… 345

为实现新时代新征程的目标任务汇聚智慧和力量 …………………… 348

激扬奋进力量　创造新的伟业 ………………………………………… 351

向着新目标，奋楫再出发 ……………………………………………… 355

凝聚同心共圆中国梦的强大合力 ……………………………………… 359

踔厉奋发新征程　勇毅前行向复兴 …………………………………… 362

开辟中国特色社会主义新境界

——热烈祝贺中国共产党第十九次全国代表大会开幕

历史的画卷，总是在砥砺前行中铺展；时代的华章，总是在新的奋斗里书写。

今天，中国共产党第十九次全国代表大会在北京隆重开幕。这次大会，是在全面建成小康社会决胜阶段、中国特色社会主义发展关键时期召开的一次十分重要的大会，我们党将明确宣示举什么旗、走什么路、以什么样的精神状态、担负什么样的历史使命、实现什么样的奋斗目标，将提出具有全局性、战略性、前瞻性的行动纲领。开好这次大会，事关党和国家事业继往开来，事关中国特色社会主义前途命运，事关最广大人民根本利益，对决胜全面建成小康社会、夺取中国特色社会主义伟大胜利、实现中华民族伟大复兴的中国梦，具有重大的政治意义、理论意义、实践意义。

"人民对美好生活的向往，就是我们的奋斗目标。"回望过去极不平凡的5年，以习近平同志为核心的党中央迎难而上、开拓进取，革故鼎新、励精图治，以巨大的政治勇气和强烈的责任担当，进行具有许多新的历史特点的伟大斗争，统筹推进"五位一体"总体布局、协调推进"四个全面"战略布局，国家经济实力、科技实力、国防实力、综合国力、国际影响力和人民获得感显著提升，在新中国成立特别是改革开放以来我国发展取得的重大成就基础上，把中国特色社会主义推进到新的发展阶段。5

年来的成就是全方位的、开创性的，5年来的变革是深层次的、根本性的。这些历史性成就和历史性变革，标志着我国发展站到了新的历史起点上，对党和国家事业发展具有重大而深远的意义。

党的领导是中国特色社会主义最本质的特征，是中国特色社会主义制度的最大优势。5年来，改革开放和社会主义现代化建设之所以取得了历史性成就，中国特色社会主义之所以焕发出勃勃生机，最根本的是有以习近平同志为核心的党中央的坚强领导。砥砺奋进的5年，党的创造力、凝聚力、战斗力和领导力、号召力不断增强，党总揽全局、协调各方的领导核心作用充分发挥，这是5年来最具深远意义的成就，也是我们取得一切发展进步的根本原因。尤为重要的是，习近平总书记系列重要讲话精神和治国理政新理念新思想新战略，把我们党对共产党执政规律、社会主义建设规律、人类社会发展规律的认识提高到新水平，构成了一个科学完整的思想理论体系，是马克思主义中国化最新成果，开辟了当代中国马克思主义发展新境界。

道路问题是关系党的事业兴衰成败的首要问题，道路决定命运，道路就是党的生命。正是沿着中国特色社会主义道路，近代以来久经磨难的中华民族实现了从站起来、富起来到强起来的历史性飞跃。5年砥砺奋进，社会主义在中国焕发出强大生机活力并不断开辟发展新境界，中国特色社会主义拓展了发展中国家走向现代化的途径，为解决人类问题贡献了中国智慧、提供了中国方案。在新的历史起点，我们党要在迅速变化的时代中赢得主动，要在新的伟大斗争中赢得胜利，就必须更加坚定"四个自信"，牢牢把握我国发展的阶段性特征，牢牢把握人民对美好生活的向往。我们期待，这次大会以更宽广的视野、更长远的眼光，思考和把握国家未来发展面临的一系列重大战略问题，在理论上拓展新境界、在实践上作出新部署，指引全党全国各族人民以新的精神状态和奋斗姿态，进行伟大斗争、建设伟大工程、推进伟大事业、实现伟大梦想,把中国特色社会主义不断推向前进。

一切伟大的成就都是接续奋斗的结果,一切伟大的事业都需要在继往开来中推进。今天,我们比历史上任何时期都更接近中华民族伟大复兴的目标,比历史上任何时期都更有信心、有能力实现这个目标。实现第一个百年奋斗目标、决胜全面建成小康社会,为实现第二个百年奋斗目标而努力、踏上建设社会主义现代化国家新征程,我们伟大的党,不忘初心再出发,勇担重任立潮头,引领承载中国人民伟大梦想的航船破浪前进,驶向更加光辉的彼岸。

预祝大会圆满成功!

(2017年10月18日　02版)

夺取新时代中国特色社会主义伟大胜利

——热烈祝贺中国共产党第十九次全国代表大会胜利闭幕

新思想引领新时代，新使命开启新征程，中国共产党第十九次全国代表大会圆满完成各项议程和崇高使命，在北京胜利闭幕。我们党以永不懈怠的精神状态和一往无前的奋斗姿态，吹响了夺取新时代中国特色社会主义伟大胜利的前进号角。

党的十九大是在全面建成小康社会决胜阶段、中国特色社会主义进入新时代的关键时期召开的一次十分重要的大会。大会批准了习近平同志代表第十八届中央委员会所作的报告，批准了中央纪律检查委员会工作报告，审议通过了《中国共产党章程（修正案）》，选举产生了新一届中央委员会和中央纪律检查委员会。这是一次团结的大会、胜利的大会、奋进的大会，在我们党和国家的发展进程中具有极其重大的历史意义。

大会高度评价习近平同志所作的报告。报告高举中国特色社会主义伟大旗帜，总结了党的十八大以来党和国家事业的历史性变革，作出了中国特色社会主义进入了新时代、我国社会主要矛盾已经转化为人民日益增长的美好生活需要和不平衡不充分的发展之间的矛盾等重大政治论断，系统阐述了新时代中国特色社会主义思想，明确提出了新时代坚持和发展中国特色社会主义的基本方略，深刻回答了新时代坚持和发展中国特色社会主义的一系列重大理论和实践问题，对决胜全面建成小康社会、开启全面建设社会主义现代化国家新征程作出了全面部署。代表们一致认为,这是一个举旗帜、指方向、明方略、绘蓝图的好报告,是一篇光辉的马克思主义纲领性文献,是我们党进入新时代、踏上新征程、书写新篇章的政治宣言和行动纲领。

大会高度评价第十八届中央委员会的工作,高度评价党的十八大以来我们党带领人民所经历的极不平凡的奋斗历程。五年来,以习近平同志为核心的党中央,以巨大的政治勇气和强烈的责任担当,提出一系列新理念新思想新战略,出台一系列重大方针政策,推出一系列重大举措,推进一系列重大工作,解决了许多长期想解决而没有解决的难题,办成了许多过去想办而没有办成的大事。五年来,党和国家事业发生的历史性变革、取得的历史性成就,在我们党的历史、中华人民共和国历史、中华民族历史上具有里程碑意义。

"中国特色社会主义进入了新时代",这是党的十九大对我国发展新的历史方位的科学判断,也是贯穿党的十九大报告的一条主线。在新时代坚持和发展中国特色社会主义,就要深刻认识新时代的重大意义和丰富内涵,就要深刻认识新时代我国社会主要矛盾的历史性变化,从而牢牢把握我们党在新时代的历史使命,更好进行伟大斗争、建设伟大工程、推进伟大事业、实现伟大梦想,在新时代中国特色社会主义的伟大实践中,以党的坚强领导和顽强奋斗,激励全体中华儿女不断奋进,凝聚起同心共筑中国梦的磅礴力量。

习近平新时代中国特色社会主义思想,是马克思主义基本原理同中国具体实际相结合的又一次飞跃,也是贯穿党的十九大报告的灵魂。从"八个明确"到"十四条坚持",习近平新时代中国特色社会主义思想,系统回答了新时代坚持和发展什么样的中国特色社会主义、怎样坚持和发展中国特色社会主义这个重大时代课题,并根据新的实践对党和国家事业各方面作出了理论分析和政策指导，是全党全国各族人民为实现中华民族伟大复兴而奋斗的行动指南。把习近平新时代中国特色社会主义思想确立为党必须长期坚持的指导思想，这是党的指导思想又一次与时俱进，全党要深刻领会其精神实质和丰富内涵，在各项工作中全面准确贯彻落实。

从党的十九大到党的二十大，是"两个一百年"奋斗目标的历史交汇期。在这一关键时期，党的十九大对新时代中国特色社会主义发展作出新的战略安排。第一个阶段，从2020年到2035年，在全面建成小康社会的基础上，基本实现社会主义现代化；第二个阶段，从2035年到本世纪中叶，把我国建成富强民主文明和谐美丽的社会主义现代化强国。这一战略安排，表明我们党有能力带领全国各族人民提前15年完成原定的第二个百年目标，使中华民族伟大复兴的中国梦呈现出崭新图景。历史只会眷顾坚定者、奋进者、搏击者，从全面建成小康社会到基本实现现代化，再到全面建成社会主义现代化强国，我们要坚忍不拔、锲而不舍，奋力谱写社会主义现代化新征程的壮丽篇章。

历史已经证明并将继续证明，没有中国共产党的领导，民族复兴必然是空想。党的十八大以来，我们党在革命性锻造中更加坚强，焕发出新的强大生机活力，为党和国家事业发展提供了坚强政治保证。今天，中国特色社会主义进入新时代，我们党要有新气象新作为，就必须按照新时代党的建设总要求，把党建设成为始终走在时代前列、人民衷心拥护、勇于自我革命、经得起各种风浪考验、朝气蓬勃的马克思主义执政党，确保党在世界形势深刻变化的历史进程中始终走在时代前列，在应对国内外各种风险和考验的历史进程中始终成为全国人民的主心骨，在坚持和发展中国特色社会主义的历史进程中始终成为坚强领导核心。

不忘初心，牢记使命。当前，摆在我们面前的首要政治任务，就是认真学习贯彻党的十九大精神，把思想和行动统一到党的十九大精神上来，把智慧和力量凝聚到落实党的十九大提出的各项任务上来。全党一定要保持艰苦奋斗、戒骄戒躁的作风，保持党同人民群众的血肉联系，团结一切可以团结的力量，以时不我待、只争朝夕的精神，奋力走好新时代的长征路，不断开创中华民族伟大复兴更加光明的前景。

中华民族是历经磨难、不屈不挠的伟大民族，中国人民是勤劳勇敢、自强不息的伟大人民，中国共产党是敢于斗争、敢于胜利的伟大政党。让我们更加紧密地团结在以习近平同志为核心的党中央周围，高举中国特色社会主义伟大旗帜，以习近平新时代中国特色社会主义思想为指导，锐意进取，埋头苦干，为实现推进现代化建设、完成祖国统一、维护世界和平与促进共同发展三大历史任务，为决胜全面建成小康社会、夺取新时代中国特色社会主义伟大胜利、实现中华民族伟大复兴的中国梦、实现人民对美好生活的向往继续奋斗！

（2017年10月25日　03版）

引领新时代的坚强领导核心

伟大的事业薪火相传，伟大的政党生生不息。中国共产党第十九届中央委员会第一次全体会议，选举产生了新的中央领导机构，习近平同志再次当选为中央委员会总书记、中央军委主席，一批为党和国家事业作出重大贡献的同志从党中央领导岗位上退下来，一批德才兼备、年富力强的领导干部进入新一届中央委员会和中央领导机构。这是一个政治坚定、团结统一、坚强有力、奋发有为的中央领导集体，这是一个人民可以期待、适应党和国家事业发展需要的中央领导集体。选举结果充分体现了全党全军全国各族人民的共同心愿，充分反映了我们党朝气蓬勃、兴旺发达。全党同志深信，以习近平同志为核心的党中央将团结带领全党全军全国各族人民，决胜全面建成小康社会，奋力夺取新时代中国特色社会主义伟大胜利。

党的十九大，高举中国特色社会主义伟大旗帜，作出中国特色社会主义进入了新时代、我国社会主要矛盾已经转化为人民日益增长的美好生活需要和不平衡不充分的发展之间的矛盾等重大政治论断，把习近平新时代中国特色社会主义思想确立为党必须长期坚持的指导思想，深刻回答了新时代坚持和发展中国特色社会主义的一系列重大理论和实践问题，对决胜全面建成小康社会、开启全面建设社会主义现代化国家新征程作出了全面部署。党的十九大和党的十九届一中全会的胜利召开，为党和人民事业发展进步指明了前进方向，为我们党继续带领全国各族人民团结奋斗奠定了重要的思想政治基础，为全面贯彻落实党的十九大精神，全面贯彻党的基本理论、基本路线、基本方略，提供了坚强的政治保证和组织保证。这充分表明，我们党是一个不忘初心、牢记使命、坚定成熟、永葆先进的马克思主义执政党。

伟大的事业必须有坚强的党来领导。我们这样的大国大党，要像习近平总书记强调的"大就要有大的样子"那样，在新时代凝聚全党、团结人民、战胜挑战、破浪前进，保证我们党始终成为中国特色社会主义的坚强领导力量，必须有坚强有力的领导核心。今天，肩负新时代的历史使命，更好进行伟大斗争、建设伟大工程、推进伟大事业、实现伟大梦想，我们党更加需要一个坚强的领导核心和中央领导集体。坚决维护以习近平同志为核心的党中央权威和集中统一领导，坚决维护习近平总书记党中央的核心、全党的核心地位，才能凝聚中央委员会、中央政治局成员的智慧，凝聚各级领导干部的智慧，凝聚全党8900多万党员的智慧，凝聚起同心共筑中国梦的磅礴力量。

不忘初心，方得始终。让我们更加紧密地团结在以习近平同志为核心的党中央周围，坚持以习近平新时代中国特色社会主义思想为指导，在新时代展现党的新气象新作为，在新征程谱写新篇章夺取新胜利，不断开创中华民族伟大复兴更加光明的前景。

（2017年10月26日　06版）

不忘历史　矢志复兴

——写在第四个南京大屠杀死难者国家公祭日

"侵华日寇，毁吾南京。劫掠黎庶，屠戮苍生。卅万亡灵，饮恨江城。日月惨淡，寰宇震惊。兽行暴虐，旷世未闻。"

今天是南京大屠杀惨案发生80周年，也是第四个南京大屠杀死难者国家公祭日。在这个沉痛的日子里，让我们深切缅怀南京大屠杀的无辜死难者，深切缅怀所有惨遭日本侵略者杀戮的死难同胞，深切缅怀为中国人民抗日战争胜利献出生命的革命先烈和民族英雄。

3年前的今天，习近平总书记在南京大屠杀死难者国家公祭仪式上发表讲话，表达中国人民坚定不移走和平发展道路的崇高愿望，宣示中国人民牢记历史、不忘过去，珍爱和平、开创未来的坚定立场。3年来，我们以国家之名祭奠死难者，以尊崇之心珍视和平，以民族之力矢志复兴。今天，中华民族的发展前景无比光明，中国人民维护和平的决心坚定不移。

1937年7月7日，日本侵略者悍然发动了全面侵华战争，给中国人民带来了前所未有的巨大灾难。12月13日，侵华日军野蛮侵入南京，制造了灭绝人性的南京大屠杀惨案，30万同胞惨遭杀戮。这一骇人听闻的反人类罪行，是人类历史上十分黑暗的一页，是中华民族永远的伤痛。面对极其野蛮、极其残暴的日本侵略者，具有伟大爱国主义精神的中国人民没有屈服，在中国共产党号召和引领下，全民族各种积极力量同仇敌忾、共御外敌,最终赢得了中国人民抗日战争伟大胜利,也为世界反法西斯战争胜利作出了重大贡献。

"谁忘记历史,谁就会在灵魂上生病。"80年过去,侵略者的枪声淹没在历史尘埃里,但中华门城墙上的弹孔依然清晰可见;南京城的不绝哀号已随风逝去,但"万人坑"的累累白骨还在。历史不会因时代变迁而改变,事实也不会因巧舌抵赖而消失。南京大屠杀惨案铁证如山、不容否认。任何倒行逆施妄图篡改历史、否认暴行,为南京大屠杀惨案和侵略战争翻案的丑恶行径,不仅13亿中国人民不会答应,也将受到世界上一切爱好和平与正义人民的谴责和唾弃。"国之大事,在祀与戎。"年复一年的国家公祭向世人宣示,中国人民反对侵略战争、反对篡改历史的立场坚定不移,中国人民团结一心实现民族复兴的决心坚定不移,中国人民捍卫人类尊严、维护世界和平的意志坚定不移。

以国之名,我们呼唤中华儿女勠力同心为建设社会主义现代化强国、实现中华民族伟大复兴的中国梦作出新贡献。"四万万人齐蹈厉,同心同德一戎衣",从中国人民赢得抗日战争伟大胜利,开启中华民族由衰败走向振兴的重大转折,到中国特色社会主义进入新时代,意味着中华民族迎来了从站起来、富起来到强起来的伟大飞跃,中华崛起之功业,民族复兴之愿景,因为一代代中华儿女接续奋斗而曙光在前。在铭记历史中砥砺不忘初心、牢记使命的坚定信念,在缅怀同胞和先烈中凝聚以爱国主义为核心的伟大民族精神,我们一定能走好新时代的长征路,在新征程上不断夺取新胜利。

以国之名,我们呼吁世界各国共襄构建人类命运共同体的伟业,努力建设一个持久和平、共同繁荣的世界。中华民族经历了同胞惨遭屠戮、山河喋血的痛苦,更懂得和平"受益而不觉,失之则难存",更坚定"坚持和平发展,共同开创世界和平充满希望的未来"的决心。从"一带一路"

成为各国共同发展的合作平台,到构建人类命运共同体不断付诸实践,中国始终把为人类作出新的更大贡献作为自己的使命,始终做世界和平的建设者、全球发展的贡献者、国际秩序的维护者,同各国一道共同创造人类的美好未来。

不忘历史,矢志复兴。今天的中国,任人宰割、饱受欺凌的时代已经一去不复返了。全体中华儿女携手同心凝聚磅礴力量,为实现中华民族伟大复兴中国梦而不懈奋斗,正是对死难同胞和革命先烈的最好告慰。

(2017年12月13日　01版)

牢牢把握高质量发展这个根本要求

刚刚闭幕的中央经济工作会议,是党的十九大后党中央召开的第一个全国性会议,会议认真总结党的十八大以来我国经济发展历程,明确了以新发展理念为主要内容的习近平新时代中国特色社会主义经济思想,全面部署明年经济工作,对于我们统一思想、深化认识,打好决胜全面建成小康社会三大攻坚战,推动我国经济高质量发展,具有十分重大的意义。

党的十八大以来,以习近平同志为核心的党中央准确把握复杂局势,科学判断,正确决策,真抓实干,我国经济发展取得了历史性成就、发生了历史性变革。明年是贯彻党的十九大精神的开局之年,是改革开放40周年,是决胜全面建成小康社会、实施"十三五"规划承上启下的关键一年,经济工作要适应新时代、聚焦新目标、落实新部署,为2020年全面建成小康社会打下更坚实的物质基础,必须全面贯彻党的十九大精神,以习近平新时代中国特色社会主义思想为指导,加强党对经济工作的领导,坚持稳中求进工作总基调,坚持新发展理念,紧扣我国社会主要矛盾变化,按照高质量发展的要求,统筹推进"五位一体"总体布局和协调推进"四个全面"战略布局。

中国特色社会主义进入了新时代,我国经济发展也进入了新时代,我国经济已由高速增长阶段转向高质量发展阶段。高质量发展,就是能够很好满足人民日益增长的美好生活需要的发展,是体现新发展理念的发展,是创新成为第一动力、协调成为内生特点、绿色成为普遍形态、开放成为必由之路、共享成为根本目的的发展。推动高质量发展，就要建设现代化经济体系，这是我国发展的战略目标。实现这一战略目标，必须牢牢把握高质量发展的要求，坚持质量第一、效益优先；牢牢把握工作主线，坚定推进供给侧结构性改革；牢牢把握基本路径，推动质量变革、效率变革、动力变革；牢牢把握着力点，加快建设实体经济、科技创新、现代金融、人力资源协同发展的产业体系；牢牢把握制度保障，构建市场机制有效、微观主体有活力、宏观调控有度的经济体制。

推动高质量发展，首先要学懂弄通并贯彻好习近平新时代中国特色社会主义经济思想。要坚持加强党对经济工作的集中统一领导，坚持以人民为中心的发展思想，坚持适应把握引领经济发展新常态，坚持使市场在资源配置中起决定性作用，更好发挥政府作用，坚持适应我国经济发展主要矛盾变化完善宏观调控，坚持问题导向部署经济发展新战略，坚持正确工作策略和方法。

推动高质量发展，要坚持稳中求进工作总基调，该稳的要稳住，该进的要进取，把握好工作节奏和力度。要统筹各项政策，加强政策协同，积极的财政政策取向不变，稳健的货币政策要保持中性，结构性政策要发挥更大作用，社会政策要注重解决突出民生问题，改革开放要加大力度。

推动高质量发展，要重点抓好决胜全面建成小康社会三大攻坚战。打好防范化解重大风险攻坚战，重点是防控金融风险，要使宏观杠杆率得到有效控制，金融服务实体经济能力明显增强，系统性风险得到有效防控。打好精准脱贫攻坚战，要瞄准特定贫困群众精准帮扶，向深度贫困地区聚焦发力，激发贫困人口内生脱贫动力，巩固扶贫成果，提高脱贫质量。打好污染防治攻坚战，要下更大决心、采取更有力措施，加大污染防治力度，使主要污染物排放总量大幅减少，生态环境质量总体改善，重点是打赢蓝天保卫战。

推动高质量发展，要着力抓好明年的重点工作。要深化供给侧结构性改革，激发各类市场主体活力，实施乡村振兴战略，实施区域协调发展战略，推动形成全面开放新格局，提高保障和改善民生水平，加快建立多主体供应、多渠道保障、租购并举的住房制度，加快推进生态文明建设。

推动高质量发展，要坚持和加强党对经济工作的领导。要增强"四个意识"，坚决反对经济工作中的分散主义、自由主义、本位主义、山头主义、地方保护主义，防止不切实际地定目标，更不能搞选择性执行。各级领导干部要加强学习和实践，培养专业能力，弘扬专业精神，既要当好领导，又要成为专家，不断提高适应新时代、实现新目标、落实新部署的能力，不断增强推动高质量发展和建设现代化经济体系的本领。

一分部署、九分落实。做好明年经济工作，任务繁重、责任重大，让我们更加紧密地团结在以习近平同志为核心的党中央周围，全面贯彻党的十九大精神，不折不扣把这次会议的部署落实到位，锐意进取、埋头苦干，扎扎实实做好各项工作，确保明年经济工作开好局、起好步。

（2017年12月21日　01版）

谱写新时代乡村振兴新篇章

刚刚闭幕的中央农村工作会议,是党的十九大之后中央召开的又一次重要会议。会议深刻阐释了实施乡村振兴战略的重大意义、指导思想、总体要求、主要目标和重点任务,发出了实施乡村振兴战略的总动员令。这对于统一思想,深化认识,做好新时代"三农"工作具有十分重要的意义。

务农重本,国之大纲。党的十八大以来,以习近平同志为核心的党中央坚持把解决好"三农"问题作为全党工作的重中之重,持续加大强农惠农富农政策力度,农业农村发展取得了历史性成就,发生了历史性变革,"三农"工作积累了宝贵经验,为党和国家事业全面开创新局面提供了有力支撑,也为实施乡村振兴战略奠定了良好基础。

中国特色社会主义进入新时代,我国社会主要矛盾已经转化为人民日益增长的美好生活需要和不平衡不充分的发展之间的矛盾。当前,我国发展不平衡不充分问题在乡村比较突出。"三农"问题是关系国计民生的根本性问题,实现中华民族伟大复兴,绝不可以丢掉乡村仅顾城市。必须深入思考我国乡村的地位,必须更加重视乡村,让乡村尽快跟上国家发展步伐。农业强不强、农村美不美、农民富不富,决定着亿万农民的获得感和幸福感,决定着我国全面小康社会的成色和社会主义现代化的质量。如期实现第一个百年奋斗目标并向第二个百年奋斗目标迈进,最艰巨最繁重的任务在农村,最广泛最深厚的基础在农村,最大的潜力和后劲也在农村。

必须把实施乡村振兴战略作为新时代做好"三农"工作的总抓手，把振兴乡村作为实现中华民族伟大复兴的一个重大任务，确保"三农"在全面建成小康社会、全面建设社会主义现代化国家征程中不掉队。

实施乡村振兴战略，要顺应亿万农民对美好生活的向往，立足国情农情，以产业兴旺为重点、生态宜居为关键、乡风文明为保障、治理有效为基础、生活富裕为根本，推动农业全面升级、农村全面进步、农民全面发展。走好中国特色社会主义乡村振兴道路，要重塑城乡关系，走城乡融合发展之路；巩固和完善农村基本经营制度，走共同富裕之路；深化农业供给侧结构性改革，走质量兴农之路；坚持人与自然和谐共生，走乡村绿色发展之路；传承发展提升农耕文明，走乡村文化兴盛之路；创新乡村治理体系，走乡村善治之路；打好精准脱贫攻坚战，走中国特色减贫之路。必须统筹推进农村经济建设、政治建设、文化建设、社会建设、生态文明建设和党的建设，加快推进农业农村现代化，让农业成为有奔头的产业，让农民成为有吸引力的职业，让农村成为安居乐业的美丽家园。

乡村振兴是党和国家的大战略，不真刀真枪地干，不真金白银地投，是喊不出来的，是干不出名堂的。要深化农村改革，通过"扩面"、"提速"和"集成"，强化乡村振兴制度供给，让农村资源要素活化起来，让广大农民积极性和创造性迸发出来，让全社会支农助农兴农力量汇聚起来。要培养一支懂农业、爱农村、爱农民的"三农"工作队伍，畅通智力、技术、管理下乡通道，造就更多乡土人才，强化乡村振兴人才支撑。要加快形成财政优先保障、金融重点倾斜、社会积极参与的多元投入格局，强化乡村振兴投入保障。

实施乡村振兴战略，坚持和完善党的领导是关键。要把实现乡村振兴作为全党的共同意志和共同行动，把农业农村优先发展的要求落到实处，在干部配备上优先考虑，在要素配置上优先满足，在资金投入上优先保障，在公共服务上优先安排。建立实施乡村振兴战略领导责任制，实行中央统筹、省负总责、市县抓落实的工作机制。党政一把手是第一责任人，五级书记抓乡村振兴。

现阶段，我国乡村形态格局正处在大演化大调整时期，乡村振兴要科学把握乡村的差异性和发展走势分化特征，做好顶层设计，注重规划先行、突出重点、分类施策、典型引路。既尽力而为，又量力而行，不搞一刀切，不搞大拆大建，不搞形式主义。乡村振兴要坚持农民主体地位，充分尊重农民意愿。

在中国特色社会主义新时代，乡村是一个大有可为的广阔天地。乡村振兴的号角已经吹响。让我们更加紧密地团结在以习近平同志为核心的党中央周围，坚定信心、咬定目标、苦干实干、久久为功，奋力谱写新时代乡村振兴的新篇章。

（2017年12月30日 02版）

我们的新时代　历史的新光荣

——元旦献词

当阳光再次唤醒大地，我们迎来了新的一年。你好，2018！你好，我们的新时代！

时间是最伟大的书写者，总会忠实地记录下奋斗者的足迹。回首2017年，党的十九大树立一座里程碑，习近平新时代中国特色社会主义思想凝聚起改变中国的力量，我们在新时代开启了新征程。全面小康、现代化国家、民族复兴……新时代的中国，中国的新时代，从现实方位到未来擘画，让每个人都有一种"处身大历史"的感觉。

我们也在这一年创造了历史。经济发展稳中有进，仍然风景独好；民生改善大步前行，1000多万人摆脱贫困；雄安新区谋划已定，"历史性工程"落地生根；"一带一路"国际合作高峰论坛、金砖国家领导人厦门会晤，中国智慧引领世界；"复兴号"启程、C919首飞、国产航母下水、光量子计算机亮相，科技创新定义未来。面对历史，可以这样无愧地宣告：我们赢得了这一年！

2017年，也为极不平凡的五年画上圆满句号。历史性成就和历史性变革，把"中国号"巨轮带入新的水域，中国特色社会主义进入了新时代。这是让改革有新气势的时代，中流击水还看今朝；这是让社会有新风尚的时代，党风政风民风焕然一新；这是让人民有新获得的时代，小康路上"一个都不能少"；这是对世界有新贡献的时代，中国为世界注入正能量。力量向着复兴在聚集，精神为着复兴而振奋，泱泱大国、巍巍中华，曙光升腾、万物生长，神州大地呈现出生机勃勃的复兴气象。

人是时间的尺度。2018年，是贯彻十九大精神的开局之年，也是改革开放40周年。在习近平总书记确立的时代坐标上，这是最先到来的一个时间节点。1978年开启的奋斗，开创和发展了中国特色社会主义，"改革"二字凝聚起最大共识，激发出最强能量。以习近平新时代中国特色社会主义思想为指导，在实践中推进改革，在改革中扩大开放，正是对40年峥嵘岁月最好的致敬。

一时千载，千载一时，新的时代已经在我们面前展开。时和势依然在我，精气神鼓而不泄，这样的历史场景，正需要我们以永不懈怠的精神状态踏上时代新征程，以一往无前的奋斗姿态成就历史新光荣。

让我们用奋斗去弘扬一种精神。创业维艰，奋斗以成。40年来，我们在无路中走出了一条新路、好路，以敢闯敢试的勇气，以自我革新的智慧，以舍我其谁的担当，让一个全球最大的发展中国家成为世界第二大经济体。过去5年，我们凭着一股逢山开路、遇水架桥的闯劲，凭着一股滴水穿石、绳锯木断的韧劲，激荡全面深化改革的大潮。改革创新，正是贯穿40年的时代气质，"一股子气呀、劲呀"当常有，"杀出一条血路"的气魄不能丢。新的一年，唯有保持奋斗精神、奋发姿态，才能赓续40年的精神血脉，在新时代破浪前行。

让我们在坚守中拓展一条道路。40年前的改革开放，是中国道路的新起点。薪火相传，继往开来，社会主义中国在世界的东方巍然屹立。过去5年，我们用新奋斗打开新局面，步步逼近光辉的山巅。近代以来久经磨难的中华民族，迎来了从站起来、富起来到强起来的伟大飞跃。今天的中国，比历史上任何时期都更接近、更有信心和能力实现中华民族伟大复兴的目标。2018年，我们要为改革的四梁八柱添砖加瓦，要让1500多项改革举措开花结果。继续走下去，中华民族伟大复兴必将在改革开放的进程中实现。唯有保持战略定力，才能让这条历史和人民选择的道路，在我们的脚下连通远方。

让我们以搏击来开创一个未来。改革开放、民族复兴，这是多么壮阔的征程，也是多么艰辛的跋涉。我们正处在历史发展上升期，越是这种时候，越需要清醒的头脑、准确的判断。防范化解重大风险、精准脱贫、污染防治，打赢攻坚战不容易；科教兴国、人才强国、乡村振兴，诸多战略等待着实现；世界上仍有战争、贫穷、不公，还要我们完善中国方案、提供中国智慧。知难而进，难就不难，反而会化为成就伟大与卓越的机遇。唯有不畏风浪、直面挑战，才能把握好重要战略机遇期，迎来新时代的气象万千。

时间的脚步永不停歇，奋斗的脚步永不停歇。2018年，在改革开放的路上走下去，凝聚磅礴力量、激荡复兴气象，就一定能以今天的奋斗成就明天的光荣。让我们在以习近平同志为核心的党中央带领下，奋力前行、勇开新局，不负我们的梦想，不负伟大的时代。

（2018年01月01日　01版）

书写中华民族伟大复兴的"三农"新篇章

新春伊始,中共中央、国务院公开发布《关于实施乡村振兴战略的意见》。这是新世纪以来,党中央连续发出的第十五个指导"三农"工作的"一号文件"。今年一号文件立足新时代"三农"发展新的历史方位,对实施乡村振兴战略作出顶层设计,把农业农村优先发展作为现代化建设的一个重大原则,把振兴乡村作为实现中华民族伟大复兴的一个重大任务,对新时代做好"三农"工作具有十分重要的指导意义。

党的十八大以来,以习近平同志为核心的党中央坚持把解决好"三农"问题作为全党工作重中之重,持续加大强农惠农富农政策力度,扎实推进农业现代化和新农村建设,全面深化农村改革,农业农村发展取得了历史性成就、发生了历史性变革,为党和国家事业全面开创新局面提供了重要支撑,也为实施乡村振兴战略奠定了良好基础。

农业农村农民问题是关系国计民生的根本性问题。我国社会主要矛盾已经转化为人民日益增长的美好生活需要和不平衡不充分的发展之间的矛盾,解决好发展不平衡不充分问题,要求我们更加重视"三农"工作,更加重视乡村。没有农业农村的现代化,就没有国家的现代化。没有乡村的振兴,就没有中华民族伟大复兴。实施乡村振兴战略,是解决人民日益增长的美好生活需要和不平衡不充分的发展之间矛盾的必然要求,是实现"两个一百年"奋斗目标的必然要求,是实现全体人民共同富裕的必然要求。

实施乡村振兴战略，是我们党"三农"工作一系列方针政策的继承和发展，是中国特色社会主义进入新时代做好"三农"工作的新旗帜和总抓手。必须立足国情农情，切实增强责任感使命感紧迫感，协调推进农村经济、政治、文化、社会、生态文明建设和党的建设，加快补齐"三农"短板，夯实"三农"基础，让乡村尽快跟上国家发展步伐。

实施乡村振兴战略，要顺应亿万农民对美好生活的向往，以产业兴旺为重点，提升农业发展质量，培育乡村发展新动能；以生态宜居为关键，推进乡村绿色发展，打造人与自然和谐共生发展新格局；以乡风文明为保障，繁荣兴盛农村文化，焕发乡风文明新气象；以治理有效为基础，加强农村基层基础工作，构建乡村治理新体系；以生活富裕为根本，提高农村民生保障水平，塑造美丽乡村新风貌；以摆脱贫困为前提，打好精准脱贫攻坚战，增强贫困群众获得感。

实施乡村振兴战略，必须把制度建设贯穿其中，以完善产权制度和要素市场化配置为重点，推进体制机制创新，强化乡村振兴制度性供给；必须破解人才瓶颈制约，把人力资本开发放在首要位置，汇聚全社会力量，强化乡村振兴人才支撑；必须解决钱从哪里来的问题，加快形成财政优先保障、金融重点倾斜、社会积极参与的多元投入格局，强化乡村振兴投入保障。

办好农村的事情，实现乡村振兴，关键在党。要坚持和完善党对"三农"工作的领导，健全党委统一领导、政府负责、党委农村工作部门统筹协调的农村工作领导体制。各级党委和政府要提高对实施乡村振兴战略重大意义的认识，真正把实施乡村振兴战略摆在优先位置，把党管农村工作的要求落到实处。

在中国特色社会主义新时代，乡村是一个可以大有作为的广阔天地，迎来了难得的发展机遇。实现乡村振兴，我们有党的领导的政治优势，有社会主义的制度优势，有亿万农民的创造精神，有强大的经济实力支撑，有历史悠久的农耕文明，有旺盛的市场需求。乡村振兴的号角已经吹响，这既是一场攻坚战，更是一场持久战。让我们以习近平新时代中国特色社会主义思想为指导，认真贯彻落实习近平总书记"三农"思想，坚定信心、埋头苦干，扎扎实实把乡村振兴战略向前推进，推动农业全面升级、农村全面进步、农民全面发展，书写好中华民族伟大复兴的"三农"新篇章。

（2018年02月05日　01版）

不负新时代的光荣使命

——热烈祝贺全国政协十三届一次会议开幕

全国政协十三届一次会议今天在京开幕。伴随着新时代的步伐，肩负着13亿多人民的期待，2100多名新一届全国政协委员齐聚首都，共同为改革发展献诤言、谋良策。我们向大会的召开表示热烈祝贺！

五年一个周期，五年一个台阶，中国的发展进步与国家政治生活的节奏紧密相关。刚刚过去的五年，在党和国家发展进程中极不平凡。中共十八大以来，以习近平同志为核心的党中央团结带领全党全国各族人民迎难而上、革故鼎新，中国特色社会主义进入了新时代。在探索改革路、实现中国梦的伟大实践中，人民政协与共和国的脉搏始终一起跳动。党和国家事业取得的历史性成就、发生的历史性变革里，处处体现着人民政协不可替代的重要作用，凝聚着人民政协不同凡响的重要贡献。

五年来，人民政协坚持团结和民主两大主题，围绕统筹推进"五位一体"总体布局和协调推进"四个全面"战略布局，不断完善协商议政格局，强化民主监督职能，拓展团结联谊工作，加强履职能力建设，进一步开拓了团结民主、务实进取、蓬勃发展的新局面。五年奋进充分证明，只有坚持中国共产党的领导，坚持人民政协性质定位，坚持围绕中心、服务大局，才能实现广泛有效的协商民主，把新时代人民政协事业不断推向前进。

中共十九大开启了全面建设社会主义现代化国家的新征程。携手新时代、贯彻新理念、聚焦新目标、落实新部署，我们面对的是充满各种矛盾的国内国际新形势，将要进行具有许多新的历史特点的伟大斗争，尤其需要人民政协以习近平新时代中国特色社会主义思想为指引，认真履行政治协商、民主监督、参政议政职能，广泛凝聚实现中华民族伟大复兴的正能量。

心往一处想，劲儿才会往一处使。团结是力量之源。展望新的一年，把学习贯彻习近平新时代中国特色社会主义思想作为重中之重，自觉将思想和行动统一到中共十九大作出的重大决策部署上来，是人民政协的首要政治任务；为决胜全面建成小康社会、夺取新时代中国特色社会主义伟大胜利献计出力，是人民政协的工作主线。在思想上不断增进新共识，在行动中不断扩大团结面，努力化消极因素为积极因素，促进各党派团体、各族各界人士的大团结大联合，为实现十九大确定的奋斗目标减少阻力、增加助力、形成合力，人民政协使命光荣、责任重大。

商以求同，协以成事。有民主才有活力。面对利益多元和思想多样的现实，需要在坚持一致性中尊重多样性，在包容多样性中寻求一致性，找到最大公约数，画出最大同心圆。以服务两个百年目标为履职主攻方向，以解决好发展不平衡不充分问题为工作着力重点，充分发挥人民政协人才荟萃、智力密集、联系广泛的优势，把协商民主贯穿履行职能全过程，在探讨问题、平等交流、加强互动、增进共识上多下功夫，真诚协商、务实监督、深入议政，广大政协委员一定可以为发扬社会主义民主、实现人民群众期待贡献更多智慧和力量。

"为者常成，行者常至。"未来的成色，要靠奋进者的激情与拼搏来打磨。立足新起点，迈向新征程，期待各位委员不忘初心、牢记使命，始终保持奋发有为的精神状态、脚踏实地的工作作风,建睿智之言、进坦诚之谏、聚发展之力,以高度的责任心、强烈的使命感,积极投身贯彻落实中共十九大决策部署的伟大实践,为实现中华民族伟大复兴的中国梦、实现人民对美好生活的向往砥砺前行、不懈奋斗。

预祝大会圆满成功!

(2018年03月03日 01版)

凝聚新时代的奋斗伟力

——热烈祝贺十三届全国人大一次会议开幕

春回大地，万象更新。举世瞩目中，十三届全国人大一次会议今天隆重开幕。未来十多天时间里，近3000名新一届全国人大代表将在这里共商国是，谋划新时代改革发展大计。我们对大会的召开表示热烈祝贺！

党的十九大擘画了到本世纪中叶我国发展的宏伟蓝图，开启了全面建设社会主义现代化国家新征程。十三届全国人大一次会议将审议宪法修正案草案和监察法草案，选举和决定任命新一届国家机构领导人员，决定一系列影响深远的重大事项。开好这次会议，把党的主张和人民意愿凝聚为国家意志，对贯彻落实习近平新时代中国特色社会主义思想和党的十九大精神，动员全党全国各族人民为决胜全面建成小康社会、夺取新时代中国特色社会主义伟大胜利而不懈奋斗具有十分重要的意义。

过去五年，十二届全国人大及其常委会全面贯彻落实党的十八大和十九大精神，坚决维护以习近平同志为核心的党中央权威和集中统一领导，紧紧围绕党和国家工作大局依法行使职权。无论是依法审查批准"十三五"规划纲要、采取创制性方式及时妥善处理辽宁拉票贿选案中的特殊问题，还是依法对香港基本法第一百零四条作出解释、为深化国家监察体制改革提供法治保障，全国人大及其常委会坚决贯彻落实党中央决策部署，在大事要事上敢于担当、善于作为，各方面工作卓有成效。五年尽职履责，人大工作实现了坚持党的领导、人民当家作主、依法治国三者真正打通、有机统一。实践充分证明，人民代表大会制度是有效保证能干事、干好事、干成事的根本政治制度。

回首五年来走过的道路，一个结论分外鲜明：坚持党的领导是人民代表大会制度的本质要求和最大优势，是做好人大工作的根本保证和关键所在。习近平新时代中国特色社会主义思想，为长期坚持、不断完善人民代表大会制度提供了科学理论指导。只有坚定坚持以习近平同志为核心的党中央集中统一领导，紧密联系中国特色社会主义发展要求，自觉运用马克思主义中国化最新成果指导实践、破解难题，人大制度和人大工作才能充满生机活力，更具时代性。

展望新时代的目标任务，一项要求务必牢记：决胜全面建成小康社会，要切实把人民当家作主落实到国家政治生活和社会生活中。对于每一位人大代表来说，坚持以人民为中心不是抽象的，它体现在民有所呼、我有所应，体现在时时处处尊重人民意志、保障人民权益、增进民生福祉、激发人民创造活力，体现在为人民用权、为人民履职、为人民服务，自觉接受人民监督，解决好关系群众切身利益的重点难点问题。

法治是治国理政的基本方式，我们全面建设社会主义现代化国家，一个重要方面是建设中国特色社会主义法治体系、建设社会主义法治国家。党的十九大对推进全面依法治国、深化依法治国实践提出了新的要求。坚持立法先行，发挥立法的引领和推动作用，在法治下推进改革、在改革中完善法治；切实用好宪法法律赋予的监督权，把保证法律正确有效实施作为推进全面依法治国的重要抓手，推动严格执法、公正司法、全民守法，全国人大及其常委会重任在肩、大有可为。

2018年是全面贯彻落实党的十九大精神的开局之年，也是十三届全国人大及其常委会依法履职的第一年。回首过去，人民代表大会制度根植人民、立足时代，具有强大生命力和显著优越性。瞩望未来，人民代表大会制度必将在新时代呈现新气象、实现新作为。让我们紧密团结在以习近平同志为核心的党中央周围,以习近平新时代中国特色社会主义思想为指引,凝聚新时代的奋斗伟力,为人民不懈奋斗、同人民一起奋斗,共同书写中国特色社会主义事业的新篇章。

预祝大会圆满成功!

(2018年03月05日 01版)

为民族复兴提供有力宪法保障

九鼎重器，百炼乃成。第十三届全国人民代表大会第一次会议，表决通过了宪法修正案。这是时代大势所趋、事业发展所需、党心民心所向，是推进全面依法治国、推进国家治理体系和治理能力现代化的重大举措，对更好发挥宪法在新时代坚持和发展中国特色社会主义中的重大作用，为实现"两个一百年"奋斗目标和中华民族伟大复兴的中国梦提供有力宪法保障，具有重大现实意义和深远历史意义。

习近平总书记强调，坚持依法治国首先要坚持依宪治国，坚持依法执政首先要坚持依宪执政。从中央政治局决定启动宪法修改工作，到《中共中央关于修改宪法部分内容的建议》在党内外一定范围征求意见；从党的十九届二中全会审议通过《中共中央关于修改宪法部分内容的建议》，到全国人大常委会形成《中华人民共和国宪法修正案（草案）》的议案，提请第十三届全国人民代表大会第一次会议审议并通过，这次宪法修改，始终贯穿科学立法、民主立法、依法立法精神和原则，是我们党领导立法、保证执法、支持司法、带头守法的生动实践，是坚持党的领导、人民当家作主、依法治国有机统一的生动体现。

"法与时转则治，治与世宜则有功。"宪法是治国安邦的总章程，是党和人民意志的集中体现，在我们党治国理政活动中具有十分重要的地位和作用。在保持宪法连续性、稳定性、权威性的基础上，推动宪法与时俱进、完善发展，这是我国法治实践的一条基本规律。从1954年我国第一部宪法诞生至今，我国宪法一直处在探索实践和不断完善过程中。1982年宪法公布施行后，分别进行了5次修改。通过修改，我国宪法在中国特色社会主义伟大实践中紧跟时代步伐，为改革开放和社会主义现代化建设提供了根本法治保障。实践证明，及时把党和人民创造的伟大成就和宝贵经验上升为国家宪法规定，实现党的主张、国家意志、人民意愿的有机统一，是我们党治国理政的一条成功经验。

中国特色社会主义进入新时代，这是我国发展新的历史方位。我国宪法必须随着党领导人民建设中国特色社会主义实践的发展而不断完善发展。确立习近平新时代中国特色社会主义思想在国家政治和社会生活中的指导地位，把"中国共产党领导是中国特色社会主义最本质的特征"写入宪法总纲第一条，完善国家主席任期任职制度，深化国家监察体制改革……这次宪法修改，根据新时代坚持和发展中国特色社会主义的新形势新任务，把党的十九大确定的重大理论观点和重大方针政策载入国家根本法，把党和人民在实践中取得的重大理论创新、实践创新、制度创新成果上升为宪法规定，体现了党和国家事业发展的新成就新经验新要求，必将更好地发挥宪法的规范、引领、推动、保障作用，在法治轨道上更好地坚持和发展中国特色社会主义。

习近平总书记指出，"维护宪法权威，就是维护党和人民共同意志的权威。捍卫宪法尊严，就是捍卫党和人民共同意志的尊严。保证宪法实施，就是保证人民根本利益的实现。"修改宪法是为了更好实施宪法，更好发挥宪法的国家根本法作用。全面贯彻实施宪法，是建设社会主义法治国家的首要任务和基础性工作。我们要以这次宪法修改为契机，把实施宪法摆在新时代全面依法治国的突出位置，采取有力措施加强宪法实施和监督工作，为保证宪法实施提供强有力的政治和制度保障，把依法治国、依宪治国提高到一个新水平。

翻开宪法序言，从站起来、富起来到强起来，中华民族伟大复兴的历程清晰可见。中国特色社会主义的伟大实践，在国家根本法上留下辉煌篇章。踏上新征程、奋进新时代，维护宪法作为国家根本法的权威地位，更好发挥宪法治国安邦总章程的作用，中国特色社会主义道路就一定能越走越宽广，我们就一定能实现中华民族伟大复兴的中国梦。

（2018年03月12日　01版）

画好同心圆　筑梦新时代

——热烈祝贺全国政协十三届一次会议胜利闭幕

以民主激荡智慧，以团结凝聚力量，全国政协十三届一次会议圆满完成各项议程，3月15日在北京胜利闭幕。我们对大会的圆满成功表示热烈祝贺！

这是一次民主团结、求实奋进的大会。会议期间，习近平等党和国家领导同志看望了参加会议的各界别委员，并深入界别联组会议，认真听取委员意见和建议。各位委员建睿智之言、献务实之策，展现了人民政协这一人民民主重要实现形式的生机与活力。大会选举产生了新一届全国政协领导成员，顺利实现新老交替。十二届全国政协领导机构的一些老同志退了下来，他们为发展我国社会主义民主政治、推动改革开放和社会主义现代化建设作出了重要贡献，我们向他们致以崇高的敬意！

政协章程是参加人民政协的各党派团体和各族各界人士共同的行为准则。这次会议对政协章程部分内容进行了修改，纳入了党的十九大提出的新的重要思想、重要观点、重大判断、重大举措，纳入了党的十八大以来以习近平同志为核心的党中央关于人民政协工作的重要决策部署及人民政协理论创新、实践创新、制度创新的成果。政协章程的修改，符合新时代中国特色社会主义发展要求，符合人民政协事业发展要求，有利于人民政协更好履行职能、更好发挥作用。

中国共产党领导的多党合作和政治协商制度作为我国一项基本政治制度，是从中国土壤中生长出来的新型政党制度。作为国家治理体系的重要组成部分,作为具有中国特色的制度安排,人民政协是实行这一新型政党制度的重要政治形式和组织形式。人民政协60多年的辉煌历程和伟大实践充分表明,这一新型政党制度,新就新在它是马克思主义政党理论同中国实际相结合的产物,能够真实、广泛、持久代表和实现最广大人民根本利益、全国各族各界根本利益,有效避免了旧式政党制度代表少数人、少数利益集团的弊端;新就新在它把各个政党和无党派人士紧密团结起来、为着共同目标而奋斗,有效避免了一党缺乏监督或者多党轮流坐庄、恶性竞争的弊端;新就新在它通过制度化、程序化、规范化的安排集中各种意见和建议、推动决策科学化民主化,有效避免了旧式政党制度囿于党派利益、阶级利益、区域和集团利益决策施政导致社会撕裂的弊端。不忘多党合作之初心,坚定不移走中国特色社会主义政治发展道路,把我国社会主义政党制度坚持好、发展好、完善好,我们就一定能更好发挥社会主义制度优越性。

党的十九大描绘了新时代中国特色社会主义的宏伟蓝图,对人民政协提出了新的更高要求。把习近平新时代中国特色社会主义思想作为统揽政协工作的总纲,把坚持和发展中国特色社会主义作为巩固共同思想政治基础的主轴,把为决胜全面建成小康社会、夺取新时代中国特色社会主义伟大胜利献计出力作为工作主线,认真履行政治协商、民主监督、参政议政职能,用恪尽职守诠释担当、以奋发有为彰显价值,相信十三届全国政协定将不负重托,为新时代人民政协事业续写新篇章。

使命越光荣,任务越艰巨,就越需要所有人拧成一股绳同心干。让我们紧密团结在以习近平同志为核心的党中央周围,凝聚最广泛的共识、凝聚最充分的智慧、凝聚最广大的力量,画好最大同心圆,共筑中华民族伟大复兴中国梦。

(2018年03月16日　01版)

国家的掌舵者　人民的领路人

　　大国的扬帆远航，离不开掌舵者；民族的复兴征程，呼唤领路人。

　　在春风吐绿、草木萌发的美好时节，十三届全国人大一次会议举行全体会议，选举产生新一届国家机构领导人员，中共中央总书记、中央军委主席习近平全票当选中华人民共和国主席、中华人民共和国中央军事委员会主席。这充分体现了党的意志、人民意志、国家意志的高度统一，充分反映了全党全军全国各族人民的共同愿望和心声，必将鼓舞和动员亿万人民更加紧密团结在以习近平同志为核心的党中央周围，同心同德，开拓进取，决胜全面建成小康社会，夺取新时代中国特色社会主义伟大胜利，为实现中华民族伟大复兴的中国梦而不懈奋斗。

　　时间是伟大的书写者，也见证极不平凡的奋斗征程。党的十八大以来，面对复杂多变的国际形势和艰巨繁重的国内改革发展任务，以习近平同志为核心的党中央励精图治、攻坚克难，以巨大的政治勇气和强烈的历史担当，统筹推进"五位一体"总体布局、协调推进"四个全面"战略布局，推动党和国家事业取得了历史性成就、发生了历史性变革，引领中国特色社会主义进入新时代。短短几年，一系列新理念新思想新战略及时提出，一系列重大方针政策密集出台，一系列重大举措相继推出，一系列重大工作务实推进，许多长期想解决而没有解决的难题得到解决，许多过去想办而没有办成的大事终于办成。实践证明，中华民族之所以能迎来从站起来、富起来到强起来的历史性飞跃，根本就在于以习近平同志为核心的党中央坚强领导，根本就在于新的伟大斗争实践中形成了习近平同志这个党中央核心、全党核心的坚强引领。

"万山磅礴必有主峰"。在改革发展稳定、内政外交国防、治党治国治军各方面的伟大实践中，习近平总书记充分展现了高瞻远瞩、运筹帷幄的领袖风范，充分彰显了心系国家、情系人民的人格魅力，充分体现了马克思主义政治家的政治智慧和雄才大略。始终坚持以人民为中心，始终做人民的勤务员，习近平总书记深厚的人民情怀，凝聚起中华民族的磅礴之力，让党、国家、人民有了主心骨。实践充分证明，习近平总书记是新时代中国特色社会主义的开创者，是实现中华民族伟大复兴中国梦的领航者，无愧为全党拥护、人民爱戴的领袖，无愧为国家的掌舵者、人民的领路人。习近平总书记当选国家主席、中央军委主席，体现了中国共产党、中华人民共和国、中国人民解放军领导人"三位一体"领导体制的制度安排，显示了中国特色社会主义的独特政治和制度优势，有利于坚持和加强党的全面领导，有利于坚持和完善党和国家领导体制，有利于维护以习近平同志为核心的党中央权威和集中统一领导，为实现党的十九大描绘的宏伟蓝图筑牢坚实的政治根基、组织根基。

中华民族伟大复兴，绝不是轻轻松松、敲锣打鼓就能实现的。前进的道路上，"四大考验""四种危险"依然存在，发展短板亟待补齐，风险挑战尤须防范。新时代是奋斗者的时代。肩负新使命、踏上新征程，我国社会主要矛盾发生的关系全局的历史性变化，迫切需要我们激荡新气象、激发新作为，着力解决好发展不平衡不充分问题，更好满足人民日益增长的美好生活需要，更好推动人的全面发展、社会全面进步、人民共同富裕。只有在习近平新时代中国特色社会主义思想指引下，强化"四个意识"、坚定"四个自信"，坚决维护习近平总书记党中央的核心、全党的核心地位，坚决维护以习近平同志为核心的党中央权威和集中统一领导，一步紧跟一步行、撸起袖子加油干，才能汇聚同心共筑中国梦的磅礴力量，书写新时代中国特色社会主义事业的辉煌篇章。

众力并则万钧举，人心齐则泰山移。今天，我们比历史上任何时期都更接近中华民族伟大复兴的目标，比历史上任何时期都更有信心、有能力去实现这一目标。全党全军全国各族人民紧密团结在以习近平同志为核心的党中央周围，团结一心、矢志奋斗，我们就没有什么困难不能战胜，没有什么奇迹不能创造。

（2018年03月18日　04版）

让中华儿女共享幸福和荣光

伟大的历史，由人民共同书写；伟大的时代，是人民共同创造；伟大的梦想，靠人民共同完成。

在十三届全国人大一次会议闭幕会上，中共中央总书记、国家主席、中央军委主席习近平深刻诠释了中华民族的伟大民族精神，全面部署了新时代新征程的大政方针，以对人民的一往深情、对国家的坚定信心、对未来的高远擘画，唤起亿万人民共同奋斗、共圆梦想的豪迈激情，宣示了一个人民政党、一位人民领袖永远不变的赤子之心。人民大会堂会场里一遍遍响起热烈的掌声，960多万平方公里大地上再次凝聚起团结奋斗的磅礴力量。

5000多年灿烂文明，170多年不屈抗争，近70年高歌行进，是什么给了一个民族取之不尽的动力，是什么给了一个国家绝处逢生的支撑？是伟大的人民，是伟大的民族，是中国人民在长期奋斗中培育、继承与发展起来的伟大民族精神。习近平总书记的重要讲话，精辟阐述了我们伟大民族精神的丰富内涵，深刻指出，是人民辛勤劳作、发明创造，推动我国今天大踏步走在世界前列；是人民革故鼎新、自强不息，创造了我们今天拥有的一切；是人民团结一心、同舟共济，缔造了今天令世人瞩目的发展成就；是人民心怀梦想、不懈追求，让我们今天比历史上任何时期都更接近、更有信心和能力实现中华民族伟大复兴。弘扬中华民族的伟大创造精神、伟大奋斗精神、伟大团结精神、伟大梦想精神，我们就有了发展进步的强大精神动力，就能以更加昂扬的姿态屹立于世界民族之林。

人民是历史的创造者，人民是真正的英雄。我们国家的一切权力属于人民。习近平总书记重要讲话中，"人民"二字鲜明醒目、力重千钧，激荡时空的声音，宣示了不变的执政理念，传递了不变的人民情怀。坚持人民立场，坚持人民主体地位，把人民放在心中最高的位置，实现人民对美好生活的向往，是中国共产党的初心所在，是社会主义中国的信念所在，是我们决胜全面建成小康社会、实现中华民族伟大复兴的目标所在。虚心向人民学习，倾听人民呼声，汲取人民智慧，我们才能形成勇往直前、无坚不摧的强大力量，创造出一个又一个人间奇迹。与人民心心相印、与人民同甘共苦、与人民团结奋斗，我们的党才会永远走在时代前列，创造出属于新时代的光辉业绩，让全体中国人民和中华儿女在实现中华民族伟大复兴的历史进程中共享幸福和荣光。

行者方致远，奋斗路正长。中国特色社会主义进入新时代，更加壮阔的征程在我们脚下展开。新时代属于每一个人，每一个人都是新时代的见证者、开创者、建设者。我们要以更大的力度、更实的措施推进经济、政治、文化、社会和生态文明建设，让社会主义市场经济的活力更加充分地展示出来，让社会主义民主的优越性更加充分地展示出来，让中华文明的影响力、凝聚力、感召力更加充分地展示出来，让实现全体人民共同富裕在广大人民现实生活中更加充分地展示出来，让绿水青山就是金山银山的理念在祖国大地上更加充分地展示出来。激发蕴藏于人民中的伟力，不忘初心、牢记使命、奋发有为，开新局于伟大的社会革命，强体魄于伟大的自我革命，就没有任何力量能够阻挡中国人民实现梦想的步伐。

"万山磅礴必有主峰"。新的伟大斗争实践中,习近平总书记成为党中央的核心、全党的核心。国家有这样的掌舵者,人民有这样的领路人,中国人民意气风发,祖国大地春意盎然,中华民族呈现出生机勃勃的复兴气象。让我们紧密团结在以习近平同志为核心的党中央周围,增强"四个意识",坚定"四个自信",加满油,把稳舵,鼓足劲,推动承载着13亿多中国人民伟大梦想的中华巨轮劈波斩浪、扬帆远航,驶向充满希望的明天。

(2018年03月21日　04版)

肩负新使命　迈向新征程

——热烈祝贺十三届全国人大一次会议胜利闭幕

不辱使命、不负重托，十三届全国人大一次会议圆满完成各项议程，3月20日在北京胜利闭幕。近3000名全国人大代表以高度的政治责任感和历史使命感，积极建言献策、依法履行职责，会议通过的各项决议决定充分体现了党的主张和人民意志的统一。我们向与会代表致以崇高敬意，对大会的圆满成功表示热烈祝贺！

这是一次民主、团结、求实、奋进的大会，是一次体现人民意愿、凝聚新时代共识、鼓舞亿万人民朝着新目标开启新征程的大会。大会审议批准政府工作报告和其他重要报告，体现党的十九大精神，贯彻党中央决策部署，总结了过去5年我国取得的历史性成就和进步，明确了今年政府工作的基本思路和主要任务。大会审议通过的宪法修正案，把习近平新时代中国特色社会主义思想载入国家根本法，体现党和国家事业发展的新成就新经验新要求，必将为实现"两个一百年"奋斗目标和中华民族伟大复兴的中国梦提供有力宪法保障。大会审议批准的国务院机构改革方案，着力推进重点领域和关键环节的机构职能优化和调整，使国务院机构设置更加符合实际、科学合理、更有效率，必将为全面贯彻落实党的十九大部署的各项任务提供有力组织保障。大会选举和决定的新一届国家机构领导人员，结构更加优化、活力更为增强，为新时代坚持和发展中国特色社会主义提供了重要组织保证。大会审议通过的监察法，为构建集中统一、权威高效的中国特色国家监察体制提供了有力法治保障。

闭幕会上，习近平主席发表重要讲话，深情讴歌我们伟大的人民、伟大的民族、伟大的民族精神，勉励国家机关工作人员始终把人民放在心中最高的位置，始终全心全意为人民服务，始终为人民利益和幸福而努力工作，让全体中国人民和中华儿女在实现中华民族伟大复兴的历史进程中共享幸福和荣光。鲜明的执政理念，深厚的人民情怀，极大鼓舞了亿万人民走中国特色社会主义道路、奋力实现中华民族伟大复兴的坚定信心。

发展社会主义民主政治，关键就是要体现人民意志、保障人民权益、激发人民创造活力，用制度体系保证人民当家作主。历史和实践充分证明，人民代表大会制度是中国人民当家作主的重要途径和最高实现形式，是坚持党的领导、人民当家作主、依法治国有机统一的根本政治制度安排。迈进新时代、踏上新征程，必须毫不动摇坚持、与时俱进完善人民代表大会制度，继续通过人民代表大会制度把国家和民族前途命运牢牢掌握在人民手中。

2018年是十三届全国人大及其常委会依法履职的第一年，各位代表使命光荣、责任重大。要坚持以习近平新时代中国特色社会主义思想为指导，全面担负起宪法法律赋予的各项职责；坚持党对一切工作的领导，坚决维护以习近平同志为核心的党中央权威和集中统一领导；坚持国家一切权力属于人民，支持和保证人民通过人民代表大会行使国家权力；坚持把实施宪法摆在全面依法治国的突出位置，把依法治国、依宪治国工作提高到一个新水平；坚持紧紧围绕党和国家工作大局，依法行使立法权、监督权、决定权、任免权，更好满足人民日益增长的美好生活需要。我们相信，新一届全国人大及其常委会一定能够开拓进取、奋发有为，充分发挥国家根本政治制度优势,保证国家统一高效组织推进各项事业,谱写新时代人大工作新篇章。

"日月之行,若出其中。星汉灿烂,若出其里。"新时代的气象更加恢弘,新时代的征程更加壮阔。让我们紧密团结在以习近平同志为核心的党中央周围,弘扬中华民族的伟大创造精神、伟大奋斗精神、伟大团结精神、伟大梦想精神,不忘初心、牢记使命,扎实工作、锐意进取,把人民对美好生活的向往不断变为现实,让中华民族的未来更加灿烂辉煌。

(2018年03月21日 03版)

用劳动书写我们的新时代

——写在"五一"国际劳动节

"劳动最光荣、劳动最崇高、劳动最伟大、劳动最美丽"。在这个崇尚劳动、赞美劳动者的日子里,我们向全国工人阶级和广大劳动群众致以诚挚的节日祝贺!

"民生在勤,勤则不匮。"具有伟大奋斗精神的中国人民,始终革故鼎新、自强不息。今年是改革开放四十周年,这段风云激荡的历程,刻印下小岗村村民包产到户的红手印,记录着"三天一层楼"的深圳速度,定格了亿万农民工坐着绿皮火车进城打工的身影,熔铸着科技工作者不断向未知领域挺进的探索。我们今天所拥有的一切,莫不凝聚着劳动者的聪明才智,浸透着劳动者的辛勤汗水,蕴涵着劳动者的牺牲奉献。从温饱到小康,从封闭到开放,迎来从站起来、富起来到强起来的伟大飞跃,最大的变化源于劳动者,最高的成就属于劳动者,最美的梦想系于劳动者。千千万万的劳动群众,共同书写下伟大事业的崭新篇章,共同收获了中华民族的无上荣光。

凯歌奋进,扬帆远航。今天,中国特色社会主义进入新时代,新的征程在我们脚下展开,更需要弘扬劳动的精神价值、唱响劳动的时代赞歌,以拼搏赓续传统、以奋斗开创明天。

让我们用劳动书写新时代,在变革中成就伟大梦想。决胜全面建成小康社会、建设社会主义现代化强国、实现中华民族伟大复兴,党的十九大描绘了未来中国的宏伟蓝图,这一蓝图必将在改革开放的进程中变成现实。广大工人阶级和劳动群众是改革的拥护者、参与者、推动者、受益者,唯有旗帜鲜明支持改革、全力以赴参与改革,继续鼓起敢闯敢试的勇气、激荡自我革新的智慧、肩负舍我其谁的担当,才能迸发出劳动创造的伟力,推动梦想之舟在新时代破浪前行,抵达梦想的彼岸。

让我们用劳动书写新时代,在奋斗中创造美好生活。世界上没有坐享其成的好事,天上不会掉馅饼,努力奋斗才能梦想成真。对家庭而言,没有劳动就没有物质财富的积累,就没有生活条件的改善;对个人来说,劳动不仅筑牢了成功的坚实底座,也凝结成宝贵的精神财富。新时代的劳动者,只要肯学肯干肯钻研,练就一身真本领,掌握一手好技术,就能找到人生出彩的舞台,在劳动中发现广阔的天地,在劳动中体现价值、展现风采、感受快乐。

让我们用劳动书写新时代,在创新中赢得美好未来。在中华民族伟大复兴的词典里,从来没有"容易"一词。改革步入深水区,如何祛除顽瘴痼疾、突破利益固化的藩篱,将改革进行到底?"逆全球化"思潮泛起、贸易保护主义抬头,如何提升自主研发和创新能力?信息化革命大潮涌起,如何抓住历史机遇实现跨越式发展?当此之时,更需倡导创新型劳动、创造性劳动,鼓励劳动者学习前沿技术、掌握高超技能,打造一支知识型、技能型、创新型劳动者大军,为"中国智造"、中国创新注入信心和活力。

让劳动者得实惠、享荣光,是激发劳动创造力的必由之路。习近平总书记强调,要"努力让劳动者实现体面劳动、全面发展"。过去一年,从《新时期产业工人队伍建设改革方案》规划的路径,到《关于提高技术工人待遇的意见》释放的红利，劳动者更有保障、更有尊严。大力弘扬劳模精神和工匠精神，涵养劳动情怀和劳动品格，在全社会营造劳动光荣、知识崇高、人才宝贵、创造伟大的氛围，才能让一切活力竞相迸发、一切源泉充分涌流，凝聚起亿万人民劳动创造的磅礴力量。

壮哉中国梦，美哉劳动者。新一轮改革大潮澎湃，宏伟的愿景目标已计日程功。让我们紧密团结在以习近平同志为核心的党中央周围，以辛勤劳动和不懈奋斗，绘就新时代的辉煌画卷，奏响民族复兴的雄浑乐章。

（2018年05月01日　01版）

向人类最伟大的思想家致敬

科学的理论,跨越历史闪耀真理的光芒;伟大的思想,超越时代激发信仰的力量。

1818年5月5日,马克思在德国特里尔城诞生。一个多世纪以来,这位"千年第一思想家"的英名和事业长存于世,极大推进了人类文明进程。在纪念马克思诞辰200周年大会上,习近平总书记深切缅怀马克思的伟大人格和历史功绩,深情重温马克思的崇高精神和光辉思想,深刻阐明了马克思主义的强大真理力量,明确宣示了中国共产党人对马克思主义的坚定信念,为我们在新时代坚持和发展马克思主义指明了方向、提供了遵循,必将进一步推动全党坚定马克思主义科学信仰、共产主义远大理想、中国特色社会主义共同理想,必将进一步开辟当代中国马克思主义、21世纪马克思主义新境界。

向人类最伟大的思想家致敬,是致敬一种伟大的人格。正如习近平总书记所指出的,马克思的一生,是胸怀崇高理想、为人类解放不懈奋斗的一生,是不畏艰难险阻、为追求真理而勇攀思想高峰的一生,是为推翻旧世界、建立新世界而不息战斗的一生。为了人类解放的崇高理想,他颠沛流离而初心不改、贫病交加而矢志不渝;为了创立科学理论体系,他毕生忘我工作,付出了常人难以想象的艰辛;为了改变人民受剥削、受压迫的命运,他满腔热情、百折不挠,始终站在革命斗争最前沿。马克思既是伟大的思想家也是伟大的革命家,他的崇高信念、坚定意志和不懈奋斗成就了他的伟大人生。

向人类最伟大的思想家致敬，是致敬一种光辉的思想。习近平总书记指出，马克思主义是科学的理论、人民的理论、实践的理论、不断发展的开放的理论，揭示了人类社会发展规律，创立了人民实现自身解放的思想体系，指引着人民改造世界的行动，始终站在时代前沿。这一科学理论犹如壮丽的日出，照亮了人类探索历史规律和寻求自身解放的道路。无论时代如何变迁、科学如何进步，马克思主义依然显示出科学思想的伟力，依然占据着真理和道义的制高点。

马克思主义不仅深刻改变了世界，也深刻改变了中国。马克思主义始终是我们党和国家的指导思想，是我们认识世界、把握规律、追求真理、改造世界的强大思想武器。中华民族从站起来、富起来到强起来的伟大飞跃，充分检验了马克思主义的科学性和真理性、充分贯彻了马克思主义的人民性和实践性、充分彰显了马克思主义的开放性和时代性。铁一般的事实证明，只有社会主义才能救中国、只有中国特色社会主义才能发展中国、只有坚持和发展中国特色社会主义才能实现中华民族伟大复兴。把共产主义远大理想同中国特色社会主义共同理想统一起来、同我们正在做的事情统一起来，共产主义理想就一定能够在不断改变现存状况的现实运动中一步一步实现。

中国共产党是用马克思主义武装起来的政党，中国共产党人是马克思主义的忠诚信奉者、坚定实践者，马克思主义是我们共产党人的"真经"。习近平总书记从九个方面，深入阐释了新时代如何学习马克思、学习和实践马克思主义的问题。学习马克思，就要学习和实践马克思主义关于人类社会发展规律的思想、关于坚守人民立场的思想、关于生产力和生产关系的思想、关于人民民主的思想、关于文化建设的思想、关于社会建设的思想、关于人与自然关系的思想、关于世界历史的思想、关于马克思主义政党建设的思想。深入领会马克思主义立场、观点、方法，才能不断从中汲取科学智慧和理论力量，更有定力、更有自信、更有智慧地坚持和发展新时代中国特色社会主义。

"马克思主义并没有结束真理，而是开辟了通向真理的道路。"要把科学思想理论转化为认识世界、改造世界的强大物质力量，就需要把科学社会主义基本原则同中国具体实际、历史文化传统、时代要求紧密结合起来，用马克思主义观察时代、解读时代、引领时代。进入新时代，面对前所未有的风险考验，中国共产党人用鲜活丰富的当代中国实践推动了马克思主义发展，形成了习近平新时代中国特色社会主义思想。这一具有原创性、时代性的21世纪中国的马克思主义，必将推动中华民族伟大复兴的进程，让科学社会主义在21世纪的中国焕发出强大生机活力。

今天，我们纪念马克思，是为了向人类历史上最伟大的思想家致敬，也是为了宣示我们对马克思主义科学真理的坚定信念。紧密团结在以习近平同志为核心的党中央周围，继续高扬马克思主义伟大旗帜，执着努力坚持和发展马克思主义，增强"四个意识"、坚定"四个自信"，我们就一定能让马克思、恩格斯设想的人类社会美好前景不断在中国大地上生动展现出来。

（2018年05月05日　01版）

谱写无愧于新时代的青春篇章

——热烈祝贺中国共青团第十八次全国代表大会开幕

中国共产主义青年团第十八次全国代表大会今天开幕了。中国特色社会主义进入新时代，亿万团员青年正在为实现"两个一百年"奋斗目标和中华民族伟大复兴的中国梦倾力奉献。值此之际召开的这次团代会，意义不同寻常。我们对大会的召开表示热烈祝贺！

党的十八大以来，以习近平同志为核心的党中央对共青团工作高度重视。习近平总书记亲自主持召开党的历史上第一次中央党的群团工作会议，指导制定新中国历史上第一个青年发展规划，指导审定共青团中央改革方案和中央团校改革方案，关心指导青联、学联、少先队改革，极大振奋了全国各族青少年和广大青少年工作者的精神，有力推动了青少年和共青团事业的发展。

5年来，共青团坚决贯彻党中央要求，牢牢把握保持和增强政治性、先进性、群众性的前进方向，紧紧围绕团的根本任务、政治责任、工作主线，奋发改革、锐意进取、真抓实干，团的政治建设得到根本性加强，政治站位切实提高，政治功能更加凸显，紧紧跟党走的行动更加自觉。思想政治主旋律更加高扬，团建科学化水平不断提升，从严治团取得扎实进展，青年生力军作用更加彰显，共青团伙伴队伍日益壮大，青年发展大格局正在形成，共青团在改革新征程中展现出新的时代面貌。

当代青年是同新时代共同前进的一代。我们面临的新时代，既是近代以来中华民族发展的最好时代，也是实现中华民族伟大复兴的最关键时代。广大青年既拥有广阔发展空间，也承载着伟大时代使命。要承担起这一光荣使命，青年人要自觉把个人的前途同国家民族的命运紧紧联系在一起，忠于祖国、忠于人民，立鸿鹄志、做奋斗者，求真学问、练真本领，知行合一、做实干家，牢记紧跟党走的初心，勇当实现中华民族伟大复兴的生力军。

新时代共青团工作迎来难得机遇，也面临重大挑战。如何提升思想引导工作的针对性有效性，增强组织青年、宣传青年的核心能力，如何构建覆盖有效的新型组织体系，服务青年成长、在更加广阔领域发挥青年生力军作用，是新时代共青团工作的重大命题。习近平新时代中国特色社会主义思想为做好新时代党的青年工作提供了根本遵循，要以此为统领，进一步坚持政治建团、思想立团、固本兴团、改革强团、从严治团，聚焦主责主业，确保共青团始终成为忠诚于党、紧跟党走的共青团，思想先进、理想坚定的共青团，心系青年、根植青年的共青团，勇于担当、奋发进取的共青团，朝气蓬勃、纪律严明的共青团。遵循青年工作的基本规律，深入青年之中，倾听青年呼声，把握青年脉搏，引领青年风尚，共青团组织就能始终紧跟党走在时代前列、走在青年前列。

"国家的前途，民族的命运，人民的幸福，是当代中国青年必须和必将承担的重任。"心中有阳光，脚下有力量，为了理想能坚持、不懈怠，就没有战胜不了的困难，没有成就不了的事业。更加紧密地团结在以习近平同志为核心的党中央周围，坚持中国青年运动的时代主题，以青春之我、奋斗之我，为民族复兴铺路架桥，为祖国建设添砖加瓦，我们一定能谱写无愧于新时代的青春篇章。

（2018年06月26日　01版）

始终同人民想在一起、干在一起

——热烈庆祝中国共产党成立九十七周年

时间砥砺信仰，岁月见证初心。7月1日，我们迎来中国共产党成立97周年。习近平总书记在党的十九大上指出："伟大的事业必须有坚强的党来领导。只要我们党把自身建设好、建设强，确保党始终同人民想在一起、干在一起，就一定能够引领承载着中国人民伟大梦想的航船破浪前进，胜利驶向光辉的彼岸！"在庆祝党的生日的时候，全党同志要响应总书记"始终同人民想在一起、干在一起"的伟大号召，在新时代展现新作为，书写我们这一代人的光荣。

今天的中国，正在向着历史的山巅行进。中国共产党人的奋勇开拓与中华民族的伟大复兴，形成穿越时空的激昂合奏。"红色理论家"郑德荣，毕生追求马克思主义真理之光；植物学家钟扬，以颗颗种子造福万千苍生；"当代愚公"黄大发，修完"生命渠"又带领村民走上致富路；诺贝尔奖获得者屠呦呦，年近九旬还在为中医药创新继续探索……在改革创新最前沿奋力争先，在脱贫攻坚战场上闯关夺隘，在基层治理第一线躬身实践，神州大地上，千千万万共产党员正以永不懈怠的精神状态，干在实处、走在前列。

回首97年发展历程，我们党紧紧依靠人民，跨过一道又一道沟坎，取得一个又一个胜利，中华民族迎来了从站起来、富起来到强起来的伟大飞跃。中国特色社会主义进入新时代，新的历史方位赋予我们新的历史使命。前行于百尺竿头，发展正中流击水，任务千头万绪，挑战无处不在。8900多万党员唯有始终同人民想在一起、干在一起，坚定舍我其谁的信念、勇当尖兵的决心，勇担使命、奋发有为，做开拓者、当实干家，才能不负历史重托，创造属于新时代的光辉业绩。

始终同人民想在一起、干在一起，就要不忘初心，以造福人民为最大政绩。我国社会主要矛盾转化为人民日益增长的美好生活需要和不平衡不充分的发展之间的矛盾，不只意味着全面小康一个不能少、一个不掉队，也意味着还老百姓蓝天白云、清水绿岸；不仅要求完善治理提高民生保障水平，也要求依法治国促进社会公平正义。幼有所育、学有所教、劳有所得、病有所医、老有所养、住有所居、弱有所扶，这是我们党对人民的承诺。新时代再出发，我们要始终与人民心心相印、与人民同甘共苦、与人民团结奋斗，让人民生活更加幸福、更有尊严。

始终同人民想在一起、干在一起，就要牢记使命，将改革开放进行到底。今年是改革开放40周年。经济社会发展蹄疾步稳，发展质量和效益还有待提升；改革广度深度压茬拓展，各项改革举措的落地任务繁重；中国日益走近世界舞台中央，要求我们更加准确把握国际形势，树立正确的历史观、大局观、角色观……历史从不眷顾因循守旧、满足现状者，机遇属于勇于创新、永不自满者。贯彻落实新发展理念、打好三大攻坚战、为人类作出更大贡献，需要一大批"闯将""尖兵"冲锋陷阵。新时代再出发，我们要以"功成不必在我"的精神境界和"功成必定有我"的历史担当，推动改革不停顿、开放不止步，团结带领亿万人民奋力夺取新时代中国特色社会主义伟大胜利。

始终同人民想在一起、干在一起，就要奋发有为，以更硬的肩膀扛起历史责任。打铁必须自身硬。党要团结带领人民进行伟大斗争、推进伟大事业、实现伟大梦想，必须毫不动摇坚持和完善党的领导，毫不动摇深入推进党的建设新的伟大工程。攻坚克难，共产党员是排头兵；跨越发展，领导干部是领头雁。能不能做到守土有责、守土负责、守土尽责，是不是能够在其位、谋其政、干其事、求其效，人民期待着我们的担当，历史凝望着我们的作为。全党既要政治过硬，也要本领高强，保持爬坡过坎的压力感、奋勇向前的使命感、干事创业的责任感，以钉钉子精神做实做细做好各项工作，一步一个脚印将伟大梦想变为中华大地的生动实践。

2019年，新中国成立70周年；2020年，全面建成小康社会；2021年，中国共产党成立100周年；2035年，基本实现社会主义现代化；2050年，全面建成社会主义现代化强国……这些重要时间节点，呼唤着我们接续奋斗、永远奋斗。踏上万里征程，心怀千秋伟业，让我们紧密团结在以习近平同志为核心的党中央周围，以习近平新时代中国特色社会主义思想为指引，强化"四个意识"、坚定"四个自信"，举理想之旗、扬奋斗之帆，把党和人民事业继续推向前进。

（2018年07月01日　01版）

汇聚侨界力量　建功复兴伟业

——祝贺第十次全国归侨侨眷代表大会开幕

满怀憧憬，肩负使命。来自全国各地近1300名归侨侨眷代表以及来自五大洲110多个国家的近700名海外侨胞齐聚北京，出席第十次全国归侨侨眷代表大会。这是中国特色社会主义进入新时代召开的侨界盛会，是广大归侨侨眷和海外侨胞政治生活中的大事。我们对大会的召开表示热烈祝贺！对长期以来支持国家改革开放和社会主义现代化建设事业的海外侨胞表示衷心感谢！对辛勤工作在各条战线的广大归侨侨眷和侨联工作者表示亲切问候！

这次大会是贯彻新思想、建功新时代、团结凝聚广大侨胞为实现中华民族伟大复兴的中国梦努力奋斗的大会。党的十八大以来，以习近平同志为核心的党中央对侨联工作高度重视，从党和国家全局出发，专门出台了加强和改进新形势下侨联工作的意见，深化中国侨联的机构改革，对新时期侨联工作作了新部署，为做好侨联工作指明了方向。

第九次全国归侨侨眷代表大会以来的五年，中国侨联和各级侨联组织以习近平新时代中国特色社会主义思想为指导，坚持"国内海外工作并重、老侨新侨工作并重"，拓展海外工作，拓展新侨工作，在服务经济发展、依法维护侨益、积极参政议政、传播中华文化、拓展海外联谊、参与社会建设等方面深耕厚植、积极作为，各项工作在巩固中深化、在开拓中前进。侨界群众的获得感、幸福感不断提高，侨联的"朋友圈"不断扩大，侨联组织的吸引力、凝聚力、影响力不断增强。

广大归侨侨眷和海外侨胞是实现中华民族伟大复兴中国梦的重要力量。一代又一代侨胞不忘祖（籍）国，热情支持中国革命、建设、改革事业，为中华民族发展壮大、促进中国和平统一大业、增进中国人民同各国人民的友好合作作出重要贡献。一大批归侨侨眷成为党和国家事业的新生力量和工作骨干，一大批海外侨胞成为连接中国与世界的友好使者和文化使者，他们在实现中国梦的征程上，留下了不可磨灭的奋斗足迹。

新时代要有新担当、新作为。团结统一的中华民族是海内外中华儿女共同的根，博大精深的中华文化是海内外中华儿女共同的魂，实现中华民族伟大复兴是海内外中华儿女共同的梦。新时代侨联工作要以凝聚侨心侨力同圆共享中国梦为主题，通过开展"亲情中华""创业中华"等主题活动，牢牢把握凝聚侨胞的情感纽带、精神依托、动力源泉这一主线，最大限度把广大归侨侨眷和海外侨胞中蕴藏的巨大能量凝聚起来、发挥出来，画好侨界最大同心圆。

各级侨联要以高度政治责任感和使命感，增强"四个意识"，坚定"四个自信"，自觉肩负起新形势下侨联工作的使命和任务，锐意改革创新，勇于担当作为，立足本职岗位，深怀爱侨之心，恪守为侨之责，多办利侨之事，不断学习新知识，开拓新视野，适应新时代，开创新局面，努力打造一支政治过硬、本领高强、作风务实、乐于奉献的侨联干部队伍。

使命呼唤担当，梦想激励斗志。广大归侨侨眷代表和侨联工作者要牢记党和人民的嘱托，团结凝聚广大归侨侨眷和海外侨胞，为实现中华民族伟大复兴、推动构建人类命运共同体的历史进程谱写新篇章。

（2018年08月30日　01版）

办好人民满意的教育

教育兴则国家兴，教育强则国家强。

在金风送爽、秋色宜人的9月，我们迎来了第三十四个教师节。在这个属于教师的节日里，党中央召开全国教育大会，体现了我们党念兹在兹的教育情怀，彰显着一个文明古国尊师重教、崇智尚学的价值追求。

习近平总书记在大会上发表重要讲话，站在新时代党和国家事业发展全局的高度，深刻总结了党的十八大以来我国教育事业发展取得的显著成就，深入分析了教育工作面临的新形势新任务，科学回答了关系我国教育现代化的几个重大问题，对当前和今后一个时期教育工作作出了重大部署，为加快推进教育现代化、建设教育强国、办好人民满意的教育指明了前进方向、提供了根本遵循。习近平总书记的重要讲话思想深刻、内涵丰富，是指导新形势下做好教育工作的纲领性文献，是办好人民满意的教育的行动指南。

教育是国之大计、党之大计。党的十八大以来，以习近平同志为核心的党中央全面加强党对教育工作的领导，坚持立德树人，加强学校思想政治工作，推进教育改革，加快补齐教育短板，教育事业中国特色更加鲜明，教育现代化加速推进，教育方面人民群众获得感明显增强，我国教育的国际影响力加快提升，13亿多中国人民的思想道德素质和科学文化素质全面提升。

这5年多来，我国教育事业之所以取得显著成就，根本在于以习近平同志为核心的党中央坚强领导，在于习近平新时代中国特色社会主义思想的科学指引。党的十八大以来，习近平总书记就教育改革发展提出了一系列新理念新思想新观点，概括起来就是"九个坚持"：坚持党对教育事业的全面领导，坚持把立德树人作为根本任务，坚持优先发展教育事业，坚持社会主义办学方向，坚持扎根中国大地办教育，坚持以人民为中心发展教育，坚持深化教育改革创新，坚持把服务中华民族伟大复兴作为教育的重要使命，坚持把教师队伍建设作为基础工作。这"九个坚持"是我们党对我国教育事业规律性认识的深化，是习近平新时代中国特色社会主义思想的重要组成部分，来之不易，必须始终坚持并不断丰富发展。

办好人民满意的教育，必须把握新形势新任务提出的新要求。进入新时代，改革开放和社会主义现代化建设、促进人的全面发展和社会全面进步对教育和学习提出了新的更高的要求。教育事关国家发展、事关民族未来。只有抓住机遇、超前布局，以更高远的历史站位、更宽广的国际视野、更深邃的战略眼光，对加快推进教育现代化、建设教育强国作出总体部署和战略设计，坚持把优先发展教育事业作为推动党和国家各项事业发展的重要先手棋，才能不断使教育同党和国家事业发展要求相适应、同人民群众期待相契合、同我国综合国力和国际地位相匹配。

办好人民满意的教育，必须系统回答和解决"培养什么人、怎样培养人、为谁培养人"这一根本问题。我国是中国共产党领导的社会主义国家，这就决定了我们的教育必须把培养社会主义建设者和接班人作为根本任务，培养一代又一代拥护中国共产党领导和我国社会主义制度、立志为中国特色社会主义奋斗终身的有用人才。教师是立教之本、兴教之源，必须把教师队伍建设作为基础工作，建设一支宏大的高素质专业化教师队伍。改革是教育事业发展的根本动力，必须更加注重教育改革的系统性、整体性、协同性，以改革激活力、增动力。加强党对教育工作的全面领导，是办好教育的根本保证，必须牢牢掌握党对教育工作的领导权，坚持党对教育事业的全面领导。

教育是民族振兴、社会进步的重要基石，是功在当代、利在千秋的德政工程。今天，党和国家事业发展对教育的需要、对科学知识和优秀人才的需要比以往任何时候都更为迫切。紧密团结在以习近平同志为核心的党中央周围，全面贯彻党的教育方针，坚持中国特色社会主义教育发展道路，我们就一定能办好人民满意的教育，不断培养德智体美劳全面发展的社会主义建设者和接班人，为实现中华民族伟大复兴奠定坚实基础、提供有力支撑。

（2018年09月12日　01版）

促进残疾人全面发展和共同富裕

——热烈祝贺中国残疾人联合会第七次全国代表大会开幕

金风送爽、丹桂飘香，中国残疾人联合会第七次全国代表大会在北京开幕。在全面建成小康社会决胜阶段、中国特色社会主义进入新时代的关键时期，这次大会的召开，对于团结动员广大残疾人和残疾人工作者积极投身实现"两个一百年"奋斗目标、实现中华民族伟大复兴中国梦的火热实践，创造更加幸福美好的生活具有十分重要的意义。我们对大会的召开表示热烈祝贺！

党的十八大以来，以习近平同志为核心的党中央十分关心残疾人群体，高度重视残疾人事业。习近平总书记强调指出，"残疾人是一个特殊困难的群体，需要格外关心、格外关注。让广大残疾人安居乐业、衣食无忧，过上幸福美好的生活，是我们党全心全意为人民服务宗旨的重要体现，是我国社会主义制度的必然要求"；明确提出"中国梦，是民族梦、国家梦，是每一个中国人的梦，也是每一个残疾人朋友的梦""全面建成小康社会，残疾人一个也不能少""中国将进一步发展残疾人事业，促进残疾人全面发展和共同富裕"，必须努力实现残疾人"人人享有康复服务"目标。习近平总书记一系列重要论述和明确要求，为推进新时代残疾人事业发展指明了前进方向、提供了根本遵循、注入了强大动力。

在党中央坚强领导下，中国残联第六次全国代表大会以来，残疾人事业在新的起点上加快发展，更加充分地融入党和国家事业发展大局中。残疾人事业政策、法规体系更加完善，残疾人基本民生得到稳定保障，基本公共服务全面拓展，残疾人康复、教育、就业、扶贫、社会保障、文化体育等各项工作取得显著成就，残疾人社会参与越来越广泛，尊重、理解、关心、帮助残疾人的社会氛围进一步浓郁，残疾人的获得感、幸福感、安全感得到新的提升，越来越多的残疾人实现了生活和事业的梦想，中国在国际残疾人事务中的话语权和影响力不断提升。5年来，各级残联组织和残疾人工作者队伍充分发挥党和政府联系残疾人的桥梁纽带作用，忠实履行"代表、服务、管理"职能，全心全意为残疾人服务，残疾人事业整体发展水平迈上了新台阶，呈现出蓬勃发展的新局面。今年欣逢中国残疾人联合会成立30周年，中国残联走过了不平凡的历程，在推动残疾人事业发展方面发挥了不可替代的重要作用。

残疾人是社会大家庭的平等成员，也是人类文明发展的一支重要力量，残疾人事业承载着广大残疾人的向往和期盼，凝聚着残疾人及其亲属的厚望与重托。新时代为残疾人事业带来前所未有的历史机遇。在当前和今后一段时期，残疾人仍然是一个特殊困难的群体，做好残疾人工作重任在肩。各级党委和政府要高度重视残疾人事业，把推进残疾人事业当作分内的责任，各项建设事业都要把残疾人事业纳入其中，不断健全残疾人权益保障制度。各级残联组织和残疾人工作者队伍要继续发挥好桥梁纽带作用，真诚真心为残疾人服务，统筹推进贫困残疾人脱贫攻坚、残疾人基本公共服务托底补短和加快推进残疾人全面小康进程，努力让广大残疾人更加充分地共享改革发展成果。广大残疾人要自尊、自信、自强、自立，始终保持坚忍不拔、乐观向上的生活态度，发扬顽强拼搏、砥砺奋斗的精神，在生活中学习本领，在打拼中演绎芳华，在奋斗中实现价值，更加勇敢地迎接生活的挑战，更加坚强地为实现人生理想、为实现我们的共同梦想而不懈努力。

热血著青史，葵花向日倾。让我们紧密团结在以习近平同志为核心的党中央周围，与广大残疾人兄弟姐妹手牵手、肩并肩，锐意进取、砥砺前行，为决胜全面建成小康社会、夺取新时代中国特色社会主义伟大胜利、实现中华民族伟大复兴的中国梦而共同奋斗。

（2018年09月15日　01版）

让塞上明珠更璀璨

——热烈庆祝宁夏回族自治区成立60周年

物换星移一甲子，塞上江南展新颜。硕果累累的金色时节，我们迎来了宁夏回族自治区成立60周年。在这个值得书写和铭记的美好节日，我们向宁夏各族人民表示热烈的祝贺，向所有为自治区繁荣稳定作出贡献的人们致以诚挚的祝福！

时间是最忠实的记录者。1958年10月，宁夏回族自治区宣告成立，宁夏的繁荣发展从此开启了新纪元。60年来，宁夏经济总量增长1052倍，人均地区生产总值增长289倍，贫困发生率下降到6%……各族人民守望相助、凝心聚力、艰苦奋斗，充分行使宪法和法律赋予的民族区域自治权利，经济社会发展取得长足进步。特别是党的十八大以来，在以习近平同志为核心的党中央坚强领导下，宁夏各族儿女砥砺奋进、开拓创新，推动各项事业取得历史性成就、发生历史性变革，创造了民族团结、实干兴宁的塞上传奇。今天的宁夏，高质量发展态势良好，综合实力大幅提升，民生福祉明显改善，民族团结深入人心，正奋进在决胜全面建成小康社会的壮丽征程上。

60载砥砺前行，60载沧桑巨变。宁夏60年的发展成就，是党中央正确领导的结果，是全区各族人民攻坚克难、开拓进取的结果，是全国各族人民鼎力支持、无私援助的结果，充分展示了我国社会主义制度的巨大优越性，充分彰显了我国民族区域自治制度的强大生命力。宁夏60年发展历史深刻证明，中国特色解决民族问题的道路是正确的，符合我国国情，符合各族人民根本利益；作为我国的一项基本政治制度，民族区域自治制度为坚定不移走中国特色解决民族问题的正确道路提供了制度保障。宁夏60年发展历史充分表明，只有坚定不移坚持中国共产党的领导，坚定不移走中国特色社会主义道路，坚定不移坚持和完善民族区域自治制度，不断增强各族群众对伟大祖国的认同、对中华民族的认同、对中华文化的认同、对中国共产党的认同、对中国特色社会主义道路的认同，宁夏才会拥有一个更加美好的未来。

到2020年全面建成小康社会，任何一个地区、任何一个民族都不能落下。努力实现经济繁荣、民族团结、环境优美、人民富裕，确保与全国同步建成全面小康社会，是摆在宁夏各族人民面前的一项紧迫任务。紧密团结在以习近平同志为核心的党中央周围，坚持以习近平新时代中国特色社会主义思想为指导，增强"四个意识"，坚定"四个自信"，认真落实党中央决策部署，贯彻新发展理念，主动融入国家发展战略，进一步解放思想、真抓实干、奋力前进，才能完成目标任务，实现美好梦想，让塞上明珠更璀璨。

"社会主义是干出来的"。让塞上明珠更璀璨，就要高举各民族大团结旗帜，加强民族团结进步教育，使各民族都牢固树立汉族离不开少数民族、少数民族离不开汉族、各少数民族之间也相互离不开的思想，加快民族地区经济社会发展，以发展促团结，以团结聚人心，促进各民族勠力同心共同创造美好生活；就要把新发展理念贯穿于经济社会发展全过程、落实到全面建成小康社会各方面，深入推进供给侧结构性改革，矢志推动高质量发展，加快实施创新驱动、脱贫富民、生态立区三大战略，在西部大开发中不断闯出新路、创造美好前景；就要振奋精神、不畏繁难、苦干实干，奋力走好新时代的长征路。

贺兰山下绿洲千里，六盘山间草木葱茏，黄河两岸天高云淡。60年来，宁夏各族儿女胼手胝足、艰苦奋斗，书写了改革发展的不朽篇章，绘就了民族团结的锦绣画卷。肩负新使命、踏上新征程，让我们为建设一个更加繁荣、稳定、和谐、美丽的宁夏而顽强拼搏，为谱写民族区域自治制度的新篇章而不懈奋斗。

（2018年09月20日 03版）

用奋斗成就复兴伟业

——热烈庆祝中华人民共和国成立69周年

时间的年轮,刻印下奋斗者的足迹。当10月的阳光照耀大地,我们迎来了人民共和国69岁华诞。从北国山麓到南海礁屿,从西部高原到东方沃野,亿万中华儿女满怀光荣与梦想,肩负使命和责任,在复兴之路上意气风发、矢志前行。

五星红旗迎风飘扬,逐梦航程劈波斩浪。过去一年,人民共和国编年史写下崭新一页。党的十九大胜利召开,在习近平新时代中国特色社会主义思想指引下,我们开启了决胜全面小康新征程。主要宏观指标处在合理区间,经济保持总体平稳、稳中向好态势;深化党和国家机构改革、提出扩大开放四大举措,改革开放春潮澎湃;博鳌亚洲论坛、上合组织青岛峰会、中非合作论坛北京峰会,大国外交举世瞩目;脱贫攻坚加力推进,污染防治力度空前,人民获得感、幸福感、安全感明显增强……瞩望神州大地,新时代展现新气象,各项事业蒸蒸日上,改革发展欣欣向荣,伟大的祖国生机勃勃、基业长青。

一些重要的节点,标注时间的分量,确立前行的坐标。1949年10月1日,第一面五星红旗在北京上空冉冉升起。经历了近代以来100多年苦难斗争的中国人民,迎来中华民族浴火重生的朝阳。69年辉煌历程,我们在一穷二白的基础上画出最新最美的图画;40年改革开放,我们彻底摆脱被开除球籍的危险,日益走近世界舞台中央。"忆往昔峥嵘岁月稠。"中国共产党领导亿万人民缔造了新中国,让伟大的祖国告别了贫穷和落后、走出了悲怆和屈辱,一个充满生机的中国,一个充满希望的中国,巍然屹立在世界的东方。中国的发展成就,是党带领亿万人民用自己的双手创造的,是一代又一代中国人顽强拼搏、接力奋斗创造的。我们为伟大的祖国而自豪,为伟大的人民而自豪。

幸福都是奋斗出来的,奋斗也是艰辛的、长期的。今天,中国正处于历史的关键路口。向内看,改革行进深水区,发展进入关键期,高质量发展的瓶颈亟待突破,打赢三大攻坚战时不我待,完成各项任务只争朝夕;向外看,世界正处于大发展大变革大调整时期,逆全球化思潮、贸易保护主义暗流涌动,带来新的不确定性。"天行健,君子以自强不息。"方此之时,我们必须进行具有许多新的历史特点的伟大斗争,以坚定的自信、卓绝的智慧、无畏的勇气,满怀信心踏上新征程,不懈奋斗夺取新胜利。

让我们满怀激情,以奋斗拓展中国道路。中国特色社会主义,承载着几代中国共产党人的理想和探索,寄托着无数仁人志士的夙愿和期盼,凝聚着亿万人民的奋斗和创造。拥有悠久历史的文明古国,在这条道路上焕发出新的蓬勃生机。从站起来、富起来到强起来,中国道路越走越宽,社会主义优越性愈发彰显。以习近平新时代中国特色社会主义思想为行动指南,增强"四个意识",坚定"四个自信",齐心协力、共同奋斗,我们就一定能战胜各种风险挑战,写下国家和民族发展的时代华章。

让我们满怀激情,以奋斗推进改革伟业。今年是改革开放40周年。40年来,我们闯出了一条新路、好路,实现了从"赶上时代"到"引领时代"的伟大跨越。今天,改革开放的前进方向更加明确、价值取向更加鲜明、方法路径更加清晰、胸怀视野更加开阔,这都意味着我们完全有能力以更高质量推进改革伟业。我们要立足新的时代条件,打开新的发展空间,闯出新的改革天地,坚定不移地继续走好这条正确之路、强国之路、富民之路，把人民共和国建设得更加繁荣富强。

让我们满怀激情，以奋斗成就时代光荣。没有"敢教日月换新天"的精神，就没有新中国69年的沧桑巨变；没有"杀出一条血路"的气魄，就没有改革开放40年的辉煌成就。今天，我们仍在赶考的路上，历史的契机等待我们去把握，光荣的使命等待我们去完成。实干才能成就伟业，奋斗才能梦想成真。唯有不驰于空想、不骛于虚声，保持永不懈怠的精神状态和一往无前的奋斗姿态，才能让中国的发展铺展开更加壮美的时代画卷。

一切伟大的成就都是接力探索、接续奋斗的结果，一切伟大的事业都需要在承前启后、继往开来中推进。虽然我们已走过万水千山，但仍需要不断涉水跋山；虽然我们已战胜重重困难，但仍需要不断攻坚克难。让我们紧密团结在以习近平同志为核心的党中央周围，书写时代伟业，创造美好生活，为我们伟大的祖国不懈奋斗，携手走向中华民族的伟大复兴。

（2018年10月01日　02版）

唱响新时代奋斗者之歌

——热烈祝贺中国工会第十七次全国代表大会开幕

劳动光荣，创造伟大。

今天，中国工会第十七次全国代表大会在京隆重开幕。这是在全面建成小康社会决胜阶段、中国特色社会主义进入新时代的关键时期召开的一次重要会议，对于团结动员亿万职工充分发挥工人阶级主力军作用，为夺取新时代中国特色社会主义伟大胜利而奋斗，具有重要意义。我们对大会的召开表示热烈祝贺！

改革开放40年来，我国工人阶级坚定走在时代前列，充分发挥了先进阶级的重要作用，绽放出夺目的时代风采。特别是党的十八大以来，在以习近平同志为核心的党中央坚强领导下，我国工人阶级以高度的主人翁使命感和历史责任感，积极投身新时代中国特色社会主义伟大实践，推动党和国家事业取得历史性成就、发生历史性变革。实践充分证明，我国工人阶级不愧是中国共产党最坚实最可靠的阶级基础，不愧是我们社会主义国家的领导阶级，不愧是先进生产力和生产关系的代表，不愧是坚持和发展中国特色社会主义的主力军。

工会是党领导的工人阶级群众组织。中国工会十六大以来，各级工会组织动员广大职工建功立业，加大维权服务力度，推动构建和谐劳动关系，推进产业工人队伍建设改革，各项工作取得重要进展，工会组织和工会工作政治性、先进性、群众性显著增强。习近平总书记始终高度重视工人阶级和工会工作，在党领导的工运事业和工会工作的实践中，深刻阐明了工会工作的地位作用、时代主题、发展道路、目标任务、根本保证，形成了习近平总书记关于工人阶级和工会工作的重要论述。这些重要论述，科学回答了工人阶级和工会工作的一系列方向性、根本性、战略性重大问题，贯穿了党的全心全意依靠工人阶级的方针，丰富了马克思主义工人阶级和工运学说，为新时代工运事业和工会工作创新发展指明了前进方向、提供了根本遵循。

党的十九大描绘了新时代的宏伟蓝图。到2020年全面建成小康社会，到2035年基本实现社会主义现代化，到本世纪中叶把我国建成富强民主文明和谐美丽的社会主义现代化强国，这是全党全国各族人民的共同任务，更是工人阶级的历史使命。工人阶级要全面贯彻党的十九大精神，以习近平新时代中国特色社会主义思想为指导，凝心聚力、砥砺奋进，唱响新时代奋斗者之歌。

唱响新时代奋斗者之歌，工人阶级就要坚守理想信念，彰显阶级本色，成为党执政的坚实依靠力量、强大支持力量、深厚社会基础；就要弘扬民族精神，引领社会风尚，自觉培育和践行社会主义核心价值观；就要激发劳动热情，凝聚奋斗伟力，以卓越的劳动创造争做新时代的见证者、开创者、建设者；就要矢志改革创新，勇立时代潮头，以实际行动争做改革的促进派和排头兵；就要勤于学习实践，练就过硬本领，努力成为知识型、技能型、创新型劳动者。

唱响新时代奋斗者之歌，各级工会就要始终坚定正确政治方向，切实承担起团结引导职工群众听党话、跟党走的政治责任；就要牢牢把握工运时代主题，把党和国家重大战略部署转化为工会工作的具体安排和实际行动；就要切实做好维权服务工作，推动构建和谐劳动关系；就要不断深化工会改革创新，增强工会工作的动力活力；就要深入落实全面从严治党要求，把工会组织建设得更加充满活力、更加坚强有力。

社会主义是干出来的，新时代也是干出来的。紧密团结在以习近平同志为核心的党中央周围，把智慧和力量凝聚到落实党中央决策部署上来，尊重劳动、尊重知识、尊重人才、尊重创造，我们一定能以奋斗建功新时代，以劳动托起中国梦，让新时代的奋斗者之歌响彻中华大地。

（2018年10月22日　01版）

谱写新时代的巾帼华章

——热烈祝贺中国妇女第十二次全国代表大会开幕

今天，中国妇女第十二次全国代表大会在京开幕。中国特色社会主义进入了新时代，这次盛会必将进一步激励亿万中国妇女为实现"两个一百年"奋斗目标和中华民族伟大复兴的中国梦而不懈奋斗。我们对大会的召开表示热烈祝贺！

党的十八大以来，以习近平同志为核心的党中央高度重视妇女事业和妇女工作，将促进男女平等和妇女全面发展放在党和国家事业全局中擘画。由党中央召开党的群团工作会议，在党的历史上还是第一次。习近平总书记亲自指导和审定《全国妇联改革方案》，多次就做好妇女工作、深化妇联改革、推进妇女事业、促进妇女全面发展提出明确要求，为新时代妇女事业和妇联工作创新发展提供了根本遵循，引领我国妇女事业取得了历史性成就。

5年来，我国妇女事业发展成果丰硕，妇联组织气象一新。广大妇女在平等依法行使民主权利、参与经济社会发展、享有改革发展成果上达到新水平，男女平等基本国策的实施迈出历史新步伐，获得感幸福感安全感不断增强。各级妇联组织坚决贯彻落实党中央要求，不断增强政治性、先进性、群众性，紧紧围绕党和国家工作大局，切实承担起引领广大妇女听党话、跟党走的政治任务，牢牢把握联系和服务广大妇女的工作生命线，代表和维护妇女权益，促进男女平等，坚持面向基层，贴心服务妇女，为促进我国妇女事业发展、夯实党执政的群众基础作出了新贡献。

在我国发展历程中，占人口半数的广大妇女始终是一支不可替代的力量。她们在各行各业各领域建功立业，展现出自尊自信自立自强的精神风貌。全面建设社会主义现代化强国的新征程，为包括妇女在内的全体中华儿女创造了千载难逢的发展机遇，提供了前所未有的发展空间，更需要全体中华儿女共同奋斗。广大妇女要自觉把个人梦想融入国家和民族的伟大梦想中，以坚定的理想信念、强烈的责任担当、过硬的能力本领，在多姿多彩的实践创造中勇挑重担，展现出"半边天"的别样风采，创造出"巾帼不让须眉"的光辉业绩。

妇女事业始终是党和人民事业的重要组成部分，妇女工作始终是党的群众工作的重要内容。受现阶段生产力发展水平制约和长期历史文化影响，我国妇女事业发展仍面临不少现实困难和瓶颈，妇女工作服务大局、服务妇女群众的能力需要进一步提升，妇联组织的凝聚力影响力需要进一步增强。做好新时代党的妇女工作、发展妇女事业，要以习近平新时代中国特色社会主义思想为指导，全方位深化妇联组织改革，进一步筑牢广大妇女坚定不移跟党走的思想根基，进一步拓展发挥妇女在社会生活和家庭生活中，在弘扬中华民族家庭美德、树立良好家风方面的独特作用的载体平台，进一步构建广泛联系妇女、深入服务妇女的工作体系，把妇联组织建设得更加充满活力、更加坚强有力，成为推进国家治理体系和治理能力现代化的重要力量。

"共建共享一个对所有妇女、对所有人更加美好的世界！"这既是铿锵承诺，也是深情嘱托。今天，我们比历史上任何时期都更接近实现中华民族伟大复兴的目标，也比以往任何时期都更加需要凝聚起亿万妇女的磅礴力量。更加紧密地团结在以习近平同志为核心的党中央周围，坚持中国妇女运动的时代主题，让巾帼梦与中国梦交相辉映，让多彩芳华在阳光下尽情绽放，我们就一定能谱写出新时代的巾帼华章。

（2018年10月30日　02版）

筑牢民族复兴的宪法根基

今天是第五个国家宪法日，也迎来了第一个宪法宣传周。在全社会深入开展宪法宣传、弘扬宪法精神、维护宪法权威，必将更好发挥宪法在新时代推进全面依法治国、建设社会主义法治国家中的重大作用，为中华民族伟大复兴筑牢宪法根基。

治国凭圭臬，安邦靠准绳。我国宪法作为治国安邦的总章程，与国家前途、民族命运息息相关。改革开放40年来国家各方面事业发展取得的巨大成就，都离不开宪法的保证和推动；我国社会主义民主法治建设取得的巨大成就，也无不闪耀着宪法精神的光辉。实践证明，我国现行宪法是符合国情、符合实际、符合时代发展要求的好宪法，是充分体现人民共同意志、充分保障人民民主权利、充分维护人民根本利益的好宪法，是推动国家发展进步、保证人民创造幸福生活、保障中华民族实现伟大复兴的好宪法，是我们国家和人民经受住各种困难和风险考验、始终沿着中国特色社会主义道路前进的根本法治保障。

治国无其法则乱，守法而不变则衰。我国宪法发展的历程和经验表明，宪法必须随着党领导人民建设中国特色社会主义实践的发展而不断完善发展。十三届全国人大第一次会议表决通过的宪法修正案，在总体保持我国宪法连续性、稳定性、权威性的基础上，根据坚持和发展中国特色社会主义的新形势新实践，把党的十九大确定的重大理论观点、方针政策，特别是把习近平新时代中国特色社会主义思想作为国家指导思想载入宪法，体现了党和国家事业发展的新成就、新经验、新要求，必将更好地发挥宪法的规范、引领、推动、保障作用，在法治轨道上更好地坚持和发展中国特色社会主义。

依法治国，首先是依宪治国；依法执政，关键是依宪执政。维护宪法权威，就是维护党和人民共同意志的权威；捍卫宪法尊严，就是捍卫党和人民共同意志的尊严；保证宪法实施，就是保证人民根本利益的实现。党的十八大以来，以习近平同志为核心的党中央把宪法摆在全面依法治国十分突出的位置，围绕宪法阐明一系列重大论断，作出一系列重大部署，推进一系列重大工作，引领新时代依宪治国新实践，开创新时代依宪治国新局面。今年3月17日，当选的新一届国家机构领导人向宪法庄严宣誓，这是宪法宣誓制度实行以来，国家领导人首次进行宪法宣誓。这历史性的一刻，再次彰显了以习近平同志为核心的党中央坚持依宪治国、依宪执政的坚定意志，也为维护宪法权威、捍卫宪法尊严、保证宪法实施作出了表率。

全面贯彻实施宪法，是建设社会主义法治国家的首要任务和基础性工作。法治权威能不能树立起来，首先要看宪法有没有权威。宪法的生命在于实施，宪法的权威也在于实施。回顾我国宪法制度的发展历程，只要我们切实尊重和有效实施宪法，人民当家作主就有保证，党和国家事业就能顺利发展。反之，如果宪法受到漠视、削弱甚至破坏，人民权利和自由就无法保证，党和国家事业就会遭受挫折。中国特色社会主义进入了新时代，对党和国家推进全面依法治国特别是依宪治国、依宪执政提出了新的更高要求。把实施宪法摆在新时代全面依法治国的突出位置，以宪法为统领，深入推进科学立法、严格执法、公正司法、全民守法，坚持有法可依、有法必依、执法必严、违法必究，我们就能把依法治国工作提高到一个新水平。

回顾人类宪法发展史，好的社会实践与好的宪法相辅相成；回溯新中国的宪法制度史，中华民族伟大复兴的进程清晰可见。在一部好宪法的引领与保障下，我们比以往任何时候都更有信心、更有能力完成新时代的历史使命，实现中华民族伟大复兴的中国梦。

（2018年12月04日　04版）

书写八桂大地繁荣发展新篇章

——热烈庆祝广西壮族自治区成立60周年

甲子辉煌,八桂飘香。今天,广西壮族自治区成立60周年庆祝大会隆重举行,我们向广西壮族自治区各族人民致以诚挚问候和美好祝福!

1958年,广西壮族自治区成立,掀开了八桂大地发展新的一页。60年来,特别是改革开放40年和党的十八大以来,在党的民族政策光辉照耀下,一代又一代壮乡儿女团结奋斗、砥砺前行,创造了令人瞩目的辉煌成就,八桂大地发生翻天覆地的变化。2017年,全区地区生产总值20396.25亿元,人均地区生产总值41955元,分别是1958年的832倍、371倍。今天的广西,实现了从低收入阶段向总体中等收入阶段、从全国交通末梢向区域性交通枢纽、从相对封闭的边陲地区向面向东盟开放前沿、从温饱不足向全面小康迈进的历史性转变,正阔步前进在中国特色社会主义的康庄大道上。

时间是伟大的书写者,历史是忠实的见证人。今年是改革开放40周年,明年将迎来新中国成立70周年。在这样一个继往开来的历史时刻,回顾总结广西60年来的沧桑巨变,我们更加深刻地认识到,共产党好、社会主义好、改革开放好、伟大祖国好、民族团结好!更加深刻地认识到,只要坚定不移坚持中国共产党的领导,坚定不移走中国特色社会主义道路,坚定不移走中国特色解决民族问题的正确道路,坚定不移走改革开放之路,广西就一定能开创更加辉煌灿烂的明天。

新时代的广西，充满新希望、迎来新机遇。"一湾相挽十一国、良性互动东中西"。广西沿海沿江沿边，具有独特的区位优势。随着"一带一路"建设的推进，广西在国家对外开放大格局中的地位更加凸显。面向未来，广西发展的潜力在开放，后劲也在开放，有条件在"一带一路"建设中发挥更大作用。立足独特区位，释放"海"的潜力，激发"江"的活力，做足"边"的文章，全力实施开放带动战略，推进关键项目落地，夯实提升中国—东盟开放平台，构建全方位开放发展新格局，广西就一定能在更大范围和更广领域融入全国、拥抱世界，实现跨越式发展。

60年来，党中央一直深切关怀和大力支持广西发展。党的十八大以来，习近平总书记多次对广西工作作出重要指示，赋予了广西"构建面向东盟的国际大通道，打造西南中南地区开放发展新的战略支点，形成21世纪海上丝绸之路和丝绸之路经济带有机衔接的重要门户"三大定位，提出扎实推动经济社会持续健康发展、扎实推进现代特色农业建设、扎实推进民生建设和脱贫攻坚、扎实推进生态环境保护建设、扎实建设强有力领导班子的"五个扎实"新要求，为新时代广西发展指明了前进方向、注入了强大动力。把握新定位、落实新要求、担当新使命，盘活开放发展这一盘棋，打好精准脱贫这一硬仗，落实协调发展这一要求，激活改革创新这一动力，发挥好生态环境这一优势，抓好党的建设这一保障，广西就一定能让各族人民拥有更多获得感、幸福感、安全感，在新时代书写八桂大地繁荣发展的新篇章。

时间的脚步永不停歇，奋斗的脚步永不停歇。今天，从革命老区到千里边关，从漓江之滨到北部湾畔，八桂大地激荡着干事创业的火热激情，焕发出改革发展的勃勃生机。我们深信，广西的明天一定会更美好！

（2018年12月10日　01版）

在新时代创造新的更大奇迹

——庆祝改革开放四十周年

历史的航程波澜壮阔,时代的大潮奔腾不息。

1978年,以党的十一届三中全会为标志,中国开启了改革开放的伟大征程。如同春雷唤醒大地,我们党带领人民进行的这场"新的伟大革命",书写了一个国家繁荣发展的壮丽史诗,激荡起一个民族生机勃勃的复兴气象,不仅深刻改变了中国,也深刻影响了世界。

40年来,从"真理标准大讨论"出发,改革开放始终是响彻神州大地的时代呼声。从农村到城市,从试点到推广,从经济体制改革到全面深化改革,改革的精神一脉相承;从沿海到内陆,从"打开国门"到"全方位开放",从加入世贸组织到共建"一带一路",开放的步伐一往无前。今天,这个希望回答"社会主义中国向何处去"的执政党,成功开辟出一条通往现代化的中国道路;这个曾经面临"被开除球籍的危险"的国家,已经跃升为世界第二大经济体;这个近代以来矢志伟大复兴的民族,终于实现了从"赶上时代"到"引领时代"的伟大跨越。

正因如此,习近平总书记深刻指出,改革开放是"关键抉择""活力之源""重要法宝",是"正确之路""强国之路""富民之路"。正因如此,党的十八大以来,以习近平同志为核心的党中央,以前所未有的力度推进全面深化改革,推出1600多项改革方案,将历史性变革和成就写在广袤大地,推动中国特色社会主义进入新时代。"没有改革开放,就没有中国的今天,也就没有中国的明天。"今天,改革开放依然是当代中国最鲜明的特色,是我们党在新的历史时期最鲜明的旗帜;"将改革开放进行到底",依然是亿万中国人民的共同心声,是实现中华民族伟大复兴的关键一招。

历史给我们最好的东西就是它所激起的热情。今天,我们回望这段激情燃烧的岁月,既是为了总结历史经验、把握历史规律,更是为了增强开拓前进的勇气和力量,在更高起点、更高层次、更高目标上推进改革开放。40年改革开放,给我们提供了许多弥足珍贵的启示,其中最重要的一条就是,一个国家、一个民族要振兴,就必须在历史前进的逻辑中前进、在时代发展的潮流中发展。今天,充分认识伟大成就、深刻把握珍贵启示,增强"四个意识",坚定"四个自信",把改革开放的旗帜举得更高更稳,这不仅是对党和人民艰辛探索和实践的最好庆祝,更是推进新时代中国特色社会主义伟大事业的强大动力。

把改革开放的旗帜举得更高更稳,就要在历史前进的逻辑中前进,顺应中国人民要发展、要创新、要美好生活的历史要求。解放和发展生产力,是改革开放的出发点和归宿,也是解决社会主要矛盾的根本手段。40年来,从高度集中的计划经济体制到充满活力的社会主义市场经济体制,改革开放以制度的巨大变革,激活了生产力中最活跃的因素,释放出了蕴藏于亿万人民的巨大活力,让中华民族迎来了从站起来、富起来到强起来的伟大飞跃。中国特色社会主义进入新时代,我国社会主要矛盾已经转化为人民日益增长的美好生活需要和不平衡不充分的发展之间的矛盾。与此同时,我国仍处于并将长期处于社会主义初级阶段的基本国情没有变,我国是世界最大发展中国家的国际地位没有变。这样的"变"与"不变",都决定了我们最根本最紧迫的任务,还是进一步解放和发展生产力,以更坚定的信心、更有力的措施把改革开放不断推向深入。

把改革开放的旗帜举得更高更稳，就要在时代发展的潮流中发展，契合世界各国人民要发展、要合作、要和平生活的时代潮流。"开放带来进步，封闭必然落后。"40年来，因为打开国门搞建设，中国实现了从封闭半封闭到全方位开放的伟大历史转折，成为世界第一大货物贸易国、最大的旅游市场、130多个国家的主要贸易伙伴。近年来，国际上贸易保护主义、单边主义有所上升，逆全球化思潮抬头，越是在这个时候，我们越要看到，经济全球化是不可逆转的历史大势，开放是实现国家繁荣富强的根本出路。"中国开放的大门不会关闭，只会越开越大！"坚持推动更高水平开放不停步、建设开放型世界经济不停步、构建人类命运共同体不停步，才能使中国发展动力更足、人民获得感更强、同世界互动更深，始终做世界和平的建设者、全球发展的贡献者、国际秩序的维护者。

"一切伟大成就都是接续奋斗的结果，一切伟大事业都需要在继往开来中推进。"40年众志成城，40年砥砺奋进，40年春风化雨。对这段历史的最好纪念，就是书写新的辉煌历史；对改革开放的最大致敬，就是创造新的更大奇迹。在习近平新时代中国特色社会主义思想指引下，不忘初心、继续前进，中国改革开放一定能够成功，中华民族伟大复兴必将在改革开放的进程中得以实现！

（2018年12月18日　01版）

深化供给侧结构性改革要在
巩固增强提升畅通上下功夫

刚刚闭幕的中央经济工作会议，认真总结今年经济工作，深入分析当前经济形势，全面部署明年经济工作，提出了巩固、增强、提升、畅通的八字方针，对于我们坚定信心、深化认识，做好明年经济工作，具有重大而深远的意义。

今年是全面贯彻党的十九大精神开局之年。面对错综复杂的国际环境和艰巨繁重的国内改革发展稳定任务，在以习近平同志为核心的党中央坚强领导下，全党全国落实党的十九大作出的战略部署，坚持稳中求进工作总基调，按照高质量发展要求，有效应对外部环境深刻变化，迎难而上、扎实工作，保持了经济持续健康发展和社会大局稳定，朝着实现全面建成小康社会的目标迈出了新的步伐。

从今后几年的发展目标看，做好明年经济工作至关重要。要以习近平新时代中国特色社会主义思想为指导，全面贯彻党的十九大和十九届二中、三中全会精神，统筹推进"五位一体"总体布局，协调推进"四个全面"战略布局，坚持稳中求进工作总基调，坚持新发展理念，坚持推动高质量发展，坚持以供给侧结构性改革为主线，坚持深化市场化改革、扩大高水平开放，加快建设现代化经济体系，继续打好三大攻坚战，着力激发微观主体活力，创新和完善宏观调控，统筹推进稳增长、促改革、调结构、惠民生、防风险工作，保持经济运行在合理区间，进一步稳就业、稳金融、稳外贸、稳外资、稳投资、稳预期，提振市场信心，增强人民群众获得感、幸福感、安全感，保持经济持续健康发展和社会大局稳定，为全面建成小康社会收官打下决定性基础，以优异成绩庆祝中华人民共和国成立70周年。

做好经济工作，必须聚焦主要矛盾。当前我国经济运行的主要矛盾仍然是供给侧结构性的，供给体系不适应需求结构变化，经济难以实现良性循环。实践证明，供给侧结构性改革是改善供给结构、提高经济发展质量和效益的治本之策。因此，我们必须坚持以供给侧结构性改革为主线不动摇，尽管有难度，但要挺过去，使我国经济发展迎来更加光明的前景。

我国经济正在发生深刻变化，深化供给侧结构性改革要更多采取改革的办法，更多运用市场化、法治化手段，在巩固、增强、提升、畅通上下功夫，这八字方针是当前和今后一个时期深化供给侧结构性改革、推动经济高质量发展管总的要求。要巩固"三去一降一补"成果，加大破、立、降力度，重点是继续处置"僵尸企业"，推动更多产能过剩行业加快出清，降低全社会各类营商成本，有效减轻企业负担，加大基础设施等领域补短板力度。要增强微观主体活力，发挥企业和企业家主观能动性，加快土地等要素市场化步伐，建立公平开放透明的市场规则和法治化营商环境，破除各类要素流动壁垒，促进正向激励和优胜劣汰，发展更多优质企业。要提升产业链水平，注重利用技术创新和规模效应形成新的竞争优势，加快解决关键核心技术"卡脖子"问题，强化工业基础能力建设，培育和发展新的产业集群，保持好全球最完整的产业体系，提升我国在全球供应链、产业链、价值链中的地位。要畅通经济循环，加快建设统一开放、竞争有序的现代市场体系，畅通生产、流通、分配、消费循环，提高金融体系服务实体经济能力，形成国内市场和生产主体、经济增长和就业扩大、金融和实体经济良性循环。

明年宏观政策要强化逆周期调节，努力稳定总需求。继续实施积极的财政政策和稳健的货币政策，积极的财政政策要加力提效，实施更大规模的减税降费，稳健的货币政策要松紧适度，保持流动性合理充裕。我国市场规模已位居世界前列，今后潜力更大。要加快消费结构升级，发挥投资关键作用，扩大外贸进出口，保持合理的经济增长，为深化供给侧结构性改革、推动高质量发展提供必要的宏观环境。

今年三大攻坚战初战告捷，明年要针对突出问题，打好重点战役，全力攻坚，务求实效。打好防范化解重大风险攻坚战，要密切观察、周密部署、抓住重点、制定预案，坚守不发生系统性风险的底线。打好脱贫攻坚战，必须一鼓作气，确保如期实现2020年目标任务。打好污染防治攻坚战，要坚守阵地、巩固成果，不能放宽放松，更不能走回头路。同时，要根据党的十九大作出的战略部署，结合当前形势，抓好明年的重点工作任务。要推动制造业高质量发展，促进形成强大国内市场，扎实推进乡村振兴战略，促进区域协调发展，加快经济体制改革，推动全方位对外开放，加强保障和改善民生。

明年是新中国成立70周年，是全面建成小康社会关键之年，经济工作任务十分繁重。让我们更加紧密地团结在以习近平同志为核心的党中央周围，上下同心，迎难而上，以经济社会发展的优异成绩迎接中华人民共和国成立70周年。

（2018年12月22日　01版）

奋力谱写决胜全面小康的"三农"篇章

刚刚闭幕的中央农村工作会议，是继中央经济工作会议之后的又一次重要会议。这次会议强调，要坚持农业农村优先发展，深入实施乡村振兴战略，坚决打赢脱贫攻坚战，对标全面建成小康社会必须完成的硬任务，切实做好"三农"工作。我们要统一思想、坚定信心、狠抓落实，确保顺利完成农业农村发展各项任务。

"三农"向好，全局主动。今年以来，农业农村发展取得来之不易的好成绩。乡村振兴良好开局，农业发展稳中有进，脱贫攻坚有力推进，农村社会和谐稳定。"三农"发展的持续好形势，稳住了基本盘，对做好全局工作起到了压舱石作用。

经济形势越复杂，越要稳住"三农"。明年是决胜全面建成小康社会的关键之年，巩固发展农业农村好形势，对有效应对各种风险挑战、确保经济持续健康发展和社会大局稳定具有重大意义。做好"三农"工作，要坚持把解决"三农"问题作为全党工作的重中之重，坚持农业农村优先发展总方针，以实施乡村振兴战略为总抓手，突出抓好"三农"工作硬任务，抓重点、补短板、强基础、促改革，在实现农业农村现代化征程中迈出新步伐。

全面建成小康社会，最艰巨的任务在农村，最突出的短板也在农村。小康不小康，关键看老乡。确保贫困人口如期脱贫，是当前面临最紧急的任务，必须完成，没有任何退路。要聚力精准施策，决战决胜脱贫攻坚，主攻深度贫困地区，重点解决好突出问题，一鼓作气，尽锐出战，不折不扣完成好脱贫任务。要加快补齐农村基础设施和公共服务短板，抓好农村人居环境整治三年行动，重点做好农村垃圾污水治理、厕所革命和村容村貌提升。要壮大乡村产业，拓宽农民增收渠道，扎实做好乡村规划建设和社会治理各项工作，不断提高广大农民的获得感、幸福感、安全感。

手中有粮，心中不慌。我们这样一个有近14亿人口的大国，任何时候饭碗都要牢牢端在自己手上，而且主要装中国粮。要毫不放松抓好粮食生产，切实稳定粮食产量，推动藏粮于地、藏粮于技落实落地。要深化农业供给侧结构性改革，调整优化农业结构，突出优质、特色、绿色，推动农业实现高质量发展。

农业农村发展，根本靠深化改革。深化农村改革，主线仍然是处理好农民和土地的关系，要坚守底线，保持农村土地承包关系稳定并长久不变，巩固和完善农村基本经营制度。要深化农村土地制度改革，加快推进农村集体产权制度改革，完善农业支持保护制度，通过改革释放发展活力，为乡村振兴和农业农村现代化增添动力。

办好农村的事情，关键在党。要加强党对"三农"工作的全面领导，强化五级书记抓乡村振兴的机制保障。全面加强农村基层党组织建设，发挥好农村党支部战斗堡垒作用。农业农村优先发展是党中央从解决城乡发展不平衡、乡村发展不充分矛盾出发，提出来的一个重大方针，要把农业农村优先发展的政策导向牢固树立起来，做到在干部配备上优先考虑，要素配置上优先满足，资金投入上优先保障，公共服务上优先安排，不打半点折扣。各地农村情况千差万别，制定发展目标任务要坚持从实际出发，稳扎稳打、久久为功。要发挥好农民主体作用，激发和调动广大农民群众的积极性主动性。

明年是新中国成立70周年，让我们以习近平新时代中国特色社会主义思想为指导，攻坚克难、扎实工作，不断巩固发展农业农村持续向好形势，奋力谱写决胜全面小康的"三农"篇章，以优异成绩迎接中华人民共和国成立70周年。

（2018年12月30日　04版）

创造无愧于伟大新时代的新辉煌

——元旦献词

当日历翻开新的一页,崭新的一年开始了。走过改革开放40周年,迎来新中国70华诞,历史再次刻印下时间的坐标。

回首2018,中国在奋进中书写了精彩答卷。我们忘不了人民大会堂里宪法宣誓的庄严承诺,忘不了民营企业座谈会上加油鼓劲的铿锵话语,忘不了港珠澳大桥连通三地振奋人心,忘不了首届中国国际进口博览会万商云集共享未来,忘不了庆祝改革开放40周年大会继往开来的时代强音……这些刻写在时间中的场景,必将让未来的人们在回望历史时,记下这一重要年份。

这一年,我们迎难而上,三大攻坚战开局良好,宏观调控目标较好完成,高质量发展动力强劲;我们锐意进取,全面推进党和国家机构改革、全面实施市场准入负面清单制度,改革开放春潮澎湃;我们胸怀世界,成功举办上合组织青岛峰会、中非合作论坛北京峰会,大国外交举世瞩目……事非经过不知难,成绩来之不易,这是以习近平同志为核心的党中央坚强领导的结果,是亿万人民团结一心、砥砺奋进的结果。满怀创造历史的壮志雄心,我们在新征程上写下新篇章。

时间不会停止,脚步也不会停滞。6年砥砺奋进,40年改革不息,70年长歌未央,从开启新纪元到跨入新时期,从站上新起点到进入新时代,我们又来到一个新的时间节点。2019年是新中国成立70周年,是全面建成小康社会关键之年。正如习近平总书记强调的,"信仰、信念、信心,任何时候都至关重要。"今日中国,正面临近代以来最好的发展时期,也正处于世界百年未有之大变局,仍需我们凭着勤劳、智慧、勇气,以信仰、信念、信心铸就精神的力量,为全面建成小康社会收官打下决定性基础,以优异成绩向人民共和国70华诞献礼。

让我们坚定对马克思主义的信仰,激荡真理与道义的力量。于"一穷二白"起步,在"崩溃边缘"奋起,以"砥砺奋进"打拼,马克思主义指引中国成功走上了全面建设社会主义现代化强国的康庄大道。面对新形势新挑战,我们仍需继续高扬马克思主义伟大旗帜,用习近平新时代中国特色社会主义思想武装头脑、指导实践、推动工作,以更宽广的视野、更长远的眼光来思考把握未来发展面临的一系列重大问题,让马克思、恩格斯设想的人类社会美好前景不断在中国大地上生动展现开来。

让我们坚定对中国特色社会主义的信念,焕发勇往直前的激情。"什么是路?就是从没路的地方践踏出来的,从只有荆棘的地方开辟出来的。"凭着"敢教日月换新天"的豪情,中国站起来了;靠着"杀出一条血路"的气概,中国富起来了;在"改革不停顿、开放不止步"的奋斗中,我们迎来从富起来到强起来的伟大飞跃。中国特色社会主义道路,正是我们一步一个脚印走出来的。我国发展仍处于并将长期处于重要战略机遇期,时与势在我们一边。沿着这条道路阔步前行,就一定能在新的征途书写新的荣光。

让我们坚定对实现中华民族伟大复兴中国梦的信心,振奋昂扬向上的精神。全面建成小康社会、基本实现现代化、全面建成社会主义现代化强国……通向民族复兴的蓝图已经绘就。船到中流浪更急,人到半山路更陡。我们仍需以供给侧结构性改革为主线不动摇,推动我国经济实现高质量发展,决胜全面建成小康社会第一个百年目标;我们仍需继续推动"一带一路"建设、构建人类命运共同体,为了建设一个更美好的世界不懈奋斗。在为人民谋幸福、为民族谋复兴、为世界谋大同的道路上,我们仍需以梦为马、扬鞭奋蹄。

如月之恒,如日之升。回首雄关漫道真如铁,感悟人间正道是沧桑,展望长风破浪会有时,在奔涌不息的时间长河中,2019年仍将不舍昼夜、一往无前。让我们在以习近平同志为核心的党中央坚强领导下,继续统筹推进"五位一体"总体布局、协调推进"四个全面"战略布局,坚持稳中求进工作总基调,保持锐意进取、永不懈怠的精神状态和敢闯敢干、一往无前的奋斗姿态,脚踏实地、苦干实干,创造无愧于伟大新时代的新辉煌。

(2019年01月01日　02版)

推进祖国和平统一进程的重大宣示

新年伊始，中央隆重纪念《告台湾同胞书》发表40周年，习近平总书记发表重要讲话。这是指引新时代对台工作的纲领性讲话，是做好新时代对台工作的根本遵循和行动指南，对推动两岸关系和平发展、推进祖国和平统一进程具有重大指导意义，必将产生深远影响。

1979年1月1日，全国人民代表大会常务委员会发表《告台湾同胞书》，郑重宣示争取祖国和平统一的大政方针。这是对台工作和两岸关系进程中具有里程碑意义的大事，揭开了两岸关系发展新的历史篇章。

回顾历史，启迪今天、昭示明天。习近平总书记重要讲话全面回顾了新中国成立70年来特别是全国人大常委会发表《告台湾同胞书》40年来两岸关系的发展历程，全面阐述了我们立足新时代、在民族复兴伟大征程中推进祖国和平统一的重大政策主张，深刻昭示了两岸关系发展的历史大势。总书记指出，台湾是中国一部分、两岸同属一个中国的历史和法理事实，是任何人任何势力都无法改变的！两岸同胞都是中国人，血浓于水、守望相助的天然情感和民族认同，是任何人任何势力都无法改变的！台海形势走向和平稳定、两岸关系向前发展的时代潮流，是任何人任何势力都无法阻挡的！国家强大、民族复兴、两岸统一的历史大势，更是任何人任何势力都无法阻挡的！祖国必须统一，也必然统一，这是两岸关系发展历程的历史定论，也是新时代中华民族伟大复兴的必然要求。

习近平总书记重要讲话科学回答了在民族复兴新征程中如何推进祖国

和平统一的时代命题，郑重宣示了新时代坚持"一国两制"和推进祖国和平统一的五项重大主张：携手推动民族复兴，实现和平统一目标；探索"两制"台湾方案，丰富和平统一实践；坚持一个中国原则，维护和平统一前景；深化两岸融合发展，夯实和平统一基础；实现同胞心灵契合，增进和平统一认同。总书记郑重倡议，在坚持"九二共识"、反对"台独"的共同政治基础上，两岸各政党、各界别推举代表性人士，就两岸关系和民族未来开展广泛深入的民主协商，就推动两岸关系和平发展达成制度性安排。五项重大主张系统阐释了实现国家统一的目标内涵、基本方针、路径模式，指明了今后一个时期对台工作的基本思路、重点任务和前进方向，既有原则的坚定性又有极强的针对性和极大的包容性，展现了非凡的政治勇气和政治智慧。

习近平总书记重要讲话精辟论述了解决台湾问题、实现国家统一与中华民族伟大复兴的辩证关系，深刻揭示了台湾同胞福祉与中华民族伟大复兴的内在联系。总书记指出，台湾的前途在于国家统一，台湾同胞福祉系于民族复兴。台湾问题因民族弱乱而产生，必将随着民族复兴而终结。讲话为两岸同胞指明共同奋斗的目标，具有感召人心的强大精神力量。

习近平总书记在讲话中重申将继续率先同台湾同胞分享大陆发展机遇，为台胞台企提供同等待遇，让大家有更多获得感。"亲望亲好，中国人要帮中国人"，总书记在讲话中提出两岸应通尽通的主张，充分体现了对台湾现实情况和社情民意的深入了解和对广大台湾同胞的关心关怀，其言也恳，其情也切。

习近平总书记重要讲话宣示了坚决反对"台独"分裂、外来干涉的严正立场，重申中国政府、中国人民维护国家主权和领土完整的坚定决心和强大能力。"统一是历史大势，是正道。'台独'是历史逆流，是绝路。""我们愿意为和平统一创造广阔空间，但绝不为各种形式的'台独'分裂活动留下任何空间。""中国人不打中国人。我们愿意以最大诚意、尽最大努力争取和平统一的前景，因为以和平方式实现统一，对两岸同胞和全民族最有利。我们不承诺放弃使用武力，保留采取一切必要措施的选项，针对的是外部势力干涉和极少数'台独'分裂分子及其分裂活动，绝非针对台湾同胞。"总书记的重要讲话，为"台独"势力划出了不可逾越的红线，形成强大震慑。

民族复兴、国家统一是大势所趋、大义所在、民心所向。前进的道路不可能一帆风顺，但我们坚信，在习近平总书记关于对台工作的重要论述指引下，两岸同胞和衷共济、共同奋斗，就一定能够共创中华民族伟大复兴美好未来，就一定能够完成祖国统一大业。

（2019年01月03日　01版）

决胜全面建成小康社会　推进乡村全面振兴

中国要强，农业必须强；中国要美，农村必须美；中国要富，农民必须富。

新春伊始，中共中央、国务院公开发布《关于坚持农业农村优先发展做好"三农"工作的若干意见》。这是新世纪以来，党中央连续发出的第十六个"一号文件"，为我们做好新时代"三农"工作，促进农业全面升级、农村全面进步、农民全面发展提供了重要遵循。

今年的"一号文件"立足"三农"发展新形势，对标全面建成小康社会"三农"工作必须完成的硬任务，适应国内外复杂形势变化对农村改革发展提出的新要求，突出强调牢牢把握稳中求进工作总基调，落实高质量发展要求，坚持农业农村优先发展总方针，巩固农业农村发展好形势。抓好各项硬任务的落实，对做好今明两年"三农"工作意义重大。

2018年是全面贯彻党的十九大精神的开局之年。在以习近平同志为核心的党中央坚强领导下，农业发展稳中有进，打赢脱贫攻坚战三年行动开局良好，乡村建设迈出新的步伐，农村改革深入推进，农村社会保持和谐稳定。"三农"持续向好形势进一步巩固，为保持经济持续健康发展和社会大局稳定奠定了坚实基础。

当前，经济下行压力加大，外部环境发生深刻变化，形势越是复杂，做好"三农"工作越具有特殊重要性。就当前看，农业仍是"四化同步"的短腿，农村还是全面建成小康社会的短板。只有稳住"三农"这个基本盘，才能为有效应对各种风险挑战赢得主动，为做好全局工作增添底气。确保顺利完成到2020年农村改革发展目标任务，是党中央对全体人民特别是亿万农民的庄严承诺，直接关系全面建成小康社会的成色和社会主义现代化的质量，关系我们党在人民群众中的威信。我们必须坚持把解决好"三农"问题作为全党工作重中之重不动摇，抓重点、补短板、强基础，推动乡村全面振兴，加快推进农业农村现代化。

小康不小康，关键看老乡。打赢脱贫攻坚战是全面建成小康社会的底线任务，必须不折不扣完成好。要聚力精准施策，决战决胜脱贫攻坚，主攻深度贫困地区，着力解决突出问题，巩固扩大脱贫攻坚成果。要扎实推进乡村建设，加快补齐农村人居环境和公共服务短板；发展壮大乡村产业，拓宽农民增收渠道；完善乡村治理机制，保持农村社会和谐稳定，不断提高广大农民的获得感、幸福感、安全感。

手中有粮，心中不慌。对于一个有着近14亿人口的大国来说，粮食问题须臾不能放松。随着消费升级，人们的需求已从吃得饱转向吃得好、吃得健康。要达到这一目标，进一步夯实农业基础、保障重要农产品有效供给是前提。农业农村发展，根本依靠深化改革。要围绕"巩固、增强、提升、畅通"把农业供给侧结构性改革往深里做、往细里做，以土地制度改革为牵引推进农村改革，通过改革释放发展活力，为乡村振兴和农业农村现代化增添动力。

办好农村的事情，关键在党。要加强党对"三农"工作的全面领导，把农业农村优先发展落到实处，强化五级书记抓乡村振兴制度保障，培养懂农业、爱农村、爱农民的"三农"工作队伍，充分发挥好农村党支部战斗堡垒作用和农民主体作用。要坚持从实际出发做好"三农"工作，因地制宜、分类施策，循序渐进、量力而行，稳扎稳打、久久为功，注重实效、防止做表面文章。

没有农业农村的现代化,就没有国家的现代化。没有乡村的振兴,就没有中华民族伟大复兴。今年是新中国成立70周年,是全面建成小康社会的关键之年。全面贯彻落实习近平总书记关于做好"三农"工作的重要论述,锐意进取、攻坚克难、扎实工作,我们就能让亿万农民有更多实实在在的获得感、幸福感、安全感,谱写新时代乡村全面振兴的新篇章。

(2019年02月20日　01版)

同心建言资政　同向凝聚共识

——热烈祝贺全国政协十三届二次会议开幕

草木蔓发，春山可望。来自34个界别的2157名全国政协委员踏着春天的脚步，肩负人民的期待，共聚一堂建真言、谋良策。今天，全国政协十三届二次会议在京开幕，我们向大会的召开表示热烈祝贺！

时间的年轮铭刻着发展的轨迹，深刻见证了2018年的极不平凡。面对错综复杂的国际环境和艰巨繁重的国内改革发展稳定任务，以习近平同志为核心的党中央团结带领全国各族人民，保持战略定力，采取正确策略，完成了稳增长、促改革、调结构、惠民生、防风险、保稳定等各方面工作任务，人民群众获得感、幸福感、安全感继续增强，实现了全面贯彻落实党的十九大精神开门红。过去一年也是人民政协事业开创新局面的一年。十三届全国政协坚持中国共产党对人民政协工作的全面领导，围绕团结和民主两大主题，聚焦党和国家中心任务，发挥专门协商机构作用，在建言资政和凝聚共识上双向发力，为党和国家事业发展作出了新贡献，展现了新时代人民政协的新面貌新气象。

"阳春布德泽，万物生光辉。"2019年是新中国成立70周年，也是人民政协成立70周年。70年来的实践充分证明，作为我国一项基本政治制度，中国共产党领导的多党合作和政治协商制度是中国共产党、中国人民和各民主党派、无党派人士的伟大政治创造，是从中国土壤中生长出来的新型政党制度，不仅符合当代中国实际，而且符合中华民族一贯倡导的天下为公、兼容并蓄、求同存异等优秀传统文化,是对人类政治文明的重大贡献;作为统一战线的组织、多党合作和政治协商的机构、人民民主的重要形式,人民政协体现了中国特色社会主义制度的鲜明特点,是适合中国国情、具有鲜明中国特色的制度安排。在新的历史起点上,不忘多党合作建立之初心,坚持好、发展好、完善好我国社会主义政党制度,发挥好人民政协制度的优势,把中共中央的决策部署和对人民政协工作的要求落实下去,把海内外中华儿女实现中华民族伟大复兴中国梦的智慧和力量凝聚起来,就能共同开创中华民族的美好未来,不断谱写人民政协事业新篇章。

人民民主是社会主义的生命,人民政协是协商民主的重要渠道和专门协商机构。同心建言资政,才能以协商民主凝聚强大正能量。中国共产党领导的多党合作和政治协商制度,既强调中国共产党的领导,也强调发扬社会主义民主,政治协商、民主监督、参政议政就是这种民主的重要体现。面向未来,推进人民政协理论创新、制度创新、工作创新,紧扣改革发展献计出力,发挥人民政协在发展协商民主中的重要作用,有效组织各党派、各团体、各民族、各阶层、各界人士共商国是,推动实现广泛有效的人民民主,我们就一定能共同把中国的事情办好。

人心是最大的政治,共识是奋进的动力。同向凝聚共识,才能以大团结大联合画出最大同心圆。统一战线是中国共产党团结带领全国人民夺取革命、建设、改革事业胜利的重要法宝,也是实现中华民族伟大复兴的重要法宝。大团结大联合是统一战线的本质要求,是人民政协组织的重要特征。面向未来,朝着既定目标,扛起政治责任,把加强思想政治引领、广泛凝聚共识作为履职工作的中心环节,加强各党派团体、各族各界人士大团结大联合,最大限度调动一切积极因素,团结一切可以团结的人,汇聚起共襄伟业的强大力量,人民政协就一定能更好担负新时代的光荣使命与任务。

"大厦之成，非一木之材也；大海之阔，非一流之归也。"70年前，中国共产党以豪迈的气概，号召将革命进行到底，各民主党派、无党派人士和各人民团体、各族各界代表热烈响应中国共产党号召，共同努力实现了建立新中国这一中国人民站起来的历史伟业。现在，我们经过不懈奋斗，迎来了从站起来、富起来到强起来伟大飞跃的光明前景，只要全国各族人民紧密团结在以习近平同志为核心的党中央周围，风雨同舟，万众一心，攻坚克难，任何困难任何势力都不能阻挡我们前进的步伐！期待政协委员积极议政建言、广泛凝聚共识，共赴新征程、共担新使命，以履职尽责的实际行动迎接新中国成立70周年！

预祝大会圆满成功！

（2019年03月03日 01版）

激发制度活力　凝聚复兴伟力

——热烈祝贺十三届全国人大二次会议开幕

"阳和启蛰，品物皆春。"今天，十三届全国人大二次会议在北京开幕，近3000名全国人大代表齐聚一堂，共商国是、共议大计。这是我国政治生活中的一件大事，我们对大会的召开表示热烈祝贺！

春华秋实，岁物丰成。过去一年在党和国家事业发展进程中极不平凡。面对错综复杂的国际环境和艰巨繁重的国内改革发展稳定任务，以习近平同志为核心的党中央统揽国内国际两个大局，坚持稳中求进工作总基调，落实高质量发展要求，有效应对外部环境深刻变化，保持经济持续健康发展和社会大局稳定，驾驭中国航船劈波斩浪、行稳致远。过去一年也是十三届全国人大及其常委会依法履职的第一年。一年来，十三届全国人大及其常委会坚持以习近平新时代中国特色社会主义思想为指导，确保人大工作正确政治方向，推动宪法实施迈出新步伐，加强和改进新时代立法工作，依法履行人大监督职责，拓展直接联系代表渠道，各方面工作卓有成效，实现了良好开局。实践证明，只有始终坚持党的全面领导，始终坚持以人民为中心、保证人民当家作主，始终坚持围绕大局谋划推动工作，始终坚持履行法定职责、严格依法办事，始终坚持民主集中制的原则，才能把新时代人大工作做得更好。

"履不必同，期于适足；治不必同，期于利民。"扎根本国土壤、汲取充沛养分的制度，最可靠、也最管用。今年是全国人民代表大会成立65周年。65年来，特别是改革开放以来，人民代表大会制度不断得到巩固和发展，展现出蓬勃生机活力。作为坚持党的领导、人民当家作主、依法治国有机统一的根本制度安排，人民代表大会制度是中国特色社会主义制度的重要组成部分，也是支撑中国国家治理体系和治理能力的根本政治制度。实践充分证明，这一在中国政治发展史乃至世界政治发展史上具有划时代意义的新型政治制度，是符合中国国情和实际、体现社会主义国家性质、保证人民当家作主、保障实现中华民族伟大复兴的好制度。站在新的历史起点上，坚持和完善人民代表大会制度，充分发挥这一制度优势和特点，不断激发制度活力，就能为国家繁荣富强、社会公平正义、人民幸福安康提供坚实的政治保障。

人民是历史的创造者，是实现伟大梦想的力量源泉。发扬伟大梦想精神，凝聚民族复兴伟力，就没有什么力量能够阻挡我们前进的步伐。今年是新中国成立70周年。70年来，我们党带领人民创造了人间奇迹，迎来了民族复兴的光明前景，一切都源自党和人民的团结奋斗。人民代表大会制度之所以具有强大生命力和显著优越性，关键就在于它深深植根于人民之中，支持和保证人民通过人民代表大会行使国家权力，保证人民当家作主具体地、现实地落实到国家政治生活和社会生活之中。在建成社会主义现代化强国、实现中华民族伟大复兴的征途上，继续通过人民代表大会制度牢牢把国家和民族前途命运掌握在人民手中，从各层次各领域扩大公民有序政治参与，发展更加广泛、更加充分、更加健全的人民民主，倾听人民呼声，回应人民期待，不断解决好人民最关心最直接最现实的利益问题，我们就一定能凝聚起磅礴伟力，实现亿万人民的伟大梦想。

新时代是奋斗者的时代,亿万人民都在努力奔跑、奋力追梦。十三届全国人大及其常委会履职正逢"两个一百年"历史交汇期,使命光荣,责任重大。期待广大代表充分发挥来自人民、植根人民的优势,认真履职尽责,接地气、察民情、聚民智,同全国各族人民一道砥砺奋进,在新征程上创造新的更大奇迹。

预祝大会圆满成功!

(2019年03月05日　01版)

凝心聚力共创美好新时代

——热烈祝贺全国政协十三届二次会议胜利闭幕

"迟日江山丽，春风花草香。"春天里，全国政协十三届二次会议不负重托、不辱使命，圆满完成各项议程，3月13日在北京胜利闭幕。我们对大会的成功表示热烈祝贺！

这是一次民主、团结、求实、奋进的大会。会议期间，习近平总书记等党和国家领导同志看望了参加会议的委员，并参加联组会听取意见建议、共商国是。委员们认真履行职责，听取和审议政协第十三届全国委员会常务委员会工作报告、关于提案工作情况的报告，列席十三届全国人大二次会议，听取并讨论了政府工作报告及其他有关报告。大会传递的正能量、发出的好声音、展示的新成果，充分彰显了中国共产党领导的多党合作和政治协商制度的生机活力，充分展现了社会主义协商民主的独特优势。

重要的时间节点，是我们奋斗的坐标。今年是新中国成立70周年，无论是在中华民族历史上，还是在世界历史上，这70年都是一部感天动地的奋斗史诗。面向未来，实现"两个一百年"奋斗目标、实现中华民族伟大复兴的中国梦，需要汇聚全民族的智慧和力量，广泛凝聚共识、不断增进团结。今年也是人民政协成立70周年，在新的历史起点上前进，人民政协要准确把握人民政协的性质定位，聚焦党和国家中心任务履职尽责，在建言资政和凝聚共识上双向发力，同心共筑中国梦、共创美好新时代。

人心是最大的政治。共创美好新时代，让我们画好最大同心圆。今天，我们的国家发生了天翻地覆的变化，我们的民族迎来了伟大复兴的光明前景，摆在我们面前的使命更光荣、任务更艰巨、挑战更严峻、工作更伟大。当此船到中流浪更急、人到半山路更陡的时候，把不同党派、不同民族、不同阶层、不同信仰的海内外中华儿女凝聚起来，形成致力于实现祖国统一和中华民族伟大复兴中国梦的最广泛的爱国统一战线，我们就能战胜前进道路上的一切艰难险阻。坚持大团结大联合，最大限度调动一切积极因素，团结一切可以团结的人，汇聚起共襄伟业的强大力量，这是人民政协的使命所系。

共识是奋进的动力。共创美好新时代，让我们凝聚强大正能量。"以天下之目视，则无不见也；以天下之耳听，则无不闻也；以天下之心虑，则无不知也"。奋进新时代，我国社会主要矛盾的历史性变化，对党和国家工作提出了许多新要求。当前，国内外环境都处于深刻复杂变化之中，新情况新问题层出不穷，新做法新经验不断涌现。要解决改革发展进程中的矛盾问题，共同把中国的事情办好，就要广开言路、博采众谋，动员大家一起来想、一起来干，围绕党和国家工作面临的突出问题加强调查研究，围绕决胜全面建成小康社会大局广泛凝聚正能量，努力为改革发展出实招、谋良策。发挥好社会主义协商民主重要渠道和专门协商机构的作用，有事多商量、有事好商量、有事会商量，建言建在需要时，议政议到点子上，监督监在关键处，通过协商凝聚共识、汇聚力量，这是人民政协的优势所在。

"志之所趋，无远弗届，穷山距海，不能限也。"新时代新方位新使命，人民政协大有可为。让我们更加紧密地团结在以习近平同志为核心的党中央周围，加强海内外中华儿女大团结，同心共济、群策群力、开拓奋进，共创美好新时代、共写复兴新史诗！

（2019年03月14日 01版）

同心同向创造新的更大奇迹

——热烈祝贺十三届全国人大二次会议胜利闭幕

"积力之所举,则无不胜也;众智之所为,则无不成也"。

3月15日,十三届全国人大二次会议圆满完成各项议程,在北京胜利闭幕。近3000名全国人大代表以高度的政治责任感和历史使命感,为民代言、尽心履职,写下民主、团结、求实、奋进的新篇章。我们对大会的成功表示热烈祝贺,对依法履职尽责的代表们致以崇高敬意!

这次会议是在全面建成小康社会关键之年召开的一次重要会议。大会高度评价过去一年在以习近平同志为核心的党中央坚强领导下,国家各项事业、各方面工作取得的成绩。大会审议并批准了政府工作报告和其他各项重要报告。代表们一致认为,政府工作报告体现了习近平新时代中国特色社会主义思想和党的十九大精神,体现了党中央关于今年工作的总体部署和要求,是一份求真务实、鼓舞士气、改革创新的好报告。大会审议通过了外商投资法,这是我国外商投资领域的基础性法律,充分彰显了新时代我国进一步扩大对外开放、积极促进外商投资的决心和信心。大会听取审议了全国人大常委会工作报告,充分肯定全国人大常委会一年来依法履职、稳中求进,做了卓有成效的工作,实现了良好开局。大会的成功,为推动党和国家事业发展凝聚了广泛共识、明确了工作任务。

"江山留胜迹,我辈复登临。"今年是中华人民共和国成立70周年。70年来,我们党团结带领人民披荆斩棘、风雨兼程,创造了举世瞩目的中国奇迹。面向未来，更光荣的使命等待我们去担当，更伟大的奇迹等待我们去创造。在实现中华民族伟大复兴中国梦的征程上，我们正处在一个愈进愈难、愈进愈险而又不进则退、非进不可的时候。越是在这样的时候，越需要我们增强"四个意识"、坚定"四个自信"、做到"两个维护"，坚持稳中求进工作总基调，万众一心，团结奋斗，战胜前进道路上的种种风险挑战，在新时代创造中华民族新的更大奇迹，创造让世界刮目相看的新的更大奇迹。

人民是共和国的坚实根基，人民是我们党执政的最大底气。一路走来，中国人民自力更生、艰苦奋斗，踏平坎坷成大道，让不可能成为了可能，书写了国家和民族发展的壮丽史诗。正如习近平总书记所强调的："一切成就都归功于人民，一切荣耀都归属于人民。"新征程上，不管乱云飞渡、风吹浪打，都必须紧紧依靠人民。始终坚持以人民为中心，尊重人民主体地位，倾听人民呼声，汇集人民智慧，回应人民期待，保证人民当家作主具体地、现实地落实到国家政治生活和社会生活之中，我们就能汇聚和激发近14亿人民的磅礴力量，把前无古人的伟大事业推向前进。

历史告诉我们，在中国，发展社会主义民主政治，保证人民当家作主，保证国家政治生活既充满活力又安定有序，关键是要坚持党的领导、人民当家作主、依法治国有机统一。实践充分证明，作为坚持党的领导、人民当家作主、依法治国有机统一的根本政治制度安排，人民代表大会制度是符合中国国情和实际、体现社会主义国家性质、保证人民当家作主、保障实现中华民族伟大复兴的好制度。新征程上，继续通过人民代表大会制度牢牢把国家和民族前途命运掌握在人民手中，更加充分地发挥好人民代表大会制度的优势和特点，我们就能不断增强党和国家活力、调动人民积极性，把亿万人民的伟大梦想变成现实。

山再高，往上攀，总能登顶；路再长，走下去，定能到达。让我们更加紧密地团结在以习近平同志为核心的党中央周围，以坚如磐石的信心、只争朝夕的劲头、坚韧不拔的毅力，同心同德、同行同向，攻坚克难、砥砺奋进，为全面建成小康社会收官打下决定性基础，为实现"两个一百年"奋斗目标、实现中华民族伟大复兴的中国梦作出新的更大贡献。

（2019年03月16日　01版）

铭记伟大变革 激扬奋进力量

——纪念西藏民主改革六十周年

物换星移一甲子，雪域高原展新颜。今年是西藏民主改革60周年，也是"西藏百万农奴解放纪念日"设立10周年。在这个美好日子里，我们向西藏自治区各族人民致以诚挚问候和美好祝福！

时间是最客观的记录者。1959年3月28日，在以达赖为首的西藏反动上层发动武装叛乱后，中华人民共和国国务院颁布命令，宣布解散原西藏地方政府，由西藏自治区筹备委员会行使西藏地方政府职权，号召西藏人民为建设民主和社会主义的新西藏而奋斗。从此，在中国共产党领导下，西藏各族人民进行了平叛和民主改革，开启了西藏历史上划时代的社会变革，开创了西藏历史的新纪元。60年前的这场民主改革，彻底废除了政教合一的封建农奴制，百万农奴彻底解放、当家作主。这场西藏历史上最广泛、最深刻、最伟大的社会变革，推动西藏社会制度实现巨大跨越，标志着人民民主政治制度从此在西藏确立，为国际废奴运动树立了重要里程碑。

时间也是最伟大的书写者。60年来，在中央的亲切关怀和全国各族人民的守望相助下，西藏各族人民高举爱国主义和民族团结旗帜，经济社会发展取得跨越式进步，广大群众的获得感、幸福感、安全感不断增强。特别是党的十八大以来，以习近平同志为核心的党中央高度重视西藏发展稳定，高度关心西藏各族群众生产生活，提出了"六个必须"的治藏方略，明确了西藏工作重要原则，为新时代西藏改革发展注入强大正能量，推动西藏各项事业取得历史性成就、发生历史性变革。今日西藏，经济繁荣发展、社会全面进步、生态环境良好、人民生活幸福，呈现欣欣向荣、生机勃勃的美好景象。

惟其艰难，才更显勇毅；惟其笃行，才弥足珍贵。60年来，西藏之所以发生翻天覆地的历史巨变，最根本的就在于，中国共产党领导西藏各族人民进行民主改革，迈上了繁荣发展进步的社会主义康庄大道。历史和事实充分证明，没有民主改革，就没有西藏人权事业的巨大进步，就没有西藏各项事业的辉煌成就、西藏人民的全面发展；没有中国共产党，就没有社会主义新西藏，就没有西藏人民的幸福生活。奋进新时代，踏上新征程，只有坚持中国共产党领导，坚持社会主义制度，坚持民族区域自治制度，才能为西藏发展进步筑牢坚实基础、开辟光明前景。这是历史的深刻结论，也是西藏各族人民的共同心声。

今天，加快推进西藏经济社会发展和长治久安，确保到2020年同全国一道实现全面建成小康社会宏伟目标，西藏各族干部群众尤其需要紧紧抓住历史机遇，大力弘扬"老西藏精神"，发愤图强，乘势而上，坚定不移走有中国特色、西藏特点的发展路子。在习近平新时代中国特色社会主义思想指引下，深入贯彻党的治藏方略，牢牢把握依法治藏、富民兴藏、长期建藏、凝聚人心、夯实基础的重要原则，把工作着眼点和着力点放到维护祖国统一、加强民族团结上来，不断增进各族群众对伟大祖国、中华民族、中华文化、中国共产党、中国特色社会主义的认同，谋长久之策、行固本之举，就能形成心往一处想、劲往一处使的强大合力，把西藏建设得更加美好。

"治国必治边、治边先稳藏"。刻骨铭心的历史记忆，最终会凝聚为一个民族的坚定信念,熔铸为一个国家的精神力量,帮助人们更好地走向明天。新时代是奋斗者的时代,我们都是追梦人。在以习近平同志为核心的党中央坚强领导下,传承民主改革的伟大精神,砥砺团结奋斗的坚强意志,西藏各族人民一定能激扬坚不可摧的奋进力量,书写西藏繁荣发展的崭新篇章。

(2019年03月28日 01版)

书写新时代劳动者新的荣光

——写在"五一"国际劳动节

劳动光荣,成就梦想;劳动者伟大,创造历史。在"五一"这个崇尚劳动、赞美劳动者的日子里,我们向全国工人阶级和广大劳动群众致以诚挚的祝福,向各条战线上的劳动模范和先进工作者表示崇高的敬意!

今年是新中国成立70周年,站在这个时间节点抚今追昔,我们更加深刻地认识到劳动的意义、奋斗的价值。70年来,在中国共产党领导下,工人阶级和广大劳动群众始终站在时代前列,积极投身社会主义革命、建设、改革伟大实践,辛勤劳动、诚实劳动、创造性劳动,在革故鼎新、自强不息的奋斗中,在筚路蓝缕、胼手胝足的实干中,铸就了改天换地、彪炳史册的人间奇迹。70年沧桑巨变,中华民族迎来了从站起来、富起来到强起来的伟大飞跃。我们的党、我们的国家、我们的人民在奋斗中收获了更多自信和勇气,更加坚定、更加昂扬地走在实现"两个一百年"奋斗目标的广阔道路上。

70年来我们取得的成就、创造的奇迹,都是中国人民撸起袖子干出来的、挥洒汗水拼出来的。习近平总书记一再强调,"社会主义是干出来的,新时代也是干出来的""世界上没有坐享其成的好事,要幸福就要奋斗"。新时代是奋斗者的时代,更是追梦人的舞台。无数奋斗者用实际行动证明,有梦想,有机会,有奋斗,一切美好的东西都能够创造出来。只要广大劳动群众不断砥砺梦想、坚持不懈奋斗、始终拼搏实干,就一定能创造新时代新的更大辉煌，把我们的人民共和国建设得更加繁荣富强。

奋斗新时代，让我们大力弘扬劳动精神。劳模精神、劳动精神、工匠精神，是工人阶级和广大劳动群众在从事社会生产的劳动实践中锤炼形成的宝贵品格，是弥足珍贵的精神财富。从"宁愿一人脏，换来万家净"的掏粪工人时传祥，到摘取数学皇冠上明珠的陈景润；从港口装卸自动化的创新者包起帆，到做着"禾下乘凉梦"充实天下粮仓的袁隆平……他们共同铸就了"爱岗敬业、争创一流，艰苦奋斗、勇于创新，淡泊名利、甘于奉献"的精神丰碑。面向未来，只有始终弘扬劳动精神，才能唤起每一个劳动者的奋斗激情，为国家发展汇聚起强大正能量。

奋斗新时代，让我们始终尊崇劳动价值。实现我们的奋斗目标，根本上靠劳动、靠劳动者创造。从城镇新增就业人数连续6年超过1300万人，到努力改善劳动者收入分配、医疗卫生、劳动安全等方面的条件，维护权益的改革举措、政策托底的民生保障，捍卫了劳动者尊严，为广大劳动群众带来实实在在的获得感，也让勤奋做事、勤勉为人、勤劳致富在全社会蔚然成风，让全体人民进一步焕发劳动热情、释放创造潜能。无论时代条件如何变化，我们始终都要崇尚劳动、尊重劳动者，始终重视发挥工人阶级和广大劳动群众的主力军作用，始终营造劳动光荣、劳动者伟大的社会风尚。

奋斗新时代，让我们努力提高劳动者素质。劳动者素质对一个国家、一个民族发展至关重要。劳动者的知识和才能积累越多，创造能力就越大。贯彻新发展理念、推动高质量发展、打赢三大攻坚战，对劳动者素质提出了更高要求。深入实施科教兴国战略、人才强国战略、创新驱动发展战略，把提高职工队伍整体素质作为一项战略任务抓紧抓好，为劳动者学习新知识、掌握新技能、增长新本领创造条件，才能建设宏大的知识型、技能型、创新型劳动者大军。广大劳动群众勤于学习，学文化、学科学、学技能、学各方面知识，不断提高综合素质，练就过硬本领，干一行、爱一行、钻一行、专一行，就一定能够成就闪光的人生。

梦想的花朵，需要用汗水浇灌；美好的生活，需要靠双手创造。中华民族伟大复兴这项光荣而艰巨的事业，需要每一个人付出艰辛努力。让我们紧密团结在以习近平同志为核心的党中央周围，众志成城、万众一心，苦干实干、不懈奋斗，用诚实劳动唱响新时代的劳动者之歌，书写新时代劳动者新的荣光。

（2019年05月01日　04版）

让五四精神在新时代放射新的光芒

——纪念五四运动一百周年

百年岁月沧桑，百年风雨兼程，百年风华正茂。今天是五四运动100周年，我们致敬100年前那段激情燃烧的岁月，期许当代青年不辜负党的期望、人民期待、民族重托，不辜负我们这个伟大时代。

习近平总书记在纪念五四运动100周年大会上的重要讲话中，高度评价了五四运动的历史意义，明确提出了新时代发扬五四精神的重要要求，深情寄语当代青年，极大鼓舞了广大青年积极拥抱新时代、奋进新时代的坚定信心，对于我们在新时代发扬伟大五四精神，激励全党全国各族人民特别是新时代中国青年为全面建成小康社会、加快建设社会主义现代化国家、实现中华民族伟大复兴的中国梦而奋斗，具有十分重大的意义。

五四运动是中国近现代史上具有划时代意义的重大事件，五四精神是五四运动创造的宝贵精神财富。救亡图存，挽狂澜于既倒；思想启蒙，发历史之先声。爆发于民族危难之际的五四运动，是一场伟大爱国革命运动、伟大社会革命运动、伟大思想启蒙运动和新文化运动，孕育了爱国、进步、民主、科学的伟大五四精神，拉开了中国新民主主义革命的序幕，促进了马克思主义在中国的传播，推动了中国共产党的建立，在近代以来中华民族追求民族独立和发展进步的历史进程中具有里程碑意义。

从五四运动出发，马克思主义成为中国革命、建设、改革事业的指导思想，中国共产党担负起领导人民实现民族独立、人民解放和国家富强、人民幸福的历史重任，社会主义在中国落地生根并不断完善发展，中华民族迎来了从站起来、富起来到强起来的伟大飞跃。今天，站在中华民族5000多年文明史、中国人民近代以来170多年斗争史、中国共产党90多年奋斗史的长河中，回望五四运动以来实现中华民族伟大复兴的三大里程碑——建立中国共产党、成立中华人民共和国、推进改革开放和中国特色社会主义事业，我们尤其能感受五四运动对当代中国发展进步重大而深远的影响，尤其能理解五四精神对实现中华民族伟大复兴中国梦的重大意义。

青年兴则国家兴，青年强则国家强。五四运动以来的100年，是中国青年一代又一代接续奋斗、凯歌前行的100年，是中国青年用青春之我创造青春之中国、青春之民族的100年。在中国共产党领导下，一代又一代有志青年"以青春之我，创建青春之家庭，青春之国家，青春之民族，青春之人类，青春之地球，青春之宇宙"，汇聚起了中华民族穿越风雨、走向复兴的磅礴力量，谱写了一曲曲感天动地的青春乐章。历史深刻表明，青年是整个社会力量中最积极、最有生气的力量，国家的希望在青年，民族的未来在青年。正如习近平总书记所指出的："新时代中国青年运动的主题，新时代中国青年运动的方向，新时代中国青年的使命，就是坚持中国共产党领导，同人民一道，为实现'两个一百年'奋斗目标、实现中华民族伟大复兴的中国梦而奋斗。"广大青年要继续发扬五四精神，把树立远大理想和脚踏实地统一起来，把个人理想融入民族复兴伟大理想和中国特色社会主义思想，担负起时代赋予的光荣使命，奏响新时代的青春之歌。

在五四精神激励下，当代青年要激扬家国情怀，与祖国共奋进。爱国主义是五四精神的核心，是我们民族精神的核心，是中华民族团结奋斗、自强不息的精神纽带。历史充分证明，爱国主义始终围绕着实现民族富强、人民幸福而发展，最终汇流于中国特色社会主义；祖国的命运和党的命运、社会主义的命运密不可分。正如习近平总书记所强调的："当代中国，爱国主义的本质就是坚持爱国和爱党、爱社会主义高度统一。"实现"两个一百年"奋斗目标、实现中华民族伟大复兴的中国梦，是当今中国最鲜明的时代主题。广大青年要树立与这个时代主题同心同向的理想信念，坚定"四个自信"，厚植爱国主义情怀，把爱国情、强国志、报国行自觉融入实现伟大梦想的奋斗之中，努力成为社会主义建设者和接班人，努力成为担当民族复兴大任的时代新人。

在五四精神激励下，当代青年要坚持知行合一，同人民齐奋斗。同人民一起奋斗，青春才能亮丽；同人民一起前进，青春才能昂扬；同人民一起梦想，青春才能无悔。习近平总书记强调："当代中国青年要有所作为，就必须投身人民的伟大奋斗。"今天，新时代中国青年处在中华民族发展的最好时期，既面临着难得的建功立业的人生际遇，也面临着"天将降大任于斯人"的时代使命。广大青年只有把自己的小我融入祖国的大我、人民的大我之中，与时代同步伐、与人民共命运，才能更好实现人生价值、升华人生境界，在祖国的万里长空放飞青春梦想。

百年风云变幻，不变的是精神；百年沧海桑田，不老的是青春。今天，对五四运动最好的纪念，就是让五四精神在新时代放射新的光芒。让我们紧密团结在以习近平同志为核心的党中央周围，释放青春激情、追逐青春理想，拥抱新时代、奋进新时代，以青春之我、奋斗之我，为民族复兴铺路架桥，为祖国建设添砖加瓦，让青春在为祖国、为人民、为民族、为人类的奉献中焕发出更加绚丽的光彩！

（2019年05月04日　01版）

为新时代党的历史使命而努力奋斗

不忘初心,方得始终。

"为中国人民谋幸福,为中华民族谋复兴,是中国共产党人的初心和使命,是激励一代代中国共产党人前赴后继、英勇奋斗的根本动力。"在"不忘初心、牢记使命"主题教育工作会议上,习近平总书记从践行党的根本宗旨、实现党的历史使命的高度,深刻阐述了中国共产党人的初心和使命,对开展主题教育提出明确要求、作出全面部署,为在全党开展主题教育指明了努力方向、提供了根本遵循,动员和激励全党同志在思想上来一次升华,在精神上来一次洗礼,牢固树立立党为公、执政为民的价值理念,砥砺不忘初心、牢记使命的精神品格,更加自觉地为新时代党的历史使命而努力奋斗。

一切向前走,都不能忘记走过的路。今年是新中国成立70周年,也是我们党在全国执政第70个年头,在这个时刻开展主题教育,正当其时。开展主题教育,是用习近平新时代中国特色社会主义思想武装全党的迫切需要,是推进新时代党的建设的迫切需要,是保持党同人民群众血肉联系的迫切需要,是实现党的十九大确定的目标任务的迫切需要。这次主题教育,是以习近平同志为核心的党中央统揽伟大斗争、伟大工程、伟大事业、伟大梦想作出的重大部署,对我们党不断进行自我革命,团结带领人民在新时代把坚持和发展中国特色社会主义这场伟大社会革命推向前进,对统筹推进"五位一体"总体布局、协调推进"四个全面"战略布局,实现"两个一百年"奋斗目标、实现中华民族伟大复兴的中国梦,具有十分重大的意义。

98年来,我们党团结带领人民取得了举世瞩目的伟大成就,这值得我们骄傲和自豪。同时,事业发展永无止境,我们面临的任务依然艰巨复杂、肩负的历史使命光荣而艰巨。无论面临什么样的风险挑战,中国共产党人的初心永远不能改变、追求梦想的步伐永远不会停歇。今天,开展"不忘初心、牢记使命"主题教育,根本任务就是深入学习贯彻习近平新时代中国特色社会主义思想,锤炼忠诚干净担当的政治品格,团结带领全国各族人民为实现伟大梦想共同奋斗。这次主题教育要贯彻守初心、担使命,找差距、抓落实的总要求,达到理论学习有收获、思想政治受洗礼、干事创业敢担当、为民服务解难题、清正廉洁作表率的目标。要将力戒形式主义、官僚主义作为主题教育重要内容,教育引导党员干部牢记党的宗旨,坚持实事求是的思想路线,树立正确政绩观,真抓实干,转变作风。要把学习教育、调查研究、检视问题、整改落实贯穿全过程。

习近平总书记反复强调,"崇尚实干、狠抓落实"。这次主题教育,时间紧、任务重、要求高,各地区各部门各单位党委(党组)要高度重视,增强责任感和紧迫感,加强组织领导,强化督促指导,提高主题教育质量。要坚持思想建党、理论强党,推动全党深入学习贯彻习近平新时代中国特色社会主义思想;要贯彻新时代党的建设总要求,同一切影响党的先进性、弱化党的纯洁性的问题作坚决斗争,努力把我们党建设得更加坚强有力;要坚持以人民为中心,把群众观点和群众路线深深植根于思想中、具体落实到行动上,不断巩固党执政的阶级基础和群众基础;要引导全党同志勇担职责使命,焕发干事创业的精气神,把党的十九大精神和党中央决策部署特别是全面建成小康社会各项任务落实到位。

"参天之木,必有其根;怀山之水,必有其源"。不忘初心、牢记使命,不断增强"四个意识"、坚定"四个自信"、做到"两个维护",继续以逢山开路、遇水架桥的开拓精神,开新局于伟大的社会革命,强体魄于伟大的自我革命,中国共产党就能永远年轻、永葆旺盛生命力和强大战斗力,中华民族伟大复兴的巨轮就能乘风破浪、胜利驶向光辉的彼岸!

(2019年06月01日 01版)

牢记初心使命　奋进复兴征程

——热烈庆祝中国共产党成立九十八周年

为中国人民谋幸福，为中华民族谋复兴，是中国共产党人的初心和使命，是激励一代代中国共产党人前赴后继、英勇奋斗的根本动力。7月1日，我们迎来中国共产党成立98周年。"中国共产党立志于中华民族千秋伟业，百年恰是风华正茂！"决胜全面小康，走向民族复兴，千秋伟业呼唤每个共产党员坚守初心使命，书写下新时代的新荣光。

98年来，中国共产党紧紧依靠人民，跨过一道又一道沟坎，取得一个又一个胜利，创造了人类发展史上惊天动地的奇迹，让中华文明在现代化进程中焕发出新的蓬勃生机，让科学社会主义在21世纪焕发出新的蓬勃生机，使中华民族焕发出新的蓬勃生机。今年是中华人民共和国成立70周年，也是我们党在全国执政第70个年头。70年披荆斩棘，70年砥砺奋进，我们党把中国共产党为什么"能"、马克思主义为什么"行"、中国特色社会主义为什么"好"的答案，书写于神州大地的沧桑巨变中，书写于亿万人民的美好生活中。特别是党的十八大以来，以习近平同志为核心的党中央迎难而上，开拓进取，以党和国家事业发展的历史性成就和变革，推动中国特色社会主义进入新时代，迎来中华民族从站起来、富起来到强起来的伟大飞跃，迎来实现中华民族伟大复兴的光明前景。今天，中国这个古老而又现代的东方大国朝气蓬勃、气象万千，中国特色社会主义道路、理论、制度、文化焕发出强大生机活力，奇迹正在中华大地上不断涌现。

回首往昔，这是何其辉煌的成就！展望未来，这是何其壮丽的征程！历史充分证明：只有中国共产党，才能救中国；只有中国共产党，才能发展中国，才能引领中华民族实现伟大复兴。

今天，我们正处于近代以来最好的发展时期，也正面临世界百年未有之大变局。我们已走过千山万水，但仍需跋山涉水，摆在全党全国各族人民面前的使命更光荣、任务更艰巨、挑战更严峻、工作更伟大。方此之时，我们更需以初心砥砺前行的精神，以使命鼓舞奋发的斗志，以永不懈怠的精神状态和一往无前的奋斗姿态，勇于战胜各种艰难险阻、风险挑战，不断从胜利走向新胜利。正在全党开展的"不忘初心、牢记使命"主题教育，根本任务就是深入学习贯彻习近平新时代中国特色社会主义思想，锤炼忠诚干净担当的政治品格，团结带领全国各族人民为实现伟大梦想共同奋斗。

"两个一百年"奋斗目标是当代中国共产党人最重要最现实的使命担当，今天，我们正处在实现"两个一百年"奋斗目标的历史交汇期，第一个百年目标要实现，第二个百年目标要开篇。坚持思想建党、理论强党，在思想上来一次升华、在精神上来一次洗礼，我们就能更好牢记初心使命，奋进复兴征程。要用习近平新时代中国特色社会主义思想武装头脑，筑牢信仰之基、补足精神之钙、把稳思想之舵；要认真贯彻新时代党的建设总要求，努力把我们党建设得更加坚强有力；要自觉践行党的根本宗旨，筑牢党长期执政最可靠的阶级基础和群众根基；要发扬革命传统和优良作风，团结带领人民把党的十九大绘就的宏伟蓝图一步一步变为美好现实。只要我们开新局于伟大社会革命，强体魄于伟大自我革命，自觉同人民想在一起、干在一起，就没有什么能阻挡中华民族实现伟大梦想的步伐。

九万里风鹏正举，新征程砥砺初心。走过98年，我们正在进行实现中华民族伟大复兴的新长征,要永远保持建党时中国共产党人的奋斗精神,永远保持对人民的赤子之心。让我们更加紧密地团结在以习近平同志为核心的党中央周围,增强"四个意识"、坚定"四个自信"、做到"两个维护",加满油,把稳舵,鼓足劲,让承载着近14亿中国人民伟大梦想的中华巨轮继续劈波斩浪、扬帆远航,胜利驶向更加美好的明天。

(2019年07月01日　01版)

奋力书写人民政协事业新篇章

——庆祝人民政协成立七十周年

风雨同舟写历史，团结奋进著华章。1949—2019，人民政协走过了70载奋斗历程，创造了辉煌的历史。我们向中国人民政治协商会议成立70周年表示热烈祝贺！

"时间开始了！"1949年9月，在中国人民争取民族独立和人民解放运动取得历史性伟大胜利之际，中国人民政治协商会议第一届全体会议隆重召开，宣告中华人民共和国的成立。70年来，人民政协积极投身建立新中国、建设新中国、探索改革路、实现中国梦的伟大实践，同共和国一道成长、一道奋进。特别是党的十八大以来，在以习近平同志为核心的党中央坚强领导下，人民政协坚持团结和民主两大主题，充分发挥作为社会主义协商民主的重要渠道和专门协商机构作用，在继承中发展、在发展中创新，认真履行职能，建言资政、凝聚共识、汇集力量、服务大局，为党和国家各项事业发展作出了新的积极贡献。事实证明，人民政协植根于中国历史文化，产生于近代以后中国人民革命的伟大斗争，发展于中国特色社会主义光辉实践，具有鲜明中国特色，是实现国家富强、民族振兴、人民幸福的重要力量。

"履不必同，期于适足；治不必同，期于利民。"中国共产党领导的多党合作和政治协商制度作为我国一项基本政治制度，是中国共产党、中国人民和各民主党派、无党派人士的伟大政治创造，是从中国土壤中生长出来的新型政党制度。这一制度既强调中国共产党的领导，也强调发扬社会主义民主，不仅符合当代中国实际，而且符合中华民族一贯倡导的天下为公、兼容并蓄、求同存异等优秀传统文化，是对人类政治文明的重大贡献。在人民政协成立70周年之际，不忘多党合作建立之初心，坚定不移走中国特色社会主义政治发展道路，把我国社会主义政党制度坚持好、发展好、完善好，才能更好激发制度优势，让人民政协这一适合中国国情、具有鲜明中国特色的制度安排焕发新的生机与活力。

人心是最大的政治，共识是奋进的动力。70年来，人民政协的丰富实践积累了宝贵经验，为我们做好人民政协工作确立了重要原则。做好新时代人民政协工作，就要坚持中国共产党的领导，牢记中国共产党的领导是中国特色社会主义最本质的特征，也是人民政协事业发展进步的根本保证；就要坚持人民政协的性质定位，在依照宪法法律和政协章程准确定位的基础上，大力推进自身各项工作和各项事业不断向前发展；就要坚持大团结大联合，最大限度调动一切积极因素，团结一切可以团结的人，汇聚起共襄伟业的强大力量；就要坚持以人民为中心履职尽责，发扬社会主义民主，丰富民主形式，畅通民主渠道，有效组织各党派、各团体、各民族、各阶层、各界人士共商国是，推动实现广泛有效的人民民主。

党的十九大报告指出："有事好商量，众人的事情由众人商量，是人民民主的真谛。"奋进新时代，需要更好发挥人民政协在国家治理体系中的重要作用，把协商民主贯穿政协履职全过程，在建言资政和凝聚共识上双向发力。面对复杂多变的国际形势和艰巨繁重的国内改革发展稳定任务，人民政协要把加强思想政治引领、广泛凝聚共识作为履职工作的中心环节，加强各党派团体、各族各界人士大团结大联合，担负起把中共中央决策部署和对人民政协工作的要求落实下去、把海内外中华儿女实现中华民族伟大复兴中国梦的智慧和力量凝聚起来的政治责任，努力寻求全社会意愿和要求的最大公约数、画出民心民愿的最大同心圆，广泛凝聚实现中华民族伟大复兴的正能量。

70年砥砺奋进，70年春华秋实。在同心共筑中国梦、共创美好新时代的新长征路上，坚持以习近平新时代中国特色社会主义思想为指导，切实增强"四个意识"、坚定"四个自信"、做到"两个维护"，铸就了辉煌历史的人民政协，必将创造更加璀璨的未来！

（2019年09月20日　02版）

共同谱写新时代人民共和国壮丽凯歌

一个有希望的民族不能没有英雄，一个有前途的国家不能没有先锋。

人民大会堂金色大厅掌声如潮，见证人民共和国褒奖英雄模范、尊崇英雄模范的重要时刻。在全国各族人民共同庆祝中华人民共和国成立70周年之际，国家勋章和国家荣誉称号颁授仪式在人民大会堂隆重举行，中共中央总书记、国家主席、中央军委主席习近平向国家勋章和国家荣誉称号获得者分别颁授"共和国勋章""友谊勋章"和国家荣誉称号奖章。振奋人心的场景、前所未有的规格、格外隆重的仪式，是崇高的礼赞，是庄严的宣示，致敬英雄模范为国家建设和发展建立的卓越功勋，致敬为促进中外交流合作作出杰出贡献的国际友人，号召我们敬仰英雄、学习英雄，用实际行动为实现"两个一百年"奋斗目标、实现中华民族伟大复兴的中国梦贡献力量。

中华民族是崇尚英雄、成就英雄、英雄辈出的民族。新中国成立以来，在革命、建设、改革各个历史时期，各条战线各个领域涌现出一批批英雄模范人物。党和国家历来高度重视对英雄模范的表彰，中国特色社会主义进入新时代，以习近平同志为核心的党中央从完善和发展中国特色社会主义制度、推进国家治理体系和治理能力现代化的战略高度，对党和国家功勋荣誉表彰工作进行系统性设计、作出全方位部署。作为全面贯彻实施宪法的重要体现，作为新中国成立70周年系列庆祝活动的重要内容，党和国家以最高规格褒奖英雄模范，进一步激发了全党全军全国各族人民奋进新时代、共筑中国梦的壮志豪情，进一步凝聚起国际友人参与我国社会主义现代化建设、构建人类命运共同体的火热激情。

一切伟大成就都是接续奋斗的结果，一切伟大事业都需要在继往开来中推进。习近平总书记深刻指出，受表彰的国家勋章和国家荣誉称号获得者，是千千万万为党和人民事业作出贡献的杰出人士的代表。他们身上生动体现了中华民族精神和社会主义核心价值观，他们的事迹和贡献将永远写在共和国史册上！今天我们以最高规格褒奖英雄模范，就是要弘扬他们身上展现的忠诚、执着、朴实的鲜明品格。忠诚，就是对党和人民事业矢志不渝、百折不挠，坚守一心为民的理想信念，坚守为中国人民谋幸福、为中华民族谋复兴的初心使命。执着，就是在党和人民最需要的地方冲锋陷阵、顽强拼搏，几十年如一日埋头苦干，为国为民奉献的志向坚定不移，对事业的坚守无怨无悔，为民族复兴拼搏奋斗的赤子之心始终不改。朴实，就是在平凡的工作岗位上忘我工作、无私奉献，不计个人得失，舍小家顾大家，具有功成不必在我、功成必定有我的崇高精神。

崇尚英雄才会产生英雄，争做英雄才能英雄辈出。我们的事业是靠英雄模范、先进人物作为生力军和骨干来推进的。"共和国勋章"获得者黄旭华同志发言时说："我和我的同事们，此生属于祖国，此生无怨无悔。"真挚的话语，见证爱国情感藏于胸、人民利益举过顶的赤子情怀。英雄模范们用行动再次证明，伟大出自平凡，平凡造就伟大。一切平凡的人都可以获得不平凡的人生，一切平凡的工作都可以创造不平凡的成就。新时代必将是大有可为的时代。敬仰英雄、学习英雄，培养爱国之情、砥砺强国之志、实践报国之行，就是要把国家富强、民族振兴、人民幸福作为不懈追求，脚踏实地把每件平凡的事做好，为走好新时代的长征路贡献自己的聪明才智，汇聚起建设社会主义现代化强国的磅礴力量。

每一个伟大的时代，都在呼唤英雄人物的产生，也为他们准备好了最壮阔的舞台。新时代中国特色社会主义伟大事业需要千千万万个英雄模范群体、英雄模范人物。全党全国各族人民要像英雄模范那样坚守、像英雄模范那样奋斗，共同谱写新时代人民共和国的壮丽凯歌！

（2019年09月30日 02版）

奋斗的史诗　复兴的伟力

——热烈庆祝中华人民共和国成立七十周年

70年前的10月1日，第一面五星红旗冉冉升起，新生的人民共和国迎着朝阳出发，一路披荆斩棘，一路凯歌行进，把一个又一个胜利写在这片古老的土地上。

70年后，迎着又一个10月1日的晨曦，新长征路上的人民共和国，重整行装再出发。在新中国成立70周年的历史性时刻，近14亿中华儿女满怀喜悦和豪情，共庆人民共和国华诞，共享伟大祖国荣光！

时间是伟大的书写者，记录走过的足迹，写下历史的华章。新中国成立70年来，中国大地沧海桑田，我们伟大祖国的面貌、伟大人民的面貌、中华民族的面貌发生了前所未有的大变化。70年风雨兼程，70年砥砺奋进，中国共产党带领人民开启筚路蓝缕的创业征程，掀起气壮山河的建设浪潮，闯出波澜壮阔的改革之路，张开拥抱世界的开放胸怀，创造了世所罕见的经济快速发展奇迹和社会长期稳定奇迹。以党的十八大为标志，中国特色社会主义进入新时代，中华民族迎来了从站起来、富起来到强起来的伟大飞跃。今天，曾经温饱不足的人们，即将迈入全面小康；曾经一穷二白的中国，巍然屹立于世界东方；曾经积贫积弱的民族，迎来伟大复兴的光明前景。正如习近平总书记豪迈宣示的："历史充分证明，中国共产党和中国人民不仅善于打破一个旧世界，而且善于建设一个新世界。展望未来，中国的发展前景无限美好。"

雄关漫道真如铁，人间正道是沧桑。70年来新中国的发展历程，充满着苦难和辉煌、曲折和胜利、付出和收获。习近平总书记高度评价："无论是在中华民族历史上，还是在世界历史上，这都是一部感天动地的奋斗史诗。"

1949—2019，这一部感天动地的奋斗史诗，印证了中国共产党人的初心和使命。实现中华民族伟大复兴，是近代以来中华民族最伟大的梦想。中国共产党一经成立，就义无反顾肩负起"为中国人民谋幸福、为中华民族谋复兴"的历史使命。近百年来，无论是弱小还是强大，无论是顺境还是逆境，我们党都初心不改、矢志不渝，团结带领人民历经千难万险，付出巨大牺牲，敢于面对曲折，勇于修正错误，攻克了一个又一个看似不可攻克的难关，创造了一个又一个彪炳史册的人间奇迹。新中国70年巨变的根本原因，70年历史性变革的内在逻辑，就是中国共产党的领导。中国共产党领导是中国特色社会主义最本质的特征，是中国特色社会主义制度的最大优势。在前进道路上，这个立志于千秋伟业的人民政党，牢记初心使命、推进自我革命，始终是中国人民和中华民族的主心骨，始终是复兴征程上的坚强领导核心。

1949—2019，这一部感天动地的奋斗史诗，彰显了亿万人民的奋斗与豪情。"人民是共和国的坚实根基，人民是我们执政的最大底气。"亿万人胼手胝足的勤劳奋斗，成为一代又一代中国人的集体记忆；无数人奋勇向前的铿锵步履，汇成新中国70年发展壮大的雄浑乐章。今天，中国人民拥有的一切，都是拼搏奋斗干出来的，凝聚着追梦人的聪明才智，浸透着奋斗者的辛勤汗水。依靠人民的支持和信任，"与人民心心相印、与人民同甘共苦、与人民团结奋斗"，我们书写了无愧于时代、无愧于人民、无愧于历史的业绩。有创造历史的激情，有实现梦想的能力，有续写奇迹的信心，亿万人民撸起袖子加油干，一定能把我们的人民共和国建设得更加繁荣富强。

1949—2019,这一部感天动地的奋斗史诗,铸就了中国特色社会主义的成功与辉煌。在新中国70年的持续探索中,特别是在改革开放40多年的伟大实践中,我们开创和发展了中国特色社会主义,从根本上改变了中国人民和中华民族的前途命运。治理中国这样一个大国不容易,但我们交出了一份优异的答卷。中国特色社会主义的巨大成功,用事实宣告了"历史终结论"的破产,宣告了各国最终都要以西方制度模式为归宿的单线式历史观的破产。70年来形成的中国特色社会主义制度和国家治理体系,显示出强大生命力和巨大优越性。今天,我们的道路越走越宽广、我们的理论不断发展、我们的制度日趋成熟、我们的文化持续繁荣。历史必将证明,中国特色社会主义,是一条引领中华民族走向伟大复兴的必由之路。

大道之行,天下为公。从一个积贫积弱的落后国家发展成为世界第二大经济体,中国靠的不是对外扩张和殖民掠夺,而是始终不渝走和平发展之路。70年来,中国专注于"把自己的事情办好",走出了一条现代化的新路。多年来中国对世界经济增长贡献率超过30%,已连续13年成为世界经济增长的"第一引擎",更以推动"一带一路"建设、构建人类命运共同体展现出一个大国担当、开放的胸怀。中国特色社会主义道路、理论、制度、文化不断发展,拓展了发展中国家走向现代化的途径,给世界上那些既希望加快发展又希望保持自身独立性的国家和民族提供了全新选择,为解决人类问题贡献了中国智慧和中国方案。世界命运握在各国人民手中,人类前途系于各国人民的抉择。中国人民愿同各国人民一道,推动人类命运共同体建设,共同创造人类的美好未来。

时代大潮滚滚向前,复兴伟力不可阻挡。当今世界正经历百年未有之大变局,实现中华民族伟大复兴正处于关键时期,我们正在进行具有许多新的历史特点的伟大斗争。展望未来,决胜全面小康、开启强国征程,中华民族伟大复兴绝不是轻轻松松、敲锣打鼓就能实现的。对历史最好的致敬，是书写新的历史；对未来最好的把握，就是开创更美好的未来。让我们更加紧密地团结在以习近平同志为核心的党中央周围，增强"四个意识"、坚定"四个自信"、做到"两个维护"，万众一心、众志成城，在实现中华民族伟大复兴的新长征中创造新的更大奇迹！

祝福伟大祖国更加繁荣昌盛！

祝福中华民族昂首走向复兴！

（2019年10月01日　02版）

为实现中华民族伟大复兴提供有力保证

金秋时节，中国共产党第十九届中央委员会第四次全体会议胜利举行。全会听取和讨论了习近平总书记受中央政治局委托作的工作报告，充分肯定党的十九届三中全会以来中央政治局的工作。全会审议通过了《中共中央关于坚持和完善中国特色社会主义制度、推进国家治理体系和治理能力现代化若干重大问题的决定》，这是完善和发展我国国家制度和治理体系的纲领性文件。

在庆祝中华人民共和国成立70周年之际，党的十九届四中全会专题研究坚持和完善中国特色社会主义制度、推进国家治理体系和治理能力现代化问题并作出决定，体现了以习近平同志为核心的党中央高瞻远瞩的战略眼光和强烈的历史担当，对决胜全面建成小康社会、全面建设社会主义现代化国家，对巩固党的执政地位、确保党和国家长治久安，具有重大而深远的意义。全会通过的《决定》从党和国家事业发展的全局和长远出发，准确把握我国国家制度和国家治理体系的演进方向和规律，深刻回答了"坚持和巩固什么、完善和发展什么"这个重大政治问题，既阐明了必须牢牢坚持的重大制度和原则，又部署了推进制度建设的重大任务和举措，体现了总结历史和面向未来的统一、保持定力和改革创新的统一、问题导向和目标导向的统一，必将对推动各方面制度更加成熟更加定型、把我国制度优势更好转化为国家治理效能产生重大而深远的影响。

中国特色社会主义制度是党和人民在长期实践探索中形成的科学制度

体系，我国国家治理一切工作和活动都依照中国特色社会主义制度展开，我国国家治理体系和治理能力是中国特色社会主义制度及其执行能力的集中体现。新中国70年取得的历史性成就充分证明，中国特色社会主义制度是当代中国发展进步的根本保障。中国特色社会主义制度和国家治理体系是以马克思主义为指导、植根中国大地、具有深厚中华文化根基、深得人民拥护的制度和治理体系，是具有强大生命力和巨大优越性的制度和治理体系，是能够持续推动拥有近14亿人口大国进步和发展、确保拥有5000多年文明史的中华民族实现"两个一百年"奋斗目标进而实现伟大复兴的制度和治理体系。实践充分表明，我国国家制度和国家治理体系具有多方面的显著优势，这些显著优势，是我们坚定中国特色社会主义道路自信、理论自信、制度自信、文化自信的基本依据。

当今世界正经历百年未有之大变局，我国正处于实现中华民族伟大复兴关键时期。顺应时代潮流，适应我国社会主要矛盾变化，统揽伟大斗争、伟大工程、伟大事业、伟大梦想，不断满足人民对美好生活新期待，战胜前进道路上的各种风险挑战，必须在坚持和完善中国特色社会主义制度、推进国家治理体系和治理能力现代化上下更大功夫。这次全会专题研究坚持和完善中国特色社会主义制度、推进国家治理体系和治理能力现代化问题，正是考虑这是实现"两个一百年"奋斗目标的重大任务，必须对此进行系统总结，提出与时俱进完善和发展的前进方向和工作要求；这是把新时代改革开放推向前进的根本要求，必须以此为主轴，把制度建设和治理能力建设摆到更加突出的位置，推动各方面制度更加成熟更加定型，推进国家治理体系和治理能力现代化；这是应对风险挑战、赢得主动的有力保证，必须运用制度威力应对风险挑战的冲击，打赢防范化解重大风险攻坚战。

"经国序民，正其制度"。坚持和完善中国特色社会主义制度、推进国家治理体系和治理能力现代化的总体目标是，到我们党成立100年时，在各方面制度更加成熟更加定型上取得明显成效；到2035年，各方面制度更加完善，基本实现国家治理体系和治理能力现代化；到新中国成立100年时，全面实现国家治理体系和治理能力现代化，使中国特色社会主义制度更加巩固、优越性充分展现。只有坚持党的领导、人民当家作主、依法治国有机统一，坚持解放思想、实事求是，坚持改革创新，突出坚持和完善支撑中国特色社会主义制度的根本制度、基本制度、重要制度，着力固根基、扬优势、补短板、强弱项，构建系统完备、科学规范、运行有效的制度体系，加强系统治理、依法治理、综合治理、源头治理，把我国制度优势更好转化为国家治理效能，才能为实现"两个一百年"奋斗目标、实现中华民族伟大复兴的中国梦提供有力保证。

坚持和完善中国特色社会主义制度、推进国家治理体系和治理能力现代化，是全党的一项重大战略任务。必须在党中央统一领导下进行，科学谋划、精心组织，远近结合、整体推进，确保本次全会所确定的各项目标任务全面落实到位。各级党委和政府以及各级领导干部要切实强化制度意识，带头维护制度权威，做制度执行的表率，带动全党全社会自觉尊崇制度、严格执行制度、坚决维护制度。让我们更加紧密地团结在以习近平同志为核心的党中央周围，增强"四个意识"，坚定"四个自信"，做到"两个维护"，不忘初心、牢记使命，锐意进取、开拓创新，为坚持和完善中国特色社会主义制度、推进国家治理体系和治理能力现代化，实现"两个一百年"奋斗目标、实现中华民族伟大复兴的中国梦而努力奋斗。

（2019年11月01日　02版）

坚决夺取全面建成小康社会伟大胜利

刚刚闭幕的中央经济工作会议，是党的十九届四中全会之后中央召开的一次重要会议。会议认真总结今年经济工作，深入分析当前经济形势，全面部署明年经济工作，对于我们坚定信心、凝聚共识，确保全面建成小康社会和"十三五"规划圆满收官，具有重大而深远的意义。

今年以来，面对国内外风险挑战明显上升的复杂局面，全党全国上下贯彻党中央决策部署，坚持稳中求进工作总基调，坚持以供给侧结构性改革为主线，推动高质量发展，扎实做好"六稳"工作，保持经济社会持续健康发展，"十三五"规划主要指标进度符合预期，全面建成小康社会取得新的重大进展。

明年是全面建成小康社会和"十三五"规划收官之年，要实现第一个百年奋斗目标，为"十四五"发展和实现第二个百年奋斗目标打好基础，这既是决胜期，也是攻坚期，做好经济工作十分重要。要以习近平新时代中国特色社会主义思想为指导，全面贯彻党的十九大和十九届二中、三中、四中全会精神，坚决贯彻党的基本理论、基本路线、基本方略，增强"四个意识"、坚定"四个自信"、做到"两个维护"，紧扣全面建成小康社会目标任务，坚持稳中求进工作总基调，坚持新发展理念，坚持以供给侧结构性改革为主线，坚持以改革开放为动力，推动高质量发展，坚决打赢三大攻坚战，全面做好"六稳"工作，统筹推进稳增长、促改革、调结构、惠民生、防风险、保稳定，保持经济运行在合理区间，确保全面建成小康社会和"十三五"规划圆满收官,得到人民认可、经得起历史检验。

改革开放以来,经过长期努力,我国经济实力大幅跃升,基础设施和公共服务水平大幅提高,人民生活显著改善。明年,要继续抓重点、补短板、强弱项,对照完成相关的定性定量指标,确保全面建成小康社会。当前和今后一个时期,我国经济稳中向好、长期向好的基本趋势没有改变。我们要坚持用辩证思维看待形势发展变化,增强必胜信心,善于把外部压力转化为深化改革、扩大开放的强大动力,集中精力办好自己的事。要坚持稳字当头,坚持宏观政策要稳、微观政策要活、社会政策要托底,提高宏观调控的前瞻性、针对性、有效性。要积极进取,坚持问题导向、目标导向、结果导向,在深化供给侧结构性改革上持续用力,确保经济实现量的合理增长和质的稳步提升。

做好经济工作,就要善于聚焦主要任务、抓好重点工作。实现全面建成小康社会和"十三五"规划目标任务是明年全党工作的重中之重。各地区各部门要全面贯彻党的十九届四中全会精神,在推进国家治理体系和治理能力现代化上多下功夫,切实把党领导经济工作的制度优势转化为治理效能。要坚定不移贯彻新发展理念,新时代推动经济社会发展,必须坚定不移贯彻创新、协调、绿色、开放、共享的新发展理念,推动高质量发展。要坚决打好三大攻坚战,确保脱贫攻坚任务如期全面完成,推动生态环境质量持续好转,确保不发生重大金融风险。要确保民生特别是困难群众基本生活得到有效保障和改善,全面建成小康社会要体现在人民生活改善上,特别是对困难人群要落实政策、加大投入、有效保障。要继续实施积极的财政政策和稳健的货币政策,积极的财政政策要大力提质增效,稳健的货币政策要灵活适度。要着力推动高质量发展,坚持巩固、增强、提升、畅通的方针,以创新驱动和改革开放为两个轮子,坚持质量第一、效益优先，全面提高经济整体竞争力，推动高质量发展，加快现代化经济体系建设。要深化经济体制改革，坚持和完善社会主义基本经济制度，加快建设高标准市场体系，要推进更高水平对外开放，推动对外开放继续往更大范围、更宽领域、更深层次的方向深化，不断拓展发展空间。

明年经济工作的大政方针已定，任务艰巨，责任重大，让我们更加紧密地团结在以习近平同志为核心的党中央周围，勠力同心，锐意进取，坚决夺取全面建成小康社会伟大胜利。

（2019年12月13日　01版）

续写"一国两制"成功实践新篇章

——热烈祝贺澳门回归祖国二十周年

20年前，伴随着《七子之歌》的感人旋律，历尽风雨的澳门终于回到祖国怀抱。澳门从此走上了同祖国内地优势互补、共同发展的宽广道路，祖国统一大业进程铸就又一个历史丰碑。今天，濠江流彩，莲花盛放，一个生机勃勃、安定祥和的澳门正以崭新的姿态屹立在祖国的南海之滨。

时间是最忠实的记录者，也是最客观的见证者。回归20年来，澳门沧海桑田、翻天覆地，经济快速增长、民生持续改善、社会稳定和谐，本地生产总值从1999年的518.7亿澳门元增加至2018年的4446.7亿澳门元，人均地区生产总值已排在亚洲第一、世界第二，从幼儿园至高中实现15年免费教育，长者、婴幼儿、中小学生、孕妇纳入免费医疗，"莲花宝地"开创了历史上最好的发展局面。澳门经济社会发展取得的巨大成就，向世界展示了具有澳门特色的"一国两制"成功实践，彰显了"一国两制"的巨大优越性和强大生命力。

习近平主席指出："'一国'是根，根深才能叶茂；'一国'是本，本固才能枝荣。"回归20年来，澳门特别行政区全面准确理解和贯彻"一国两制"方针，正确认识并妥善处理"一国"与"两制"的关系，坚守"一国"之本，善用"两制"之利，真正实现了与祖国内地相互促进、共同发展。实践充分表明，只有在全社会形成广泛的国家认同，才能全面准确地实施基本法；只有切实维护国家主权、安全、发展利益，才能保持澳门的长期繁荣稳定；只有积极融入国家发展大局，才能使澳门走向更美好的未来。实践雄辩地证明，"一国两制"是解决历史遗留的澳门问题的最佳方案，也是澳门回归后保持长期繁荣稳定的最佳制度，是行得通、办得到、得人心的！

"坚持'一国两制'，保持香港、澳门长期繁荣稳定，促进祖国和平统一"，这是党的十九届四中全会概括的我国国家制度和国家治理体系的一个显著优势。中国特色社会主义进入了新时代，意味着"一国两制"事业也进入了新时代。继续推进"一国两制"事业，必须牢牢把握"一国两制"的根本宗旨，共同维护国家主权、安全、发展利益，保持香港、澳门长期繁荣稳定；必须坚持依法治港、依法治澳，依法保障"一国两制"实践；必须把坚持"一国"原则和尊重"两制"差异、维护中央对特别行政区全面管治权和保障特别行政区高度自治权、发挥祖国内地坚强后盾作用和提高特别行政区自身竞争力有机结合起来，任何时候都不能偏废。唯其如此，"一国两制"实践才能沿着正确方向走稳、走实、走远，香港、澳门才能拥有更加美好的明天。

今天，澳门已经站在了新的历史起点上。有"一国两制"的制度保障，有伟大祖国作坚强后盾，有爱国爱澳的价值支撑，有澳门同胞的齐心协力，澳门这朵美丽莲花必将绽放出更加绚丽、更加迷人的色彩。

（2019年12月20日　04版）

奋力完成"三农"任务　决胜全面小康

刚刚闭幕的中央农村工作会议，是继中央经济工作会议之后的又一次重要会议。这次会议对标对表全面建成小康社会目标，部署明年"三农"领域重点工作，这对于统一思想、坚定信心，确保全面打赢脱贫攻坚战、实现全面建成小康社会圆满收官具有十分重要的意义。

"三农"向好，全局主动。今年以来，面对国内外风险挑战明显上升的复杂局面，"三农"发展取得了来之不易的好成绩：年度脱贫任务全面完成，农业发展总体实现稳中有进，农村民生进一步改善，农村改革持续深化，乡村治理水平不断提高。农业农村发展的持续向好形势稳住了经济社会大局，为全面建成小康社会奠定了坚实基础。

小康不小康，关键看老乡。脱贫质量怎么样，全面小康成色如何，很大程度要看明年"三农"工作成效。明年是全面建成小康社会的收官之年，我们必须坚持把解决好"三农"问题作为全党工作重中之重，既把当务之急的事解决好，集中力量打赢脱贫攻坚战，加快补上全面小康"三农"领域突出的短板，又着力长远发展，抓好"三农"领域的战略性任务和基础性工作，确保亿万农民与全国人民一道迈入全面小康社会。

打赢脱贫攻坚战，是必须完成的硬任务。攻克最后的贫困堡垒，要进一步聚焦"三区三州"等深度贫困地区，瞄准突出问题和薄弱环节，以更加有力的举措、更加精细的工作全面完成脱贫任务。要巩固脱贫成果防止返贫，列出问题清单，一项一项整改清零，一户一户对账销号。严格把好贫困县退出关，严格执行贫困退出标准和程序，坚决杜绝数字脱贫、虚假脱贫。保持脱贫攻坚政策总体稳定，坚持贫困县摘帽不摘责任、不摘政策、不摘帮扶、不摘监管，确保脱贫成果经得起历史和实践检验。

加快补上农村全面建成小康社会短板，是农民群众最直接、最迫切的期盼。全面小康短板在农村，突出的短板是农村基础设施和公共服务。要加大农村公共服务设施建设力度，提高农村供水保障水平，扎实搞好农村人居环境整治，提高农村教育质量，加强农村社会保障体系建设，不断提升农民群众的获得感、幸福感和安全感。

经济形势越复杂，越要重视"三农"。"手中有粮，心中不慌"。解决好十几亿人口的吃饭问题，始终是我们党治国理政的头等大事。保障重要农产品有效供给，下大力气抓好粮食生产，强化粮食安全省长责任制考核，稳住粮食播种面积，稳定粮食产量。加快恢复生猪生产，坚持补栏增养和疫病防控相结合，推动生猪标准化规模养殖。加强现代农业设施建设，发展富民乡村产业，稳定农民工就业，促进农民持续增收。稳住"三农"这个基本盘，才能为应对各种风险挑战赢得主动。

做好农业农村工作，关键在党。要加强党对"三农"工作的全面领导，强化五级书记抓乡村振兴责任，大力培养懂农业、爱农村、爱农民的"三农"工作队伍。强化保障机制，优先保障"三农"投入，破解乡村发展用地难题，推动人才下乡，强化科技支撑。抓好农村重点改革任务，完善农村基本经营制度，全面推开农村集体产权制度改革试点。要坚持从农村实际出发，尊重农民意愿，尽力而为，量力而行，把当务之急的事一件一件解决好。

明年"三农"工作重点任务已定，让我们更加紧密地团结在以习近平同志为核心的党中央周围，凝心聚力，狠抓落实，攻坚克难，奋力夺取全面建成小康社会伟大胜利。

（2019年12月22日　01版）

决胜全面小康　迈向新的征程

——元旦献词

　　大江流日夜，慷慨歌未央。新中国在凯歌行进中走过70年，迈入全面建成小康社会之年，迎来实现第一个百年奋斗目标的重要时点——2020年。

　　这一年，中华民族千百年来的绝对贫困问题将历史性地划上句号，如期实现第一个百年奋斗目标。近14亿人口的大国实现全面小康，这是人类历史上的里程碑事件。

　　这一年，我们将为实现第二个百年奋斗目标打好基础，乘势而上开启全面建设社会主义现代化国家新征程。这既是决胜期，也是攻坚期。

　　全面建成小康社会，是我们党向人民、向历史作出的庄严承诺。在这一年，确保全面建成小康社会圆满收官，意味着中华民族的千年愿景、亿万人民的共同期盼将如期实现，中华民族伟大复兴将迈出关键一步。这在中华民族发展史上具有重大意义，在世界历史、人类社会发展史上也具有重大意义。

　　习近平总书记指出："今天，社会主义中国巍然屹立在世界东方，没有任何力量能够撼动我们伟大祖国的地位，没有任何力量能够阻挡中国人民和中华民族的前进步伐。"在新的一年里，以必胜的信念、昂扬的斗志、坚毅的行动，决胜全面小康，迈向新的征程，是历史赋予我们的重任。

　　决胜全面小康、迈向新的征程，让我们坚定信心。回首2019年，我们不仅取得全面建成小康社会新的重大进展，而且完成新中国70年辉煌的历史书写。这70年，中国人民发愤图强、艰苦奋斗，创造了"当惊世界殊"的发展成就，推动伟大祖国实现了史诗般的进步，书写了人类发展史上的伟大传奇，中华民族迎来了从站起来、富起来到强起来的伟大飞跃，迎来了实现伟大复兴的光明前景。新的征程上，坚持用辩证思维看待形势发展变化，善于把外部压力转化为深化改革、扩大开放的强大动力，集中精力办好自己的事，中国号巨轮定能乘风破浪、行稳致远。实践已经证明并将继续证明，中国人民一定能，中国一定行！

决胜全面小康、迈向新的征程，让我们勠力同心。走过70年，我们之所以能成功开辟中国特色社会主义道路，推动中国特色社会主义进入新时代，创造世所罕见的经济快速发展奇迹和社会长期稳定奇迹，实现了一个又一个"不可能"，最根本的在于党的坚强领导。实践充分证明，中国特色社会主义制度是当代中国发展进步的根本保证，党的领导是中国特色社会主义制度的最大优势。有了党的坚强领导，国家治理就有了坐镇中军帐的"帅"，现代化建设就有了坚强的"领航者"，亿万人民就有了众志成城的"主心骨"。面对全面建成小康社会的决胜一程，面对全面建设社会主义现代化强国的宏伟蓝图，发挥党中央集中统一领导的定海神针作用，全面贯彻党的十九届四中全会精神，把我国制度优势更好转化为国家治理效能，凝聚亿万人民心往一处想、劲往一处使的强大合力，我们就能创造得到人民认可、经得起历史检验的实绩。

决胜全面小康、迈向新的征程，让我们勇毅笃行。当今世界正经历百年未有之大变局，实现中华民族伟大复兴正处于关键时期。船到中流浪更急，越是艰险越向前。奋斗征程上，有党的坚强领导和中国特色社会主义制度的显著优势，有改革开放以来积累的雄厚物质技术基础，有超大规模的市场优势和内需潜力，有庞大的人力资本和人才资源，有全党全国同心同德、开拓奋进，我们完全有能力战胜各种风险挑战，书写更新更美的时代篇章。奇迹是干出来的，社会主义是干出来的。今天，中国共产党和中国人民有雄心、有自信继续奋斗，确保全面建成小康社会，向第二个百年奋斗目标胜利进军，在新征程上创造新的更大奇迹。

"大舸中流下，青山两岸移"。从全面建成小康社会到基本实现现代化，再到全面建成社会主义现代化强国，是新时代中国特色社会主义发展的战略安排，是中华民族实现伟大复兴的历史大势。让我们更加紧密地团结在以习近平同志为核心的党中央周围，增强"四个意识"、坚定"四个自信"、做到"两个维护"，不忘初心、牢记使命，锐意进取、开拓创新，坚决夺取全面建成小康社会伟大胜利，迈向伟大征程，实现伟大梦想！

（2020年01月01日　03版）

奋力抓好"三农"工作　确保如期实现全面小康

新春伊始，中共中央、国务院公开发布《关于抓好"三农"领域重点工作确保如期实现全面小康的意见》。这是新世纪以来，党中央连续发出的第十七个"一号文件"。今年的"一号文件"对标对表全面建成小康社会目标，强调坚决打赢脱贫攻坚战，加快补上全面小康"三农"领域突出短板，对我们做好今年的"三农"工作，确保脱贫攻坚战圆满收官，确保农村同步全面建成小康社会具有十分重要的指导意义。

"三农"向好，全局主动。2019年，面对国内外风险挑战明显上升的复杂局面，在以习近平同志为核心的党中央坚强领导下，年度脱贫任务全面完成，农业发展总体实现稳中有进，农村民生进一步改善，农村改革持续深化，乡村治理水平不断提高。"三农"发展持续向好的形势，稳住了经济社会大局，为全面建成小康社会奠定了坚实基础。

2020年是全面建成小康社会目标实现之年，是全面打赢脱贫攻坚战收官之年。脱贫攻坚质量怎么样、小康成色如何，很大程度上要看今年"三农"工作成效。要深刻认识做好2020年"三农"工作的特殊重要性，明确目标任务，拿出过硬举措，狠抓工作落实，毫不松懈，持续加力，坚决夺取第一个百年奋斗目标的全面胜利。

打赢脱贫攻坚战是全面建成小康社会的重中之重。脱贫攻坚已经取得决定性成就，绝大多数贫困人口已经脱贫，现在到了攻城拔寨、全面收官的阶段。要一鼓作气、乘势而上，集中力量攻克最后的贫困堡垒。要巩固脱贫攻坚成果防止返贫，严格把好贫困县退出关。保持脱贫攻坚政策总体稳定，坚持贫困县摘帽不摘责任、不摘政策、不摘帮扶、不摘监管，确保脱贫成果经得起历史和实践检验。

全面建成小康社会，最突出的短板在"三农"。要瞄准农民群众最直接、最迫切的期盼，加大农村基础设施建设力度，提高农村供水保障水平，扎实搞好农村人居环境整治，提高农村教育质量，加强农村基层医疗卫生服务，加强农村社会保障，改善乡村公共文化服务，治理农村生态环境突出问题。当前，要针对新型冠状病毒感染的肺炎疫情应对暴露出来的短板和不足，着力强化农村公共卫生体系建设和环境排查整治，健全农村应急管理体系，加快改善乡村治理体系和治理能力。

保供增收是全面建成小康社会的基础和前提。对于一个有着14亿人口的大国来说，保障重要农产品有效供给始终是"三农"工作的头等大事。粮食生产坚持稳字当头，着力稳政策、稳面积、稳产量。加快恢复生猪生产，坚持补栏增养和疫病防控相结合，推进产业转型升级和高质量发展，做到保供稳价。农民小康不小康，关键看收入。要着力发展富民乡村产业，把产业增值收益和就业创业机会尽量留在农村、留给农民。稳定农民工就业，鼓励各类人才返乡下乡创业创新，多渠道促进农民持续增收。

做好"三农"工作，关键在党。要加强党对"三农"工作的全面领导，坚持农业农村优先发展，强化五级书记抓乡村振兴责任，发挥好农村基层党组织战斗堡垒作用。加大"三农"投入力度，完善乡村产业发展用地政策，强化人才和科技支撑。抓好农村重点改革任务，坚持土地承包关系稳定并长久不变，全面推开农村集体产权制度改革试点。加强农村基层治理，推动社会治理和服务重心向基层下移，积极调处化解乡村矛盾纠纷，维护农村社会和谐稳定。坚持从农村实际出发，因地制宜，尊重农民意愿，尽力而为、量力而行，把当务之急的事一件一件解决好。

今年"三农"工作的目标任务已定，让我们坚持以习近平新时代中国特色社会主义思想为指导，锐意进取，埋头苦干，为决胜全面建成小康社会作出应有的贡献！

（2020年02月06日　04版）

凝心聚力决胜全面小康

——写在"五一"国际劳动节

人民创造历史,劳动开创未来。在"五一"这个属于劳动者的节日里,我们向全国工人阶级和广大劳动群众致以节日的问候,向投身抗击新冠肺炎疫情斗争和推动经济社会发展的广大劳动者致以崇高的敬意!

疫情来势汹汹,挑战前所未有。面对这场保卫人民群众生命安全和身体健康的严峻斗争,以习近平同志为核心的党中央团结带领全党全军全国各族人民万众一心、迎难而上、众志成城,坚决打响疫情防控的人民战争、总体战、阻击战。"沧海横流,方显英雄本色。"在抗击疫情的严峻斗争中,无数劳动者挺身而出、无私奉献,从冲锋在前、顽强拼搏的广大党员干部,到白衣执甲、逆行出征的医务工作者,从闻令而动、敢打硬仗的人民子弟兵,到夜以继日、协同攻关的科技工作者,从不惧风雨、坚守一线的广大社区工作者、公安干警、基层干部、下沉干部、新闻工作者、志愿者,到加班加点、不辞劳苦的快递小哥、环卫工人、抗疫物资运输司机,各行各业、方方面面的奋斗者、建设者、创造者在各自岗位上守土有责、守土担责、守土尽责,共同推动全国疫情防控阻击战取得重大战略成果,推动经济社会秩序加快恢复,展现了不畏艰险的英雄本色,书写下可歌可泣的时代篇章。

今年是全面建成小康社会和"十三五"规划收官之年,也是脱贫攻坚决战决胜之年,疫情给我们完成既定目标任务带来挑战。越是面对困难挑战,越要用全面、辩证、长远的眼光看待我国发展,深刻把握我国经济稳中向好、长期向好的基本趋势,做好较长时间应对外部环境变化的思想准备和工作准备,善于从眼前的危机和挑战中抢抓和创造机遇,坚定克服困难、战胜挑战的信心,牢牢把握发展主动权。我们要增强紧迫感、责任感、使命感,全面落实党中央决策部署,紧扣全面建成小康社会目标任务,坚持稳中求进工作总基调,坚持新发展理念,扎实做好稳就业、稳金融、稳外贸、稳外资、稳投资、稳预期工作,全面落实保居民就业、保基本民生、保市场主体、保粮食能源安全、保产业链供应链稳定、保基层运转任务,努力克服新冠肺炎疫情带来的不利影响,确保完成决战决胜脱贫攻坚目标任务,全面建成小康社会。

"一勤天下无难事。"决胜全面小康,我们要弘扬劳动精神,凝聚奋斗伟力。抓紧抓实抓细常态化疫情防控,不断巩固疫情持续向好形势,做好复工达产、复商复市,解决贫中之贫、困中之困,坚决打好打赢三大攻坚战,实现第一个百年奋斗目标,都需要勇于攻坚克难、积极担当作为,用汗水浇灌收获、以实干笃定前行。在全面建成小康社会的伟大历史进程中,各行各业都涌现出一大批奋斗进取的先进典型,他们辛勤工作在各条战线的平凡岗位上,以实际行动践行劳模精神、劳动精神、工匠精神,用不平凡的奋斗业绩和奋斗故事,传递着劳动最光荣、劳动最崇高、劳动最伟大、劳动最美丽的价值理念,激发出砥砺奋进的精神力量。要以他们为榜样,爱岗敬业、勤奋工作,艰苦奋斗、甘于奉献,唱响新时代奋斗者之歌,汇聚起改革发展的强大正能量。

决胜全面小康,我们要让劳动者更有保障、更有尊严。全面建成小康社会时间紧、任务重,一线就是火线,现场犹如战场。要坚决落实《关于聚焦一线贯彻落实保护关心爱护医务人员措施的通知》,将保障举措向抗疫一线人员倾斜,坚决落实《关于持续解决困扰基层的形式主义问题为决胜全面建成小康社会提供坚强作风保证的通知》，为基层松绑减负，坚决落实《新时期产业工人队伍建设改革方案》，锻造高素质劳动者大军。坚持崇尚劳动、尊重劳动者，创造更好工作条件，免除劳动者后顾之忧，不断提升劳动者素质，就能进一步焕发劳动热情、释放创造潜能，更好发挥工人阶级和广大劳动群众的主力军作用。

　　涓涓细流汇成大海，无数双手挽作长城。中华民族历史上经历过很多磨难，但从来没有被压垮过，而是愈挫愈勇，不断在磨难中成长、从磨难中奋起。无论有什么样的风险挑战，都无法阻挡我们奋勇前进的步伐。让我们更加紧密地团结在以习近平同志为核心的党中央周围，凝心聚力、共克时艰、决战决胜，确保完成脱贫攻坚目标任务，确保全面建成小康社会，为实现"两个一百年"奋斗目标，实现中华民族伟大复兴的中国梦努力奋斗！

（2020年05月01日　02版）

广泛凝聚共识　决胜全面小康

——热烈祝贺全国政协十三届三次会议开幕

初夏时节，万物勃兴。今天，全国政协十三届三次会议在京开幕，来自34个界别的2000多名全国政协委员肩负责任和使命，齐聚一堂建真言、谋良策。我们向大会的召开表示热烈祝贺！

一年一度的全国两会，是我国政治生活中的大事。面对突如其来的新冠肺炎疫情，以习近平同志为核心的党中央坚持把人民生命安全和身体健康放在第一位，统筹全局、沉着应对，团结带领全党全军全国各族人民万众一心、众志成城，坚决打赢疫情防控的人民战争、总体战、阻击战。在全国疫情防控阻击战取得重大战略成果、统筹推进疫情防控和经济社会发展工作取得积极成效的重要时刻，两会在疫情防控常态化的特殊背景下召开，肩负谋划部署今年经济社会发展目标任务的重要使命，对于确保实现决战决胜脱贫攻坚、全面建成小康社会，具有十分重大的意义。

过去一年多来，人民政协以庆祝新中国成立70周年和人民政协成立70周年为重点，聚焦决胜全面建成小康社会、打好三大攻坚战等任务，加强专门协商机构建设，认真履行各项职能，切实担负起把党中央决策部署和对人民政协工作要求落实下去、把海内外中华儿女智慧和力量凝聚起来的政治责任，为党和国家事业发展作出了新的贡献。在疫情防控这场严峻斗争中，人民政协认真贯彻习近平总书记重要讲话精神和党中央部署要求，充分发挥国家治理体系重要组成部分的作用，把投身抗击疫情斗争作为重要任务，坚持建言资政和凝聚共识双向发力，组织参加人民政协的各党派团体和各族各界人士，为战胜疫情贡献智慧和力量；广大政协委员立足自身岗位，在医疗诊治、科研攻关、社区防疫、复工复产等工作中各展所长、各尽其能，献爱心、作贡献，践行了"人民政协为人民"的要求。

"惟其艰难，才更显勇毅；惟其笃行，才弥足珍贵。"2020年是全面建成小康社会和"十三五"规划收官之年，也是脱贫攻坚决战决胜之年，突如其来的新冠肺炎疫情给我们完成既定目标任务带来挑战。越是接近目标，越是形势复杂，越是任务艰巨，越要发挥中国共产党领导的政治优势和中国特色社会主义的制度优势，把各方面智慧和力量凝聚起来，形成海内外中华儿女心往一处想、劲往一处使的强大合力。作为统一战线的组织、多党合作和政治协商的机构、人民民主的重要实现形式，人民政协是专门协商机构、是具有中国特色的制度安排，要把坚持和发展中国特色社会主义作为巩固共同思想政治基础的主轴，把服务实现"两个一百年"奋斗目标作为工作主线，把加强思想政治引领、广泛凝聚共识作为中心环节，把人民政协制度优势转化为国家治理效能，为实现全面建成小康社会目标任务、实现新时代中国共产党的历史使命凝心聚力。

商以求同，协以成事。当前我国经济发展面临的挑战前所未有，必须充分估计困难、风险和不确定性，切实增强紧迫感，抓实经济社会发展各项工作。人民政协要以习近平新时代中国特色社会主义思想为指导，紧扣全面建成小康社会目标任务，把党中央关于统筹推进疫情防控和经济社会发展工作的决策部署转化为履职尽责实际作为，发挥人民政协作为政治组织和民主形式的效能，提高政治协商、民主监督、参政议政水平，更好凝聚共识，继续为防疫情、促发展聚合智慧和力量，推动做好"六稳"工作、落实"六保"任务。人民政协是坚持和加强党对各项工作领导的重要阵地、用党的创新理论团结教育引导各族各界代表人士的重要平台、在共同思想政治基础上化解矛盾和凝聚共识的重要渠道，要充分发挥功能作用，坚持大团结大联合，坚持一致性和多样性统一，不断巩固共同思想政治基础，努力谋求最大公约数、画出最大同心圆，共襄实现民族复兴伟业。

"积力之所举，则无不胜也；众智之所为，则无不成也。"站在实现"两个一百年"奋斗目标历史交汇点上，人民政协使命光荣、责任重大。期待各位委员坚持为国履职、为民尽责的情怀和担当，把事业放在心上，把责任扛在肩上，为决胜全面建成小康社会、书写新时代中国特色社会主义新篇章、实现中华民族伟大复兴的中国梦，作出新的更大贡献！

预祝大会圆满成功！

（2020年05月21日　01版）

激发制度优势　凝聚奋斗伟力

——热烈祝贺十三届全国人大三次会议开幕

孟夏草木长，清和好时节。今天，十三届全国人大三次会议在万众瞩目中开幕。近3000名全国人大代表肩负人民重托，齐聚北京共商国是，谋划全面建成小康社会决胜之策，为统筹疫情防控和经济社会发展凝心聚力。我们对大会的召开表示热烈祝贺！

志不求易者成，事不避难者进。过去一年，我国发展面临诸多困难挑战，以习近平同志为核心的党中央团结带领全国各族人民攻坚克难，完成全年主要目标任务，为全面建成小康社会打下决定性基础。新冠肺炎疫情发生后，党中央将疫情防控作为头等大事来抓，习近平总书记亲自指挥、亲自部署，坚持把人民生命安全和身体健康放在第一位，领导全党全军全国各族人民打好疫情防控的人民战争、总体战、阻击战。经过艰苦卓绝的努力，武汉保卫战、湖北保卫战取得决定性成果，疫情防控阻击战取得重大战略成果，统筹推进疫情防控和经济社会发展工作取得积极成效。十三届全国人大及其常委会坚决贯彻落实党中央决策部署，积极回应人民关切，推动解决群众关心的突出问题，立法、监督、代表工作、对外交往、自身建设等都取得新进展新成效。特别是疫情防控期间，全国人大常委会依法履职，及时作出《关于全面禁止非法野生动物交易、革除滥食野生动物陋习、切实保障人民群众生命健康安全的决定》，部署启动强化公共卫生法治保障体系的立法修法工作，为疫情防控和经济社会发展提供法律支持，全国人大代表和地方人大代表在各条战线、各自岗位上作出积极贡献，用实际行动践行着代表人民、为了人民、服务人民的光荣使命。

制度优势是一个国家的最大优势。党的十九届四中全会系统总结我国国家制度和国家治理体系建设的理论成果和实践经验，对新时代坚持和完善中国特色社会主义制度、推进国家治理体系和治理能力现代化作出顶层设计和全面部署。疫情防控斗争实践再次证明，中国共产党领导和我国社会主义制度、我国国家治理体系具有强大生命力和显著优越性，能够战胜任何艰难险阻，能够为人类文明进步作出重大贡献。发展环境越是严峻复杂，越要坚定不移深化改革，健全各方面制度，促进制度建设和治理效能更好转化融合，善于运用制度优势应对风险挑战冲击。人民代表大会制度是中国特色社会主义制度的重要组成部分，是支撑国家治理体系和治理能力的根本政治制度。奋进新时代、踏上新征程，我们要始终坚持和完善人民代表大会制度，不断丰富人民代表大会制度的实践特色、时代特色，把制度优势转化为国家治理效能，通过人民代表大会制度牢牢把国家和民族前途命运掌握在人民手中。

人民是历史的创造者，人民是真正的英雄。当前全球疫情和世界经济形势仍然严峻复杂，我国发展面临的挑战前所未有。毫不放松常态化疫情防控，统筹做好经济社会发展各项工作，确保完成决战决胜脱贫攻坚目标任务，全面建成小康社会，都必须坚守人民立场，坚持人民主体地位，凝聚万众一心、攻坚克难的磅礴力量。人民当家作主是社会主义民主政治的本质和核心，发展社会主义民主政治就是要体现人民意志、保障人民权益、激发人民创造活力。实践充分证明，人民代表大会制度是符合中国国情和实际、体现社会主义国家性质、保证人民当家作主、保障实现中华民族伟大复兴的好制度。支持和保证人民通过人民代表大会行使国家权力,发展更加广泛、更加充分、更加健全的人民民主,倾听人民呼声、汇聚人民智慧、回应人民期待,我们就一定能凝聚奋斗伟力,共克时艰、同心追梦。

历史长河奔腾不息,有风平浪静,也有波涛汹涌。我们不惧风雨,也不畏险阻。期待广大代表以"时不我待、只争朝夕"的紧迫感,以"恪尽职守、夙夜在公"的使命感,坚持以习近平新时代中国特色社会主义思想为指导,依法履职尽责,积极贡献智慧和力量,为全面建成小康社会、实现"两个一百年"奋斗目标、实现中华民族伟大复兴的中国梦而努力奋斗。

预祝大会圆满成功!

(2020年05月22日　01版)

决胜全面小康　共襄复兴伟业

——热烈祝贺全国政协十三届三次会议胜利闭幕

同心同德谋良策，群策群力促发展。5月27日，全国政协十三届三次会议圆满完成各项议程，在北京胜利闭幕。我们对大会的成功表示热烈祝贺！

在新冠肺炎疫情防控常态化背景下召开的这次大会，是一次民主团结、求实奋进的大会，是一次提振信心、鼓舞士气的大会。会议期间，中共中央总书记、国家主席、中央军委主席习近平等党和国家领导同志深入委员小组并参加联组会听取意见和建议，与委员们共商国是、共谋良策。广大政协委员牢记初心使命、扎实履职尽责，听取和审议政协第十三届全国委员会常务委员会工作报告、关于提案工作情况的报告，列席十三届全国人大三次会议，听取并讨论政府工作报告及其他有关报告，深入讨论民法典草案等，表示赞同并提出意见和建议，大家一致赞成并支持从国家层面建立健全香港特别行政区维护国家安全的法律制度和执行机制。大会风清气正、成果丰硕，委员讨论热烈、求真务实，充分发挥了人民政协作为政治组织和民主形式的效能，充分彰显了社会主义协商民主的活力和优势。大会的胜利召开，为推动确保完成决战决胜脱贫攻坚目标任务、全面建成小康社会，增强了信心、凝聚了共识、鼓舞了干劲。

历尽天华成此景，人间万事出艰辛。经过长期艰辛探索和不懈努力，我们就要取得全面建成小康社会的伟大胜利。这是不屈不挠、长期奋斗的果实，更是启航新征程、扬帆再出发的动员。我们深知，前进的征程不会一帆风顺，越是接近目标越会充满风险挑战。在以习近平同志为核心的党中央坚强领导下，中国在短时间内有力控制疫情的伟大斗争实践再次证明，中国共产党领导和我国社会主义制度、我国国家治理体系具有强大生命力和显著优越性，伟大的中国人民能够战胜前进道路上的任何艰难险阻并为人类文明进步作出重大贡献。我们坚信，只要全国各族人民紧密团结在中国共产党周围，发挥中国共产党领导的政治优势和中国特色社会主义的制度优势，坚定信心、砥砺前行，敢于斗争、善于斗争，就一定能够实现第一个百年奋斗目标，乘势而上开启全面建设社会主义现代化国家新征程，向第二个百年奋斗目标进军。

群之所为事无不成，众之所举业无不胜。坚持大团结大联合，最大限度调动一切积极因素，团结一切可以团结的人，汇聚起共襄伟业的强大力量，是人民政协的神圣使命。人民政协要深入学习贯彻习近平新时代中国特色社会主义思想，全面落实党的十九大和十九届二中、三中、四中全会及中央政协工作会议精神，坚持团结和民主两大主题，完善专门协商机构制度，把服务实现"两个一百年"奋斗目标作为工作主线，把人民政协制度优势转化为国家治理效能，积极建言资政，广泛凝聚共识。要牢牢把握正确政治方向，着力增进各党派团体和各族各界人士对中国共产党和中国特色社会主义的政治认同、思想认同、理论认同、情感认同，落实到贯彻党中央决策部署的有力举措和自觉行动上。要围绕党和国家中心任务认真履职尽责，着眼大局、立足大局、服务大局，改进工作作风，深入调查研究，增强对策建议的前瞻性、针对性、操作性，引导各界群众理性看待当前经济社会发展面临的矛盾风险和困难挑战，坚定信心和决心。要完善协商于决策之前和决策实施之中的落实机制，形成层级清晰、配套完备、运行顺畅的政协协商制度规范。要强化政协委员责任，教育引导委员增强使命意识、担当政治责任，推动政协委员在服务党和人民事业上更好贡献智慧和力量。

前程繁花似锦，拼搏奋斗以成。在同心共筑中国梦、携手奋进新时代的新长征路上，人民政协责任重大、使命光荣。让我们更加紧密地团结在以习近平同志为核心的党中央周围，凝聚一条心、拧成一股绳，以必胜的信心、昂扬的斗志、扎实的努力，决胜全面小康，共襄复兴伟业！

（2020年05月28日　01版）

凝聚智慧力量　迈上新的征程

——热烈祝贺十三届全国人大三次会议胜利闭幕

众力并则万钧举，人心齐则泰山移。5月28日，十三届全国人大三次会议圆满完成各项议程，在北京胜利闭幕。与会代表履职尽责、凝心聚力，奏响了民主、团结、求实、奋进的时代乐章。我们对大会的成功表示热烈祝贺！

这次大会是在全国疫情防控阻击战取得重大战略成果之际召开的一次重要会议。大会高度评价去年以来经济社会发展和今年疫情防控取得的成绩，代表们一致认为这是以习近平同志为核心的党中央坚强领导的结果，是全党全军全国各族人民团结奋斗的结果。大会审议并批准了政府工作报告和其他各项重要报告，代表们一致认为政府工作报告通篇贯穿习近平新时代中国特色社会主义思想，是对党中央统筹推进疫情防控和经济社会发展工作等一系列重大决策部署的具体化，是一份旗帜鲜明、主题突出、精炼务实的好报告。大会听取审议了全国人大常委会工作报告，充分肯定全国人大常委会依法履职各项工作取得的新进展新成效。大会的成功，为确保完成决战决胜脱贫攻坚目标任务，全面建成小康社会，推动党和国家事业发展增添了信心、注入了动力。

治国凭圭臬，安邦靠准绳。编纂民法典是党的十八届四中全会确定的一项重大立法任务，是以习近平同志为核心的党中央作出的重大法治建设部署。这次大会的一项重要成果，是审议通过了民法典。代表们一致认为，这部具有中国特色、体现时代特点、反映人民意愿的民法典，必将为我国新时代改革开放和社会主义现代化建设提供更加完备的民事法治保障。党的十九届四中全会明确提出建立健全特别行政区维护国家安全的法律制度和执行机制，绝不容忍任何挑战"一国两制"底线的行为，绝不容忍任何分裂国家的行为。这次大会审议通过了《全国人民代表大会关于建立健全香港特别行政区维护国家安全的法律制度和执行机制的决定》。代表们一致认为，这一制度安排符合宪法和香港基本法，符合包括香港同胞在内的全体中国人民的根本利益，将有效维护香港特别行政区国家安全，有力巩固和拓展"一国两制"的法治基础、政治基础和社会基础。

2020年是全面建成小康社会决胜之年、"十三五"规划收官之年、脱贫攻坚决战之年。面对艰巨繁重的任务，面对前所未有的挑战，各地区各部门各方面对国之大者要心中有数，强化责任担当，不折不扣抓好党中央决策部署和政策措施落实，紧扣全面建成小康社会目标任务，统筹推进疫情防控和经济社会发展工作，在常态化疫情防控前提下，坚持稳中求进工作总基调，坚持新发展理念，坚持以供给侧结构性改革为主线，坚持以改革开放为动力推动高质量发展，坚决打好三大攻坚战，扎实做好"六稳"工作，全面落实"六保"任务，坚定实施扩大内需战略，维护经济发展和社会稳定大局，确保完成决战决胜脱贫攻坚目标任务，全面建成小康社会，向历史和人民交出一份合格答卷。

党的根基在人民、血脉在人民、力量在人民。党团结带领人民进行革命、建设、改革，根本目的就是为了让人民过上好日子，无论面临多大挑战和压力，无论付出多大牺牲和代价，这一点都始终不渝、毫不动摇。这次疫情防控斗争实践再次证明："人民才是真正的英雄。只要紧紧依靠人民，我们就一定能够战胜一切艰难险阻，实现中华民族伟大复兴。"面向未来，我们要坚持以人民为中心的发展思想，坚持人民至上，紧紧依靠人民，不断造福人民，牢牢植根人民，凝聚14亿人民的智慧和力量，把党和人民的事业推向前进。要坚持党的领导、人民当家作主、依法治国有机统一，坚持和完善人民代表大会制度这一根本政治制度，丰富人民代表大会制度的实践特色、时代特色，把我国制度优势更好转化为国家治理效能，不断增强党和国家活力、调动人民积极性，把亿万人民的伟大梦想变成美好现实。

全面建成小康社会胜利在即，民族复兴光明前景催人奋进。时间不等人，历史不等人！时间属于奋进者，历史属于奋进者！让我们更加紧密地团结在以习近平同志为核心的党中央周围，不忘初心、牢记使命，不畏风浪、直面挑战，全力以赴、苦干实干，为实现"两个一百年"奋斗目标、实现中华民族伟大复兴的中国梦而不懈奋斗！

（2020年05月29日　02版）

永远把人民放在最高位置

——热烈庆祝中国共产党成立九十九周年

初心如磐，使命在肩。在决胜全面小康、决战脱贫攻坚的关键时刻，我们迎来中国共产党的99周岁生日。立志中华民族千秋伟业，百年恰是风华正茂。走在新时代的长征路上，全党同志信仰信念信心更加坚定，正以不畏风浪的气魄攻坚克难，以只争朝夕的奋斗创造伟业。

一场突如其来的新冠肺炎疫情，成为一次特殊的历史见证。面对这一来势汹汹的全球性大流行病，中国果断打响疫情防控的人民战争、总体战、阻击战。在以习近平同志为核心的党中央坚强领导下，中国人民同舟共济战疫情，付出巨大牺牲，取得重大战略成果。这一伟大斗争实践，充分印证了中国共产党领导和我国社会主义制度的显著政治优势，彰显了我们党为了人民可以不惜一切代价的崇高理念，体现了共产党人牢记初心使命、勇于担当作为的政治本色，展现了党和人民团结一心、众志成城的磅礴力量，揭示了一个走过近百年岁月的大党朝气蓬勃、永葆青春的血脉传承。

含德之厚，比于赤子。穿越革命、建设、改革的激流，我们党为中国人民谋幸福、为中华民族谋复兴的初心使命一以贯之。党没有自己特殊的利益，在任何时候都把人民利益放在第一位，这是中国共产党作为马克思主义政党区别于其他政党的显著标志。从石库门到天安门，从兴业路到复兴路，从站起来、富起来到强起来，我们党紧紧依靠人民，跨过一道又一道沟坎，取得一个又一个胜利，为中华民族建树了彪炳史册的丰功伟绩。99年披荆斩棘、砥砺奋进的不平凡历程充分表明，为人民而生、因人民而兴，党战胜一切风险挑战、不断从胜利走向胜利的根基在人民、血脉在人民、力量在人民。只有不忘初心、牢记使命、永远奋斗，才能让党永远年轻。

历史的发展，总有一些关键的时间节点。2020年，我们站在"两个一百年"奋斗目标的历史交汇点上。经受住疫情冲击的中国人民正向第一个百年奋斗目标冲刺，中华民族千百年来"民亦劳止，汔可小康"的憧憬将变为现实，这在实现中华民族伟大复兴的历史进程中具有里程碑意义。我们还将乘势而上开启全面建设社会主义现代化国家新征程，向第二个百年奋斗目标进军。审视世情国情，发展环境更趋严峻复杂、面临挑战前所未有，亟待我们在危机中育新机、于变局中开新局。惟有始终坚持以人民为中心的发展思想，坚持人民至上、紧紧依靠人民、不断造福人民、牢牢植根人民，才能战胜一切艰难险阻，开辟光明未来。

让人民过上好日子是我们一切工作的出发点和落脚点。如何毫不放松常态化疫情防控，保障人民群众生命安全和身体健康？如何攻克贫中之贫、困中之困，啃下最难啃的硬骨头，高质量打赢脱贫攻坚战？如何做好经济社会发展各项工作，满足人民日益增长的美好生活需要？全党同志对国之大者要心中有数，把为民造福作为最重要的政绩，坚决落实"六稳""六保"任务，确保党中央决策部署落地生根。要胸怀两个大局，强化责任担当，急群众所急、忧群众所忧、解群众所难，始终同人民想在一起、干在一起，确保14亿人民过上全面小康的生活。

社会主义是干出来的，幸福是奋斗出来的。回望历史，我们党带领人民以艰苦卓绝的努力、胼手胝足的奋斗，完成了一个又一个"不可能"，创造了一个又一个难以置信的奇迹。今天，脱贫攻坚奔小康，更加美好的新生活，终究都要靠广大群众的辛勤耕耘去实现。面对前进道路上的风吹浪打，面对发展进程中的艰难险阻，我们必须始终坚持人民主体地位，始终尊重人民首创精神，团结带领人民撸起袖子加油干，风雨无阻向前进，紧紧依靠人民不断创造新的更大奇迹。

风雨多经人不老，关山初度路犹长。船到中流、人到半山，尤须同时间赛跑、与时代并进。让我们更加紧密地团结在以习近平同志为核心的党中央周围，增强"四个意识"、坚定"四个自信"、做到"两个维护"，永怀人民至上的赤子之心，以时不我待的奋进姿态，在新长征路上书写更新更美的时代篇章，创造得到人民认可、经得起历史检验的光荣业绩！

（2020年07月01日 02版）

凝聚实现民族复兴的磅礴力量

——纪念中国人民抗日战争暨世界反法西斯战争胜利七十五周年

"正义必胜！和平必胜！人民必胜！"今天是中国人民抗日战争胜利和世界反法西斯战争胜利75周年纪念日，是正义战胜邪恶、光明战胜黑暗、进步战胜反动的伟大纪念日，是中国人民和全世界一切爱好和平的国家和人民的重大节日。

"四万万人齐蹈厉，同心同德一戎衣"。那是一场艰苦卓绝的反侵略战争，在中国共产党倡导建立的抗日民族统一战线旗帜下，无论是正面战场还是敌后战场，中国人民同仇敌忾、共赴国难，以血肉之躯筑起拯救民族危亡、捍卫民族尊严的钢铁长城，用生命和鲜血谱写了中华民族历史上抵御外侮的伟大篇章。在那场战争中，中国人民以巨大民族牺牲支撑起了世界反法西斯战争的东方主战场，不仅是为中华民族的前途命运而战，也是为整个人类的前途命运而战。经过14年不屈不挠的英勇斗争，中国人民打败了穷凶极恶的日本军国主义侵略者，赢得了近代以来中国反抗外敌入侵的第一次完全胜利。这一伟大胜利，彻底粉碎了日本军国主义殖民奴役中国的图谋，洗刷了近代以来中国抗击外来侵略屡战屡败的民族耻辱。这一伟大胜利，重新确立了中国在世界上的大国地位，使中国人民赢得了世界爱好和平人民的尊敬。这一伟大胜利，开辟了中华民族伟大复兴的光明前景，开启了古老中国凤凰涅槃、浴火重生的新征程。这一伟大胜利，也是中国人民为世界反法西斯战争胜利、维护世界和平作出的重大贡献。

前事不忘，后事之师。当今世界正经历百年未有之大变局，我国正处于实现中华民族伟大复兴关键时期，我们党正带领人民进行具有许多新的历史特点的伟大斗争。前进道路上，越是面对风险挑战，越要从历史中汲取智慧和力量，敢于应对重大挑战、抵御重大风险、克服重大阻力、解决重大矛盾。纪念中国人民抗日战争暨世界反法西斯战争的伟大胜利，就是要铭记历史、警示未来，动员全党全军全国各族人民更加奋发有为地为实现中华民族伟大复兴而奋斗。

铭记历史、警示未来，让我们大力弘扬伟大民族精神。以爱国主义为核心的伟大民族精神是中国人民抗日战争胜利的决定性因素。面对民族存亡的空前危机，中国人民的爱国热情像火山一样迸发出来。全体中华儿女众志成城、共御外侮，为民族而战，为祖国而战，为尊严而战，汇聚起气势磅礴的力量。在这一壮阔进程中，中国人民向世界展示了天下兴亡、匹夫有责的爱国情怀，视死如归、宁死不屈的民族气节，不畏强暴、血战到底的英雄气概，百折不挠、坚忍不拔的必胜信念，铸就了伟大的抗战精神。习近平总书记强调："伟大的抗战精神，是中国人民弥足珍贵的精神财富，永远是激励中国人民克服一切艰难险阻、为实现中华民族伟大复兴而奋斗的强大精神动力。"新征程上，我们要弘扬伟大的爱国主义精神，弘扬伟大的抗战精神，敢于攻坚克难，勇于担当作为，不断从胜利走向新的胜利。

铭记历史、警示未来，让我们凝聚实现民族复兴的磅礴力量。中国共产党的中流砥柱作用是中国人民抗日战争胜利的关键，全民族抗战是中国人民抗日战争胜利的重要法宝。面对极其野蛮、极其残暴的日本侵略者，我们党坚持动员人民、依靠人民，坚持全面抗战路线，制定正确战略策略，开辟广大敌后战场，成为坚持抗战的中坚力量，支撑起全民族救亡图存的希望，引领着夺取抗战胜利的正确方向。在抗日战争胜利的基础上，我们党团结带领全国人民继续奋斗，建立了中华人民共和国，进而确立了社会主义制度，完成了中华民族有史以来最为广泛而深刻的社会变革。新中国成立70多年来，我们党团结带领全国人民战胜了一个又一个艰难险阻，创造了一个又一个彪炳史册的人间奇迹，中华民族迎来了从站起来、富起来到强起来的伟大飞跃。历史深刻表明：只有中国共产党才能领导中国，只有社会主义才能救中国，只有坚持和发展中国特色社会主义才能实现中华民族伟大复兴。新征程上，我们要增强"四个意识"、坚定"四个自信"、做到"两个维护"，不忘初心、牢记使命，凝聚14亿人民的智慧和力量，为实现"两个一百年"奋斗目标、实现中华民族伟大复兴的中国梦而努力奋斗。

中国人民抗日战争和世界反法西斯战争的胜利给我们留下的最宝贵的启示，就是必须毫不动摇走和平发展道路。中国主权、安全、发展利益和民族尊严绝不允许任何势力侵犯，同时任何力量也不能动摇我们坚持和平发展的信念。无论发展到哪一步，中国都永远不称霸、永远不搞扩张，永远不会把自身曾经经历过的悲惨遭遇强加给其他国家和民族。无论遇到多少困难和挑战，中国人民将始终坚持同世界各国人民友好相处，坚决捍卫中国人民抗日战争和世界反法西斯战争胜利成果，致力于推动构建人类命运共同体，始终做世界和平的建设者、全球发展的贡献者、国际秩序的维护者，为建设持久和平、共同繁荣的和谐世界作出新的贡献。

75年前的伟大胜利向世人证明，中华民族有同侵略者血战到底的气概，有在自力更生的基础上光复旧物的决心，有自立于世界民族之林的能力。奋进新时代，踏上新征程，我们有坚强决心、坚定意志、坚实国力应对挑战，有足够的底气、能力、智慧战胜各种风险考验，任何国家任何人都不能阻挡中华民族实现伟大复兴的历史步伐。让我们更加紧密地团结在以习近平同志为核心的党中央周围，万众一心，风雨无阻，向着既定目标继续奋勇前进！

（2020年09月03日　01版）

抗疫斗争铸就民族复兴新的精神丰碑

2020年伊始，在满怀豪情决胜全面小康、决战脱贫攻坚的关键时刻，我们遭遇了一场突如其来的新冠肺炎疫情。这是新中国成立以来传播速度最快、感染范围最广、防控难度最大的一次重大突发公共卫生事件，中国人民开展了一场艰苦卓绝、气壮山河的伟大抗疫斗争。

面对前所未知、来势汹汹的疫情，面对这场全人类与病毒的搏斗，以习近平同志为核心的党中央统筹全局、果断决策，坚持人民至上、生命至上，把人民生命安全和身体健康放在第一位，全党全军全国各族人民上下同心、全力以赴，采取最严格、最全面、最彻底的防控举措，打响了疫情防控的人民战争、总体战、阻击战。我们用一个多月的时间初步遏制了疫情蔓延势头，用两个月左右的时间将本土每日新增病例控制在个位数以内，用3个月左右的时间取得了武汉保卫战、湖北保卫战的决定性成果，全国范围的疫情也得到有效控制，书写了人类同重大传染性疾病斗争史上的伟大篇章。经过全国上下艰苦努力，我国统筹推进疫情防控和经济社会发展工作取得显著成效，在疫情防控和经济恢复上都走在世界前列。对我们这样一个拥有14亿人口的大国来说，成绩来之不易，经验十分宝贵。

这是中国人民可歌可泣、感天动地的伟大壮举。在疫情防控斗争中，我们坚持党中央的集中统一领导，习近平总书记亲自指挥、亲自部署，党政军民学、东西南北中一体行动，坚持以人民为中心，坚持全国一盘棋，发挥集中力量办大事的制度优势，紧紧依靠人民群众，动员全社会力量、调动各方面资源,以科技进步为支撑,开展全方位的人力组织战、物资保障战、科技突击战、资源运动战,迅速形成了抗击疫情强大合力,彰显了中国力量、中国精神、中国效率,展现了出色的领导能力、应对能力、组织动员能力、贯彻执行能力。我们秉持人类命运共同体理念,加强国际交流合作,及时公开疫情信息,迅速分享部分毒株全基因组序列,支持世卫组织发挥领导作用,同各国分享防控有益做法,开展药物和疫苗联合研发,并向出现疫情扩散的国家提供力所能及的援助,体现了一个负责任大国的担当。在这场抗疫斗争中,国际社会看到中国"强大的动员和执行能力在重要时刻体现得淋漓尽致",赞叹"中国的做法可以作为典范纳入世界抗击流行病史"。这场疫情防控斗争实践再次证明,中国共产党领导和我国社会主义制度、我国国家治理体系具有强大生命力和显著优越性,能够战胜任何艰难险阻,能够为人类文明进步作出重大贡献。

这是中华民族同心同德、共克时艰的英雄壮歌。中华民族历史上经历过很多磨难,但从来没有被压垮过,而是愈挫愈勇,不断在磨难中成长、从磨难中奋起。在这场严峻斗争中,全国各族人民万众一心、和衷共济,联防联控、群防群治,大力弘扬爱国主义、集体主义、社会主义精神,凝聚起坚不可摧的磅礴之力,展现了敢于斗争、敢于胜利的英雄本色,展现了同舟共济、守望相助的家国情怀,展现了勇于担当、甘于奉献的崇高品格,展现了把握规律、崇尚科学的求实态度,展现了开放合作、命运与共的宽广胸怀,铸就了中华民族在伟大复兴征程上压倒一切困难而不被困难所压倒的新的精神丰碑。中国人民在抗疫斗争中表现出的伟大精神,充分彰显了加强社会主义精神文明建设、弘扬社会主义核心价值观的重大意义,充分印证了中华优秀传统文化的强大力量,必将成为推动新时代中国发展进步、战胜一切风险挑战的重要精神动力。

当今世界正经历百年未有之大变局,我国正处于实现中华民族伟大复兴关键时期，我们党正团结带领人民进行具有许多新的历史特点的伟大斗争，我国发展的内部条件和外部环境正在发生深刻复杂变化。通过这场抗疫斗争，我们更加深切地认识到，中华民族伟大复兴绝不是轻轻松松、敲锣打鼓就能实现的，在前进道路上我们面临的风险考验只会越来越复杂，甚至会遇到难以想象的惊涛骇浪，实现伟大梦想必须进行伟大斗争。通过这场抗疫斗争，我们更加坚信，有以习近平同志为核心的党中央坚强领导，有中国特色社会主义制度的显著优势，有新中国成立以来特别是改革开放40多年来创造积累的雄厚的综合实力，有全党全军全国各族人民的团结奋斗，就一定能战胜各种风险考验。面向未来，中华民族实现伟大复兴的历史大势不可阻挡，中国人民追求美好生活的前进步伐不可阻挡。

乱云飞渡仍从容，风雨无阻更向前。让我们更加紧密地团结在以习近平同志为核心的党中央周围，增强"四个意识"、坚定"四个自信"、做到"两个维护"，弘扬伟大的抗疫斗争精神，勇于开顶风船，善于化危为机，敢于攻坚克难，坚决夺取决胜全面建成小康社会伟大胜利，乘势而上开启全面建设社会主义现代化国家新征程，向着第二个百年奋斗目标奋勇前进！

（2020年09月08日　01版）

在新时代伟大征程上奋勇前进

——热烈庆祝中华人民共和国成立七十一周年

金秋的神州大地,洋溢丰收的喜悦。战疫情、斗洪峰、化危机、应变局,在一系列不平凡的伟大斗争中,我们迎来了人民共和国71华诞。经受风雨洗礼,新中国站上新的时间节点;满怀信心豪情,亿万人民阔步走在新时代伟大征程上。

历史长河奔腾不息,有风平浪静,也有波涛汹涌,英雄的中国人民不惧风雨、无畏险阻。今年以来,面对严峻复杂形势和前所未有挑战,以习近平同志为核心的党中央坚强领导、英明决策,团结带领全国各族人民攻坚克难,在危机中育新机、于变局中开新局,我国改革开放事业蹄疾步稳,"十三五"规划即将收官,脱贫攻坚战势在必得,全面建成小康社会胜利在望。特别是面对突如其来的新冠肺炎疫情,在党中央坚强领导下,亿万人民进行了一场惊心动魄的抗疫大战,经受了一场艰苦卓绝的历史大考,夺取了抗疫斗争重大战略成果,创造了人类同疾病斗争史上又一个英勇壮举,铸就了生命至上、举国同心、舍生忘死、尊重科学、命运与共的伟大抗疫精神。我国成为疫情发生以来第一个恢复增长的主要经济体,在疫情防控和经济恢复上都走在世界前列,显示了我国国家治理体系的卓越效能。中国人民以敢于斗争、敢于胜利的大无畏气概,又一次战胜了艰难险阻,在历史上留下辉煌的一页。我们向伟大的人民共和国致敬,向伟大的中国人民致敬!

时间的刻度，标注历史坐标，昭示前进方向。回首过去，多少慷慨前行、多少梦想成真，融入了亿万人民的集体记忆，书写在新中国的光辉史册；放眼今朝，我们正在进行具有许多新的历史特点的伟大斗争，党和人民的坚强团结是胜利的保证。经过长期不懈努力，中华民族千百年来的绝对贫困问题就将历史性地划上句号，千百年来"民亦劳止，汔可小康"的憧憬就要变为现实。这是不屈不挠、长期奋斗的果实，更是启航新征程、扬帆再出发的动员。我们深知，越是接近民族复兴的伟大目标，越不会一帆风顺，越会充满风险挑战乃至惊涛骇浪。站在"两个一百年"奋斗目标的历史交汇点上，我们要辩证认识和把握国内外大势，胸怀两个大局，增强机遇意识和风险意识，珍惜发展好局面，巩固前进好势头，勇于开顶风船，善于化危为机，集中力量办好自己的事，在新时代伟大征程上披荆斩棘、奋勇前进。

　　面向未来，我们有底气、有实力。从百废待兴到世界第二大经济体，从站起来、富起来到强起来，新中国成立71年来，改革开放40多年来，特别是党的十八大以来，我们紧紧依靠亿万人民把一个个不可能变成了可能，创造出世所罕见的经济快速发展奇迹和社会长期稳定奇迹。今日之中国，积累了坚实的综合国力，这是从容应对惊涛骇浪的深厚底气；具有显著的制度优势，这是抵御风险挑战的根本保证。"十四五"时期我国将进入新发展阶段，尽管外部环境发生了深刻复杂变化，但我国经济稳中向好、长期向好的基本面没有变，我国经济潜力足、韧性大、活力强、回旋空间大、政策工具多的基本特点没有变，我国发展具有的多方面优势和条件没有变。前进道路上，科学分析形势、把握发展大势，坚持稳中求进工作总基调，坚持新发展理念，统筹发展和安全，加快形成新发展格局，努力实现更高质量、更有效率、更加公平、更可持续、更为安全的发展，我们一定能战胜一切艰难险阻，赢得优势、赢得主动、赢得未来。

面向未来，我们有决心、有信心。沧海横流显砥柱，万山磅礴看主峰。2021年，我们党将迎来建党100周年，立志于中华民族千秋伟业，百年恰是风华正茂。从石库门到天安门，从兴业路到复兴路，中国共产党"让人民过上好日子"的信念始终不渝、从不动摇，"为中国人民谋幸福、为中华民族谋复兴"的初心坚如磐石、从未改变。在列强侵略时顽强抗争，在山河破碎时浴血奋战，在一穷二白时发愤图强，在时代发展中与时俱进……我们的党和人民经千难而前赴后继，历万险而锲而不舍，具有不屈不挠的意志和坚忍不拔的毅力，敢于压倒一切困难而不被任何困难所压倒。前进道路上，在中国共产党的坚强领导下，一切为了人民、紧紧依靠人民，以越是艰险越向前的精神奋勇搏击、迎难而上，敢于斗争、敢于胜利，我们一定能创造新的历史伟业。

山再高，往上攀，总能登顶；路再长，走下去，定能到达。今天，我们比历史上任何时期都更接近、更有信心和能力实现中华民族伟大复兴的目标。让我们更加紧密地团结在以习近平同志为核心的党中央周围，增强"四个意识"、坚定"四个自信"、做到"两个维护"，坚定站在历史正确的一边，沿着中国特色社会主义的康庄大道，朝着中华民族伟大复兴的目标奋勇向前，不断创造美好生活。没有任何力量能够阻挡中国人民和中华民族的前进步伐！

（2020年10月01日　02版）

树立新时代改革开放新标杆

——热烈祝贺深圳等经济特区建立四十周年

兴办经济特区,是我们党和国家为推进改革开放和社会主义现代化建设作出的重大决策。40年前,在改革开放大幕初启之际,党中央决定兴办深圳、珠海、汕头、厦门4个经济特区,实行特殊政策和灵活措施,发挥对全国改革开放和社会主义现代化建设的重要窗口和示范作用。深圳等经济特区从此一直走在我国改革开放最前沿,书写着激情燃烧的"春天的故事"。

因改革开放而生,因改革开放而兴,40年来深圳已成为一座充满魅力、动力、活力、创新力的国际化创新型城市,地区生产总值以年均20.7%的速度快速增长,2019年达到2.69万亿元,创造了世界工业化、城市化和现代化发展史上的奇迹。特别是党的十八大以来,深圳深入贯彻落实习近平总书记对广东、对深圳重要讲话和重要指示精神,肩负党中央赋予的"朝着建设中国特色社会主义先行示范区的方向前行,努力创建社会主义现代化强国的城市范例"的崇高使命,大胆探索、勇于创新,创造了新业绩、增创了新优势、迈上了新台阶。深圳是我国经济特区的一个鲜活缩影,40年来深圳等经济特区在建设中国特色社会主义伟大历史进程中谱写了勇立潮头、开拓进取的壮丽篇章,在体制改革中发挥了试验田作用,在对外开放中发挥了重要窗口作用,为全国改革开放和社会主义现代化建设作出了重大贡献。实践充分证明,党中央关于兴办经济特区的战略决策是完全正确的，在决胜全面建成小康社会、夺取新时代中国特色社会主义伟大胜利的征程上，经济特区不仅要继续办下去，而且要办得更好、办出水平。

深圳等经济特区取得的成就是改革开放以来我国实现历史性变革、取得历史性成就的一个生动展现。40多年来，从开启新时期到跨入新世纪，从站上新起点到进入新时代，我们党团结带领人民绘就了一幅波澜壮阔、气势恢宏的历史画卷，在富起来、强起来的征程上迈出了决定性的步伐。世界第二大经济体、制造业第一大国、货物贸易第一大国、商品消费第二大国、外资流入第二大国，外汇储备连续多年位居世界第一，对世界经济增长贡献率多年来超过30%……改革开放极大改变了中国的面貌、中华民族的面貌、中国人民的面貌、中国共产党的面貌，成为当代中国最显著的特征、最壮丽的气象。实践充分证明，改革开放是我们党和人民的一次伟大觉醒，是中华民族发展史上一次伟大革命；改革开放是党和人民大踏步赶上时代的重要法宝，是坚持和发展中国特色社会主义的必由之路，是决定当代中国命运的关键一招，也是决定实现"两个一百年"奋斗目标、实现中华民族伟大复兴的关键一招。

当今世界正经历百年未有之大变局，新冠肺炎疫情全球大流行使这个大变局加速变化，经济全球化遭遇逆流，我们将面对更多逆风逆水的外部环境。明年我国将进入"十四五"时期，开启全面建设社会主义现代化国家新征程，继续发展具有多方面优势和条件，但发展不平衡不充分问题仍然突出，改革已进入攻坚期和深水区，又到了一个新的历史关头，推进改革的复杂程度、敏感程度、艰巨程度不亚于40多年前。习近平总书记强调："越是环境复杂，我们越是要以更坚定的信心、更有力的措施把改革开放不断推向深入。"前进道路上，我们要科学分析形势、把握发展大势，坚持稳中求进工作总基调，坚持新发展理念，着力构建新发展格局，统筹国内国际两个大局,办好发展安全两件大事,在危机中育先机、于变局中开新局,为中国经济发展开辟新空间,为世界经济复苏和增长增添动力。要发挥好改革的突破和先导作用,保持勇往直前、风雨无阻的战略定力,推动更深层次改革,实行更高水平开放,破除发展瓶颈、汇聚发展优势、增强发展动力。新形势、新任务、新挑战赋予经济特区新的历史使命,深圳等经济特区要在推进伟大斗争、伟大工程、伟大事业、伟大梦想中寻找新的方位,把握好新的战略定位,继续成为我国改革开放的重要窗口、试验平台和开拓者、实干家,不断深化新认识、贡献新方案,为全国各地提供更多可复制可推广的经验,以昂扬的精神状态推动改革不停顿、开放不止步。

40年来,从蛇口"开山炮"的历史巨响、发出"空谈误国、实干兴邦""时间就是金钱、效率就是生命"的时代呼声,到一系列思想上、实践上的探索与创新,深圳等经济特区一次次破冰试水,始终引领我国改革开放风气之先。在新的历史起点上再出发,更加紧密地团结在以习近平同志为核心的党中央周围,坚定不移走中国特色社会主义道路,把改革开放的旗帜举得更高,敢闯敢试、敢为人先,逢山开路、遇水架桥,务实求新、攻坚克难,深圳等经济特区一定能树立新时代改革开放新标杆,中华民族一定能创造新的更大奇迹。

(2020年10月14日　01版)

大力弘扬伟大的抗美援朝精神

——纪念中国人民志愿军抗美援朝出国作战70周年

今年是中国人民志愿军抗美援朝出国作战70周年。站在"两个一百年"奋斗目标的历史交汇点上,重温中国人民志愿军建立的不朽历史功勋,致敬谱写了气壮山河英雄赞歌、创造了人类战争史上以弱胜强光辉典范的志愿军将士,大力弘扬伟大的抗美援朝精神,对于激励和动员全党全军全国各族人民在新时代新征程上披荆斩棘、奋勇前进,具有重大意义。

习近平总书记指出:"抗美援朝战争的胜利,是正义的胜利、和平的胜利、人民的胜利。"70年前发生的那场战争,是帝国主义侵略者强加给中国人民的。在美国悍然发动对朝鲜的全面战争,并不顾中国政府多次警告,把战火烧到了新生的中华人民共和国国土之上的危急关头,中国党和政府毅然作出抗美援朝、保家卫国的历史性决策,以大无畏的英雄气概果敢承担起保卫和平的历史使命。这是二战结束后第一场大规模的国际性局部战争,在极不对称、极为艰难的条件下,英雄的中国人民志愿军高举正义旗帜,同朝鲜人民和军队一道,历经两年零九个月舍生忘死的浴血奋战,赢得了抗美援朝战争伟大胜利。这是保卫和平、反抗侵略的正义之战,弘扬和光大了中国共产党和人民军队的革命精神,进一步锤炼了经过严酷战争洗礼的人民军队,打出了新中国的国威和人民军队军威,创造了惊天地、泣鬼神的战争奇迹。这是全国各族人民共同谱写的壮丽凯歌,充分体现了中华民族不畏强暴、维护世界和平的坚定决心和坚强力量,极大提高了我国国际地位，极大鼓舞了全世界被压迫民族和人民争取民族独立和人民解放的正义事业，极大推进了世界和平与人类进步事业。

鉴往事，知来者。抗美援朝战争胜利以来，中国发生了翻天覆地的变化。我们党团结带领全国各族人民发愤图强、艰苦创业，创造了举世瞩目的发展成就，成功开辟了中国特色社会主义道路，中国特色社会主义进入新时代，脱贫攻坚战、全面建成小康社会胜利在望，中华民族伟大复兴迎来了光明前景。当今世界正经历百年未有之大变局，我国正处于实现中华民族伟大复兴关键时期，我们党正团结带领人民进行具有许多新的历史特点的伟大斗争。纪念中国人民志愿军抗美援朝出国作战70周年，正是要以发展的思维、长远的眼光来审视历史、观察现实、思考未来，更好地汲取历史经验，从中获得现实和长远的教益，凝聚实现中华民族伟大复兴的强大力量。

中国人民志愿军的力量源泉及其获得胜利的根本原因，是抗美援朝战争的正义性。这场正义之战得到全世界爱好和平国家和人民的同情、支持和援助，最终正义之师赢得了战争胜利，打乱了帝国主义扩张势力范围的部署，维护了亚洲以及世界的和平。"我们的事业是正义的。正义的事业是任何敌人也攻不破的。"中国人民热爱和平、珍惜和平，把维护世界和平、反对霸权主义和强权政治作为自己的神圣职责，坚决反对动辄使用武力或以武力威胁处理国际争端，坚决反对打着所谓"民主""自由""人权"等幌子肆意干涉别国内政。前进道路上，我们要坚持中国共产党领导，坚持走中国特色社会主义道路，坚持以人民为中心的发展思想，坚定不移走和平发展道路，站在历史正确一边，站在国际道义一边，为决胜全面建成小康社会、夺取新时代中国特色社会主义伟大胜利、实现中国梦强军梦不懈奋斗，为维护世界和平、推动构建人类命运共同体作出更大贡献。

习近平总书记指出："抗美援朝战争锻造形成的伟大抗美援朝精神，是弥足珍贵的精神财富，必将激励中国人民和中华民族克服一切艰难险阻、战胜一切强大敌人。"伟大的抗美援朝精神，是中国共产党人和人民军队崇高风范的生动写照，是中华民族传统美德和民族品格的集中展示，是以爱国主义为核心的民族精神的具体体现。前进道路上，我们仍然会面临各种各样的风险挑战，会遇到各种各样的荆棘坎坷，要学好党史、新中国史、改革开放史、社会主义发展史，大力弘扬伟大的抗美援朝精神，牢记初心使命，坚定必胜信念，发扬斗争精神，增强斗争本领，以压倒一切困难而不为困难所压倒的决心和勇气，向第二个百年奋斗目标进军。

抗美援朝战争的伟大胜利启示我们：一个觉醒了的、敢于为祖国光荣、独立和安全而奋起战斗的民族是不可战胜的。任何人任何势力企图通过霸凌手段把他们的意志强加给中国、改变中国的前进方向、阻挠中国人民创造自己美好生活的努力，中国人民都绝不答应。奋进新时代、开启新征程，让我们更加紧密地团结在以习近平同志为核心的党中央周围，增强"四个意识"、坚定"四个自信"、做到"两个维护"，万众一心、攻坚克难，风雨无阻向前进。历史必将证明，中华民族走向伟大复兴的历史脚步不可阻挡！

（2020年10月23日　01版）

奋力夺取全面建设社会主义现代化国家新胜利

金秋时节，中国共产党第十九届中央委员会第五次全体会议胜利举行。全会听取和讨论了习近平总书记受中央政治局委托作的工作报告，充分肯定党的十九届四中全会以来中央政治局的工作。全会审议通过了《中共中央关于制定国民经济和社会发展第十四个五年规划和二〇三五年远景目标的建议》，这是夺取全面建设社会主义现代化国家新胜利的纲领性文件。

在"两个一百年"奋斗目标的历史交汇点上，党的十九届五中全会重点研究"十四五"规划问题并提出建议，将"十四五"规划与2035年远景目标统筹考虑，对动员和激励全党全国各族人民战胜前进道路上各种风险挑战，为全面建设社会主义现代化国家开好局、起好步，具有十分重要的意义。全会通过的《建议》，坚持立足国内和全球视野相统筹，坚持问题导向和目标导向相统一，坚持中长期目标和短期目标相贯通，坚持全面规划和突出重点相协调，做好"两个一百年"奋斗目标有机衔接，明确"十四五"时期经济社会发展的基本思路、主要目标以及2035年远景目标，突出新发展理念的引领作用，提出一批具有标志性的重大战略，实施富有前瞻性、全局性、基础性、针对性的重大举措，统筹谋划好重要领域的接续改革，必将为实现第二个百年奋斗目标、实现中华民族伟大复兴的中国梦奠定坚实基础。

"十三五"时期是全面建成小康社会决胜阶段。面对纷繁复杂的国内外形势特别是新冠肺炎疫情严重冲击，以习近平同志为核心的党中央不忘初心、牢记使命，团结带领全党全国各族人民砥砺前行、开拓创新，奋发有为推进党和国家各项事业，决胜全面建成小康社会取得决定性成就，全面深化改革取得重大突破，全面依法治国取得重大进展，全面从严治党取得重大成果，国家治理体系和治理能力现代化加快推进，中国共产党领导和我国社会主义制度优势进一步彰显。经过"十三五"时期的发展，我国经济实力、科技实力、综合国力跃上新的大台阶，"十三五"规划目标任务即将完成，全面建成小康社会胜利在望，中华民族伟大复兴向前迈出了新的一大步，社会主义中国以更加雄伟的身姿屹立于世界东方。

当前和今后一个时期，我国发展仍然处于重要战略机遇期，但机遇和挑战都有新的发展变化。"十四五"时期是我国在全面建成小康社会、实现第一个百年奋斗目标之后，乘势而上开启全面建设社会主义现代化国家新征程、向第二个百年奋斗目标进军的第一个五年。全党要统筹中华民族伟大复兴战略全局和世界百年未有之大变局，深刻认识我国社会主要矛盾变化带来的新特征新要求，深刻认识错综复杂的国际环境带来的新矛盾新挑战，增强机遇意识和风险意识，立足社会主义初级阶段基本国情，保持战略定力，办好自己的事，认识和把握发展规律，发扬斗争精神，树立底线思维，准确识变、科学应变、主动求变，善于在危机中育先机、于变局中开新局，抓住机遇，应对挑战，趋利避害，奋勇前进。

党的十九大对实现第二个百年奋斗目标作出分两个阶段推进的战略安排，即到2035年基本实现社会主义现代化，到本世纪中叶把我国建成富强民主文明和谐美丽的社会主义现代化强国。这次全会锚定2035年远景目标，综合考虑未来一个时期国内外发展趋势和我国发展条件，对"十四五"时期我国发展作出系统谋划和战略部署。我们要全面贯彻党的基本理论、基本路线、基本方略，统筹推进经济建设、政治建设、文化建设、社会建设、生态文明建设的总体布局，协调推进全面建设社会主义现代化国家、全面深化改革、全面依法治国、全面从严治党的战略布局，坚定不移贯彻创新、协调、绿色、开放、共享的新发展理念，坚持稳中求进工作总基调，以推动高质量发展为主题，以深化供给侧结构性改革为主线，以改革创新为根本动力，以满足人民日益增长的美好生活需要为根本目的，统筹发展和安全，加快建设现代化经济体系，加快构建以国内大循环为主体、国内国际双循环相互促进的新发展格局，推进国家治理体系和治理能力现代化，实现经济行稳致远、社会安定和谐，奋力夺取全面建设社会主义现代化国家新胜利。

推动"十四五"时期经济社会发展，必须坚持党的全面领导，为实现高质量发展提供根本保证；坚持以人民为中心，不断实现人民对美好生活的向往；坚持新发展理念，实现更高质量、更有效率、更加公平、更可持续、更为安全的发展；坚持深化改革开放，持续增强发展动力和活力；坚持系统观念，实现发展质量、结构、规模、速度、效益、安全相统一。奋进新时代、开启新征程，我们要牢记初心使命、勇于担当作为、善于攻坚克难，努力实现经济发展取得新成效、改革开放迈出新步伐、社会文明程度得到新提高、生态文明建设实现新进步、民生福祉达到新水平、国家治理效能得到新提升的主要目标。

"大鹏一日同风起，扶摇直上九万里。"实现"十四五"规划和2035年远景目标，意义重大，任务艰巨，前景光明。前进道路上，我国有独特的政治优势、制度优势、发展优势和机遇优势，经济社会发展依然有诸多有利条件，我们完全有信心、有底气、有能力谱写"两大奇迹"新篇章。让我们更加紧密地团结在以习近平同志为核心的党中央周围，增强"四个意识"、坚定"四个自信"、做到"两个维护"，同心同德，顽强奋斗，在全面建设社会主义现代化国家的新征程上创造新的历史伟业！

（2020年10月30日　02版）

勇当新时代改革开放排头兵

——热烈祝贺浦东开发开放三十周年

开发开放上海浦东,是我们党在改革开放和社会主义现代化建设关键时期作出的一项重大决策。1990年,面对风云变幻的国际环境,党中央审时度势、高瞻远瞩,宣布开发开放上海浦东,向世界宣示中国坚定不移推动改革开放的决心和信心,掀开了我国全面深化改革开放新的历史篇章。

习近平总书记指出:"改革开放是党和人民大踏步赶上时代的重要法宝,是坚持和发展中国特色社会主义的必由之路,是决定当代中国命运的关键一招,也是决定实现'两个一百年'奋斗目标、实现中华民族伟大复兴的关键一招"。浦东开发开放的生动实践是我国改革开放和社会主义现代化建设的一个缩影。今年是浦东开发开放30周年。"因改革开放而生,因改革开放而兴",30年来浦东在一片农田上建起了一座功能集聚、要素齐全、设施先进的现代化新城,形成了高水平的对外开放体系、充满活力的区域创新体系、现代化的产业体系、健全的民生保障体系。"浦东发展的意义在于窗口作用、示范意义,在于敢闯敢试、先行先试,在于排头兵的作用。"30年来,浦东坚持以改革促开放、以开放促开发,与时俱进开展创新探索,在建设中国特色社会主义伟大历史进程中谱写了勇立潮头、开拓进取的壮丽篇章,成为深刻回答中国共产党为什么"能"、马克思主义为什么"行"、中国特色社会主义为什么"好"的一个重要范例,成为我国改革开放的一面旗帜。

当今世界正经历百年未有之大变局，我国正处于实现中华民族伟大复兴的关键时期，外部环境出现更多不稳定性不确定性。"十四五"时期我国将进入新发展阶段，这是全面建设社会主义现代化国家、向第二个百年奋斗目标进军的阶段，在我国发展进程中具有里程碑意义。当前，改革又到了一个新的历史关头，很多都是前所未有的新问题，推进改革的复杂程度、敏感程度、艰巨程度不亚于40多年前。党的十九届五中全会从党和国家事业发展全局出发，把握世界大势和发展规律，对"十四五"时期我国发展作出系统谋划和战略部署，描绘了我国进入新发展阶段的发展蓝图，为今后5年乃至更长时期我国经济社会发展确立了行动指南。我们要深入学习贯彻党的十九届五中全会精神，统筹中华民族伟大复兴战略全局和世界百年未有之大变局，增强机遇意识和风险意识，保持战略定力，办好自己的事，以一往无前的奋斗姿态、风雨无阻的精神状态，坚定不移推进改革，坚定不移扩大开放，为全面建设社会主义现代化国家开好局、起好步。

"改革不停顿，开放不止步"。习近平总书记强调要"推动浦东高水平改革开放"，深刻指出"支持浦东在改革系统集成协同高效、高水平制度型开放、增强配置全球资源能力、提升城市现代化治理水平等方面先行先试、积极探索、创造经验，对上海以及长三角一体化高质量发展乃至我国社会主义现代化建设具有战略意义"。上海承担着"继续当好全国改革开放排头兵、创新发展先行者，勇于挑最重的担子、啃最难啃的骨头，发挥开路先锋、示范引领、突破攻坚的作用，为全国改革发展作出更大贡献"的光荣使命，浦东更加重任在肩，更应大有作为。前进道路上，要从我国进入新发展阶段大局出发，坚定不移贯彻落实新发展理念，紧扣推动高质量发展、构建新发展格局，勇当新时代改革开放排头兵，以更坚定的信心、更有力的措施把改革开放不断推向深入，为全国的改革开放探索新路、积累经验、提供示范，为全面建设社会主义现代化国家、实现第二个百年奋斗目标作出新的更大的贡献。

"雄关漫道真如铁，而今迈步从头越。"三十而立，浦东站上新的历史起点。新时代改革开放再出发，继续敢闯敢试、敢为人先，逢山开路、遇水架桥，永葆"闯"的精神、"创"的劲头、"干"的作风，将改革开放进行到底，浦东就一定能创造开发开放的新奇迹。

（2020年11月12日　01版）

大力弘扬劳模精神

劳动是推动人类社会进步的根本力量。正是因为劳动创造，我们拥有了历史的辉煌；也正是因为劳动创造，我们拥有了今天的成就。

党的十八大以来，面对错综复杂的国际形势、艰巨繁重的国内改革发展稳定任务，以习近平同志为核心的党中央团结带领全党全国各族人民砥砺前行、开拓创新，奋发有为推进党和国家各项事业，战胜各种风险挑战，决胜全面建成小康社会取得决定性成就，脱贫攻坚成果举世瞩目，新冠肺炎疫情防控取得重大战略成果，中华民族伟大复兴向前迈出了新的一大步，社会主义中国以更加雄伟的身姿屹立于世界东方。在这一伟大实践中，各行各业涌现出一大批爱岗敬业、锐意创新、勇于担当、无私奉献的先进模范人物，他们是工人阶级和广大劳动群众的优秀代表、时代楷模，是共和国的功臣。前不久，2020年全国劳动模范和先进工作者拟表彰人选公示受到广泛关注，体现了全社会对劳动价值的认同、对先进模范的尊崇。劳动模范和先进工作者以自身的模范行动和崇高品质，生动诠释了中国人民具有的伟大创造精神、伟大奋斗精神、伟大团结精神、伟大梦想精神，充分彰显了以爱国主义为核心的民族精神和以改革创新为核心的时代精神。

习近平总书记指出："人民创造历史，劳动开创未来。"当今世界正经历百年未有之大变局，我国正处于实现中华民族伟大复兴的关键时期。

"十四五"时期我国将进入新发展阶段,这是全面建设社会主义现代化国家、向第二个百年奋斗目标进军的阶段,在我国发展进程中具有里程碑意义。党的十九届五中全会擘画了我国进入新发展阶段的宏伟蓝图,确立了今后5年乃至更长时期我国经济社会发展的行动指南。实现宏伟蓝图,归根到底要靠劳动创造。奋进新时代、开启新征程,必须紧紧依靠人民、始终为了人民,必须依靠辛勤劳动、诚实劳动、创造性劳动,为夺取全面建设社会主义现代化国家新胜利汇聚强大正能量。全党全国各族人民要大力弘扬劳模精神、劳动精神、工匠精神,再接再厉、一鼓作气,确保如期打赢脱贫攻坚战,确保如期全面建成小康社会、实现第一个百年奋斗目标,为开启全面建设社会主义现代化国家新征程奠定坚实基础。

"空谈误国,实干兴邦",实干首先就要脚踏实地劳动。在当代中国,工人阶级和广大劳动群众始终是推动我国经济社会发展、维护社会安定团结的根本力量。面向未来,无论时代条件如何变化,我们始终都要崇尚劳动、尊重劳动者,始终重视发挥工人阶级和广大劳动群众的主力军作用。要贯彻尊重劳动、尊重知识、尊重人才、尊重创造方针,建设知识型、技能型、创新型劳动者大军,推动全社会热爱劳动、投身劳动、爱岗敬业,激励全国各族人民积极投身经济社会发展的火热实践,为改革开放和社会主义现代化建设贡献智慧和力量。广大劳动模范和先进工作者要在各自岗位上拼搏奋斗,用干劲、闯劲、钻劲鼓舞更多的人,让勤奋做事、勤勉为人、勤劳致富在全社会蔚然成风,激励广大劳动群众争做新时代的奋斗者。要尊重人民群众首创精神,维护和发展劳动者的利益,保障劳动者的权利,排除阻碍劳动者参与发展、分享发展成果的障碍,努力让劳动者实现体面劳动、全面发展。

劳动最光荣、劳动最崇高、劳动最伟大、劳动最美丽。让我们更加紧密地团结在以习近平同志为核心的党中央周围，增强"四个意识"、坚定"四个自信"、做到"两个维护"，大力弘扬劳模精神、劳动精神、工匠精神，同心同德、顽强奋斗、不畏险阻、勇毅前行，通过诚实劳动、勤勉工作创造更加幸福美好的生活，在全面建设社会主义现代化国家新征程上创造新的更大奇迹。

（2020年11月24日　01版）

加快构建新发展格局 为"十四五"开好局

刚刚闭幕的中央经济工作会议,是党的十九届五中全会之后中央召开的一次重要会议。会议认真总结今年经济工作,深入分析当前经济形势,全面部署明年经济工作,对于我们统一思想、深化认识、真抓实干,为"十四五"开好局,具有重大而深远的意义。

今年是新中国历史上极不平凡的一年。面对严峻复杂的国际形势、艰巨繁重的国内改革发展稳定任务特别是新冠肺炎疫情的严重冲击,我们保持战略定力,准确判断形势,精心谋划部署,果断采取行动,付出艰苦努力,交出了一份人民满意、世界瞩目、可以载入史册的答卷。我国成为全球唯一实现经济正增长的主要经济体,三大攻坚战取得决定性成就,科技创新取得重大进展,改革开放实现重要突破,民生得到有力保障,"十三五"规划主要目标任务即将完成,全面建成小康社会胜利在望,中华民族伟大复兴向前迈出了新的一大步。

在统筹国内国际两个大局、统筹疫情防控和经济社会发展的实践中,我们深化了对在严峻挑战下做好经济工作的规律性认识:党中央权威是危难时刻全党全国各族人民迎难而上的根本依靠,人民至上是作出正确抉择的根本前提,制度优势是形成共克时艰磅礴力量的根本保障,科学决策和创造性应对是化危为机的根本方法,科技自立自强是促进发展大局的根本支撑。

明年是我国现代化建设进程中具有特殊重要性的一年,"十四五"开局，全面建设社会主义现代化国家新征程开启，做好经济工作意义重大。要以习近平新时代中国特色社会主义思想为指导，全面贯彻党的十九大和十九届二中、三中、四中、五中全会精神，坚持稳中求进工作总基调，立足新发展阶段，贯彻新发展理念，构建新发展格局，以推动高质量发展为主题，以深化供给侧结构性改革为主线，以改革创新为根本动力，以满足人民日益增长的美好生活需要为根本目的，坚持系统观念，巩固拓展疫情防控和经济社会发展成果，更好统筹发展和安全，扎实做好"六稳"工作、全面落实"六保"任务，科学精准实施宏观政策，努力保持经济运行在合理区间，坚持扩大内需战略，强化科技战略支撑，扩大高水平对外开放，确保"十四五"开好局，以优异成绩庆祝建党100周年。

受新冠肺炎疫情严重冲击，今年世界经济陷入严重衰退。面对复杂严峻的外部环境，关键是要办好自己的事。要保持宏观政策连续性、稳定性、可持续性，保持对经济恢复的必要支持力度，政策操作上要更加精准有效，积极的财政政策要提质增效、更可持续，稳健的货币政策要灵活精准、合理适度。要紧紧扭住供给侧结构性改革，同时注重需求侧管理，打通堵点，补齐短板，贯通生产、分配、流通、消费各环节，形成需求牵引供给、供给创造需求的更高水平动态平衡，提升国民经济体系整体效能。

做好经济工作，要善于把握关键、明确重点。明年经济工作要围绕构建新发展格局来展开。要强化国家战略科技力量，充分发挥国家作为重大科技创新组织者的作用，坚持战略性需求导向，确定科技创新方向和重点。要增强产业链供应链自主可控能力，产业链供应链安全稳定是构建新发展格局的基础，必须在关系国计民生和国家经济命脉的重点产业领域形成完整而有韧性的产业链供应链。要坚持扩大内需这个战略基点，形成强大国内市场是构建新发展格局的重要支撑，要在合理引导消费、储蓄、投资等方面进行有效制度安排，以高质量供给提高居民消费能力和意愿，增强投资增长后劲。要全面推进改革开放，构建新发展格局，必须构建高水平社会主义市场经济体制，实行高水平对外开放，推动改革和开放相互促进。要解决好种子和耕地问题，抓住保障粮食安全的要害，确保粮食生产稳定发展。要强化反垄断和防止资本无序扩张，支持平台企业创新发展、增强国际竞争力，同时要依法规范发展，健全数字规则。要解决好大城市住房突出问题，加快完善长租房政策，坚持房子是用来住的、不是用来炒的定位，因地制宜、多策并举，加强保障性租赁住房建设，促进房地产市场平稳健康发展。要为实现碳达峰、碳中和目标坚持不懈努力，加快调整优化产业结构、能源结构。要对全面建成小康社会进行系统评估和总结，巩固拓展脱贫攻坚成果，做好同乡村振兴的有效衔接。

适应新发展阶段、贯彻新发展理念、构建新发展格局，必须加强党对经济工作的全面领导。各地区各部门要增强政治意识，提高政治站位，重视从讲政治的高度做经济工作，要提高专业化能力，努力成为领导构建新发展格局的行家里手。

一分部署、九分落实。明年经济工作任务十分繁重，让我们更加紧密地团结在以习近平同志为核心的党中央周围，齐心协力、开拓进取，以优异成绩迎接建党100周年，为全面建设社会主义现代化国家、实现中华民族伟大复兴的中国梦不懈奋斗。

（2020年12月19日　01版）

真抓实干做好新阶段"三农"工作

全面建设社会主义现代化国家,实现中华民族伟大复兴,最艰巨最繁重的任务依然在农村,最广泛最深厚的基础依然在农村。明年我国将进入"十四五"时期,开启全面建设社会主义现代化国家新征程。在这个重要历史交汇点,召开中央农村工作会议,时机重要,意义重大,正是要向全党全社会发出明确信号:"三农"工作仍然极端重要,须臾不可放松,务必抓紧抓实。

习近平总书记在会上发表重要讲话,全面总结党的十八大以来"三农"工作取得的巨大成就,深刻阐述做好新发展阶段"三农"工作的重大问题,从党和国家全局出发对巩固拓展脱贫攻坚成果、全面推进乡村振兴、加快农业农村现代化作出重大部署,对于全党充分认识新发展阶段做好"三农"工作的重要性和紧迫性,坚持把解决好"三农"问题作为全党工作重中之重,举全党全社会之力推动乡村振兴,促进农业高质高效、乡村宜居宜业、农民富裕富足,具有重大而深远的意义。

党的十八大以来,以习近平同志为核心的党中央把脱贫攻坚作为全面建成小康社会的标志性工程,组织推进人类历史上规模空前、力度最大、惠及人口最多的脱贫攻坚战,启动实施乡村振兴战略,推动农业农村取得历史性成就、发生历史性变革。农业综合生产能力上了大台阶,粮食产量连续6年稳定在1.3万亿斤以上,农民收入较2010年翻一番多,农村民生显著改善,乡村面貌焕然一新。贫困地区发生翻天覆地的变化,解决困扰中华民族几千年的绝对贫困问题取得历史性成就，为全面建成小康社会作出了重大贡献，为开启全面建设社会主义现代化国家新征程奠定了坚实基础。

"十四五"时期，我国将进入新发展阶段，面临的国内外环境发生深刻复杂变化。在向第二个百年奋斗目标迈进的历史关口，在脱贫攻坚目标任务已经完成的形势下，在新冠肺炎疫情加剧世界动荡变革的特殊时刻，巩固拓展脱贫攻坚成果，全面推进乡村振兴，加快农业农村现代化，是需要全党高度重视的一个关系大局的重大问题。全党同志必须深刻认识到，民族要复兴，乡村必振兴。尽管"三农"工作取得了显著成就，但农业基础还不稳固，城乡发展不平衡、农村发展不充分仍是社会主要矛盾的集中体现。外部环境出现更多不稳定性不确定性，稳住农业基本盘、守好"三农"基础是应变局、开新局的"压舱石"。必须加强党对"三农"工作的全面领导，健全党领导农村工作的组织体系、制度体系、工作机制，提高新时代党全面领导农村工作的能力和水平。各级领导干部要胸怀中华民族伟大复兴战略全局和世界百年未有之大变局，凝心聚力、真抓实干，做好新发展阶段"三农"工作，努力实现农业高质高效、乡村宜居宜业、农民富裕富足。

经过几十年特别是近8年持续奋斗，我们如期完成脱贫攻坚目标任务，取得了令全世界刮目相看的重大胜利。现在，我们的使命就是全面推进乡村振兴，这是"三农"工作重心的历史性转移。做好新发展阶段"三农"工作，要巩固拓展脱贫攻坚成果，做好同乡村振兴有效衔接，健全防止返贫动态监测和帮扶机制，确保过渡期内各项政策平稳过渡，接续推进脱贫摘帽地区乡村振兴。要牢牢把住粮食安全主动权，扛起粮食安全的政治责任，落实最严格的耕地保护制度，严防死守18亿亩耕地红线，建设高标准农田，坚持农业科技自立自强，加快推进农业关键核心技术攻关，调动农民种粮积极性，稳定和加强种粮农民补贴。要全面推进乡村振兴落地见效，加快发展乡村产业，加强社会主义精神文明建设，加强农村生态文明建设，深化农村改革，实施乡村建设行动，推动城乡融合发展见实效，加强和改进乡村治理。

  明年是实施"十四五"规划、开启全面建设社会主义现代化国家新征程的第一年，也是我们党成立100周年。所有工作都要围绕开好局、起好步来展开。让我们更加紧密地团结在以习近平同志为核心的党中央周围，增强"四个意识"、坚定"四个自信"、做到"两个维护"，齐心协力、开拓进取，以优异成绩庆祝建党100周年，为全面建设社会主义现代化国家、实现中华民族伟大复兴的中国梦不懈奋斗。

（2020年12月30日　01版）

乘势而上开启新的伟大征程

——元旦献词

日月其迈，岁律更新。历史翻开新的一页，我们迎来新的一年。

刚刚过去的2020年，世纪疫情和百年变局交织，严峻挑战和重大困难并存，在新中国历史上、中华民族历史上、人类历史上都极不寻常。在泰山压顶的危难时刻，以习近平同志为核心的党中央高瞻远瞩、审时度势，团结带领全党全国各族人民迎难而上、攻坚克难，在这极不寻常的年份创造了极不寻常的辉煌，交出了一份人民满意、世界瞩目、可以载入史册的答卷，广大党员干部斗争本领得到锤炼，全国各族人民精神面貌更加奋发昂扬！

这一年，我们坚持人民至上、生命至上，进行一场惊心动魄的抗疫大战，经受一场艰苦卓绝的历史大考，取得抗疫斗争重大战略成果，创造了人类同疾病斗争史上又一个英勇壮举。

这一年，我们统筹疫情防控和经济社会发展，率先控制疫情，率先复工复产，率先实现经济增长由负转正，成为全球唯一实现经济正增长的主要经济体，显示出强大抗风险能力、顽强韧性和显著制度优势。

这一年，我们以不获全胜决不收兵的劲头，一鼓作气，决战决胜，如期完成新时代脱贫攻坚目标任务，现行标准下农村贫困人口全部脱贫，贫困县全部摘帽，历史性解决困扰中华民族几千年的绝对贫困问题，创造了人类减贫史上的奇迹。

经过艰苦努力，"十三五"规划圆满收官，我国经济实力、科技实力、综合国力和人民生活水平又跃上新的大台阶，全面建成小康社会胜利在望，中华民族伟大复兴向前迈出了新的一大步，社会主义中国以更加雄伟的身姿屹立于世界东方。

风雨中坚如磐石，大战前运筹帷幄，以习近平同志为核心的党中央在领导全党全国各族人民战胜史所罕见的风险挑战、奋力推进新时代中国特色社会主义事业中发挥了决定性作用。实践再次证明，党中央权威是危难时刻全党全国各族人民迎难而上的根本依靠，坚定维护习近平总书记党中央的核心、全党的核心地位，坚定维护党中央权威和集中统一领导，是决胜全面建成小康社会、夺取全面建设社会主义现代化国家新胜利的根本保证。习近平新时代中国特色社会主义思想是新时代中国共产党的思想旗帜和精神旗帜，是推动新时代党和国家事业不断向前发展的科学指南。前进道路上，有习近平总书记作为党中央的核心、全党的核心领航掌舵，有习近平新时代中国特色社会主义思想的科学指引，全党全国各族人民团结一心、顽强奋斗，就一定能够战胜各种艰难险阻，在新时代把中国特色社会主义更加有力地推向前进。

重要的时间节点是我们奋斗的坐标。2021年在我国现代化建设进程中具有特殊重要性，我们党将以优异成绩庆祝建党100周年，在新时代的长征路上，继续团结带领亿万人民为完成党的历史使命而奋斗。

这是新的伟大征程：在"两个一百年"奋斗目标的历史交汇期，我们要在全面建成惠及14亿人口的更高水平的小康社会基础上，开启全面建设社会主义现代化国家新征程，向第二个百年奋斗目标进军。

这是新的宏伟蓝图：党的十九届五中全会确立了今后5年乃至更长时期我国经济社会发展的行动指南，展现了"新成效""新步伐""新提高""新进步""新水平""新提升"的崭新画卷，召唤我们激情燃烧、倾情书写。

这是新的壮丽开局："十四五"大幕初启，我们进入新发展阶段，是中华民族伟大复兴历史进程的大跨越，是实现新的更大发展的关键时期，在我国发展进程中具有里程碑意义。为"十四五"开好局，关系全面建设社会主义现代化国家全局，具有决定性影响。

从全面建成小康社会到基本实现现代化，再到全面建成社会主义现代化强国，是新时代中国特色社会主义发展的战略安排，是中华民族实现伟大复兴的历史大势，是我们的光荣使命和神圣责任。开启新征程、扬帆再出发，我们深知越是接近民族复兴越不会一帆风顺，越充满风险挑战乃至惊涛骇浪。我们更懂得，近代以后中华民族被各种内忧外患耽误的时间太久，经历的磨难、付出的牺牲太多，必须以超乎寻常的紧迫感和责任感，只争朝夕，不负韶华，矢志不渝向着实现中华民族伟大复兴的光辉目标进发！

同时间赛跑、同历史并进，时与势依然在我。我们要以习近平新时代中国特色社会主义思想为指导，胸怀中华民族伟大复兴战略全局和世界百年未有之大变局，强化机遇意识和风险意识，坚持系统观念，坚定必胜信心，立足新发展阶段、贯彻新发展理念、构建新发展格局，统筹发展和安全，办好自己的事，以一往无前的奋斗姿态、风雨无阻的精神状态，乘势而上开启新的伟大征程。

乘势而上开启新的伟大征程，要坚持党的全面领导。党的领导是做好党和国家各项工作的根本保证，是战胜一切困难和风险的"定海神针"。风雨来袭时，中国共产党是中国人民最可靠的主心骨。重大历史关头，重大考验面前，党中央的判断力、决策力、行动力具有决定性作用。只要毫不动摇坚持和加强党的全面领导，把全面从严治党引向深入，不断提高党的执政能力和领导水平，不断增强党的政治领导力、思想引领力、群众组织力、社会号召力，就一定能铸就新的历史伟业。

乘势而上开启新的伟大征程，要紧紧依靠人民、一切为了人民。人民是历史的创造者，是决定党和国家前途命运的根本力量。中国人民具有不屈不挠的意志力，是战胜前进道路上一切艰难险阻的力量源泉。只要心里始终装着人民，始终把人民利益放在最高位置，保持党同人民群众的血肉联系，不断增强人民群众的获得感、幸福感、安全感，激发广大人民顽强不屈的意志和坚忍不拔的毅力，就一定能创造新的时代辉煌。

乘势而上开启新的伟大征程，要充分发挥社会主义制度优势。制度优势是形成共克时艰磅礴力量的根本保障，我国社会主义制度具有非凡的组织动员能力、统筹协调能力、贯彻执行能力，能够充分发挥集中力量办大事、办难事、办急事的独特优势。只要坚持和完善中国特色社会主义制度、推进国家治理体系和治理能力现代化，善于运用制度力量应对风险挑战冲击，就一定能够发挥出攻坚克难、推动事业发展的强大能量。

乘势而上开启新的伟大征程，要全面推进改革开放。改革开放是坚持和发展中国特色社会主义、实现中华民族伟大复兴的必由之路。习近平总书记强调，"在整个社会主义现代化进程中，我们都要高举改革开放的旗帜，决不能有丝毫动摇"。只要用好改革开放这个决定当代中国命运的关键一招，以更大勇气、更多举措破除深层次体制机制障碍，把科技自立自强作为国家发展的战略支撑，永葆"闯"的精神、"创"的劲头、"干"的作风，推动实现更高质量、更有效率、更加公平、更可持续、更为安全的发展，实行更高水平开放，坚定站在历史正确的一边，高举构建人类命运共同体旗帜，坚定不移维护和引领经济全球化，就一定能创造新的更大奇迹。

乘势而上开启新的伟大征程，要发扬斗争精神。中国共产党和中国人民是在斗争中成长和壮大起来的，前进道路上面临的重大斗争不会少，必须以越是艰险越向前的精神奋勇搏击、迎难而上。只要树立底线思维，坚定斗争意志，骨头要硬，敢于出击，敢战能胜，准确识变、科学应变、主动求变，善于在危机中育先机、于变局中开新局，就一定能在抗击大风险中创造出大机遇，不断夺取伟大斗争新胜利。

大风泱泱，大潮滂滂。百年大党初心如磐，亿万人民使命在肩。时间属于奋进者！历史属于奋进者！更加紧密地团结在以习近平同志为核心的党中央周围，增强"四个意识"、坚定"四个自信"、做到"两个维护"，加满油，把稳舵，鼓足劲，以奋斗创造历史，用实干成就未来，承载伟大梦想的中国号巨轮一定能无惧风雨、劈波斩浪、勇往直前，我们一定能继续在人类的伟大时间历史中创造中华民族的伟大历史时间！

（2021年01月01日　03版）

让广大农民过上更加美好的生活

在向第二个百年奋斗目标迈进的历史关口,巩固拓展脱贫攻坚成果,全面推进乡村振兴,加快农业农村现代化,是一个关系大局的重大问题。新春伊始,中共中央、国务院公开发布《关于全面推进乡村振兴加快农业农村现代化的意见》。这是新世纪以来,党中央连续发出的第十八个"一号文件"。今年的"一号文件"围绕准确把握新发展阶段、深入贯彻新发展理念、加快构建新发展格局,对全面推进乡村振兴、加快农业农村现代化作出重大部署,对于我们扎实做好新发展阶段"三农"工作,促进农业高质高效、乡村宜居宜业、农民富裕富足,具有重大指导意义。

"十三五"时期,在以习近平同志为核心的党中央坚强领导下,我国现代农业建设取得重大进展,乡村振兴实现良好开局。粮食产量连续保持在1.3万亿斤以上,农民人均收入较2010年翻一番多。新时代脱贫攻坚目标任务如期完成,消除了绝对贫困和区域性整体贫困,创造了人类减贫史上的奇迹。农村人居环境明显改善,农村改革向纵深推进,农村社会保持和谐稳定,农村即将同步实现全面建成小康社会目标。农业农村发展取得新的历史性成就,为党和国家战胜各种艰难险阻、稳定经济社会发展大局,发挥了"压舱石"作用。实践充分证明,以习近平同志为核心的党中央驰而不息重农强农的战略决策完全正确,党的"三农"政策得到亿万农民衷心拥护。

习近平总书记指出:"全面建设社会主义现代化国家,实现中华民族伟大复兴,最艰巨最繁重的任务依然在农村,最广泛最深厚的基础依然在农村。"必须深刻认识到,解决好发展不平衡不充分的问题,重点难点在"三农",迫切需要补齐农业农村短板弱项,推动城乡协调发展;构建新发展格局,潜力后劲在"三农",迫切需要扩大农村需求,畅通城乡经济循环;应对国内外各种风险挑战,基础支撑在"三农",迫切需要稳住农业基本盘,守好"三农"基础。新发展阶段"三农"工作依然极端重要,须臾不可放松,务必抓紧抓实。全党务必充分认识新发展阶段做好"三农"工作的重要性和紧迫性,坚持把解决好"三农"问题作为全党工作重中之重,把全面推进乡村振兴作为实现中华民族伟大复兴的一项重大任务,举全党全社会之力加快农业农村现代化,让广大农民过上更加美好的生活。

民族要复兴,乡村必振兴。脱贫攻坚取得胜利后,要全面推进乡村振兴,这是"三农"工作重心的历史性转移。我们要贯彻落实"一号文件"精神,开拓进取,真抓实干,努力开创"三农"工作新局面。要实现巩固拓展脱贫攻坚成果同乡村振兴有效衔接,设立衔接过渡期,确保过渡期内各项政策平稳过渡,持续巩固拓展脱贫攻坚成果,健全防止返贫动态监测和帮扶机制,接续推进脱贫地区乡村振兴,加强农村低收入人口常态化帮扶,确保不出现规模性返贫。要加快推进农业现代化,提升粮食和重要农产品供给保障能力,实行粮食安全党政同责,确保粮食播种面积和产量不下降。打好种业翻身仗,采取"长牙齿"的措施,落实最严格的耕地保护制度,坚决守住18亿亩耕地红线,加强高标准农田建设,强化现代农业科技和物质装备支撑,构建现代乡村产业体系,推进农业绿色发展,推进现代农业经营体系建设。要大力实施乡村建设行动,加快推进村庄规划工作,加强乡村公共基础设施建设,实施农村人居环境整治提升五年行动,提升农村基本公共服务水平,全面促进农村消费,加快县域内城乡融合发展，强化农业农村优先发展投入保障，深入推进农村改革。要加强党对"三农"工作的全面领导，强化五级书记抓乡村振兴的工作机制，加强党委农村工作领导小组和工作机构建设，加强党的农村基层组织建设和乡村治理，加强新时代农村精神文明建设，健全乡村振兴考核落实机制。

今年是实施"十四五"规划、开启全面建设社会主义现代化国家新征程的第一年，所有工作都要围绕开好局、起好步来展开。坚持以习近平新时代中国特色社会主义思想为指导，坚定不移贯彻新发展理念，走中国特色社会主义乡村振兴道路，汇聚更强大的力量，采取更有力的举措，全面推进乡村振兴，加快农业农村现代化，我们就一定能以优异成绩庆祝建党100周年，为全面建设社会主义现代化国家开好局、起好步提供有力支撑。

（2021年02月22日　01版）

为"十四五"开好局起好步凝心聚力

——热烈祝贺全国政协十三届四次会议开幕

阳春布德泽，万物生光辉。今天，全国政协十三届四次会议在京开幕。沐浴着明媚春光，肩负着殷殷重托，来自34个界别的2000多名全国政协委员齐聚北京、共商国是。我们向大会的召开表示热烈祝贺！

2020年是新中国历史上极不平凡的一年。回顾这一年，征途充满艰辛，奋斗成果显著。面对严峻复杂的形势任务、前所未有的风险挑战，以习近平同志为核心的党中央团结带领全党全国各族人民齐心协力、迎难而上，统筹疫情防控和经济社会发展，统筹深化改革开放和应对外部压力，统筹抓好"六稳"工作和落实"六保"任务，决胜全面建成小康社会、决战脱贫攻坚。经过艰苦努力，疫情防控取得重大战略成果，经济增长率先实现由负转正，脱贫攻坚战取得全面胜利，"十三五"圆满收官，"十四五"全面擘画，全面建成小康社会取得伟大历史性成就，创造了中华民族伟大复兴征程上的新辉煌。这是中国共产党坚强领导的结果，也是包括各民主党派、工商联和无党派人士在内的全国各族人民万众一心、顽强拼搏的结果。

攻坚克难显担当，团结奋进写华章。人民政协坚持以习近平新时代中国特色社会主义思想为指导，坚持中国共产党对政协工作的全面领导，坚持团结和民主两大主题，把握大局大势，主动担责尽责，着眼决胜全面小康、决战脱贫攻坚，统筹疫情防控和经济社会发展，创新履职形式，增强工作效能，推动建言资政有用、凝聚共识有效，专门协商机构建设展现新风貌，服务中心任务取得新成绩，为党和国家事业发展作出重要贡献，充分体现了人民政协在国家治理体系中的重要作用，生动展现了"人民政协为人民"的责任担当。尤其令人难忘的是，在抗击疫情的非常时刻，各民主党派、工商联和无党派人士坚定不移同中国共产党想在一起、站在一起、干在一起，同舟共济、肝胆相照，广大政协委员积极投身抗疫斗争，为打赢疫情防控阻击战出主意、想办法，为克服疫情不利影响、服务党和国家工作大局贡献了智慧和力量。

众力并则万钧举，人心齐则泰山移。2021年是实施"十四五"规划、开启全面建设社会主义现代化国家新征程的第一年，是中国共产党成立100周年。这是我国现代化建设进程中具有特殊重要性的一年。开局关系全局，起步决定后势，良好的开端是夺取全面建设社会主义现代化国家新胜利的关键。使命越是艰巨、责任越是重大，越需要广泛凝聚人心和力量。人民政协要深入学习贯彻习近平总书记关于加强和改进人民政协工作的重要思想，再接再厉、团结奋进，加强专门协商机构建设，充分运用同心同向的政治优势、人才荟萃的智力优势、平等协商的民主优势、凝心聚力的团结优势、协调关系的功能优势、联系广泛的界别优势，提升建言资政和凝聚共识双向发力工作水平，把人民政协制度优势转化为国家治理效能，把各方面智慧和力量凝聚起来，形成海内外中华儿女心往一处想、劲往一处使的强大合力，不断巩固和发展大团结大联合局面，为"十四五"开好局、起好步集聚众智、汇聚众力，作出积极贡献。

新蓝图前景美好，新征程催人奋进。为"十四五"时期发展献计出力，为新时代坚持和发展中国特色社会主义凝心聚力，人民政协使命光荣、责任重大。期待各位政协委员坚持为国履职、为民尽责的情怀，把事业放在心上，把责任扛在肩上，努力为"十四五"开局起步建真言、谋良策、出实招，为夺取全面建设社会主义现代化国家新胜利，实现中华民族伟大复兴的中国梦作出新的更大贡献！

预祝大会圆满成功！

（2021年03月04日　01版）

凝聚复兴伟力　奋进伟大征程

——热烈祝贺十三届全国人大四次会议开幕

春回大地，万物竞发。今天，十三届全国人大四次会议在万众瞩目中拉开帷幕。近3000名全国人大代表齐聚北京，共商"十四五"发展大计，共谋改革发展新篇。我们对大会的召开表示热烈祝贺！

艰难方显勇毅，磨砺始得玉成。2020年是新中国历史上极不平凡的一年，以习近平同志为核心的党中央团结带领全党全国各族人民众志成城、迎难而上，战疫情、抗洪涝，促改革、推开放，抓脱贫、惠民生，保增长、稳大局，在世界上率先控制住疫情蔓延，在全球主要经济体中率先实现经济正增长，各项事业取得新的重大成就，交出了一份人民满意、世界瞩目、可以载入史册的答卷。回望过去5年，经过持续奋斗，"十三五"规划主要目标任务胜利完成，全面建成小康社会取得伟大历史性成就，决战脱贫攻坚取得全面胜利，中华民族伟大复兴向前迈出了新的一大步。这充分彰显了中国共产党领导和中国特色社会主义制度优势，将激励全党全国各族人民再接再厉，向实现第二个百年奋斗目标继续奋勇前进。

面对错综复杂的国际形势、艰巨繁重的改革发展稳定任务，全国人大及其常委会坚持以习近平新时代中国特色社会主义思想为指导，依法履职、积极作为，加强宪法实施和监督，做好民法典实施推动工作，积极参与疫情防控斗争、筑牢公共卫生法治防线，维护香港特别行政区宪制秩序、法治秩序，运用法治形式助力打好污染防治攻坚战，加快推进重点领域立法，依法开展工作监督和法律监督，为推动重大工作部署、应对重大风险挑战、维护国家安全提供法律保障，落实了党中央对人大工作的新要求，回应了人民群众的新期待，有效发挥了国家权力机关的职能作用。

国之兴衰系于制，民之安乐皆由治。今年是"十四五"开局之年，也是开启全面建设社会主义现代化国家新征程的第一年。党的十九届五中全会为我国未来5年及15年的发展指明了方向，为全面建设社会主义现代化国家擘画了宏伟蓝图。党和国家事业的快速发展，丰富了人民代表大会制度的实践内涵。人大工作的生动实践，进一步展示了中国特色社会主义民主政治、人民代表大会制度的显著优势和生机活力。奋斗"十四五"、奋进新征程，我们要充分发挥人民代表大会制度的根本政治制度作用，在全面建设社会主义现代化国家新征程上更好发挥人大职能作用，通过人民代表大会制度牢牢把国家和民族前途命运掌握在人民手中。

"江山就是人民，人民就是江山"。实现"两个一百年"奋斗目标、实现中华民族伟大复兴的中国梦，必须坚守人民立场、坚持人民主体地位，把14亿中国人民凝聚成推动中华民族伟大复兴的磅礴力量。人民民主是社会主义的生命，我国社会主义民主是维护人民根本利益的最广泛、最真实、最管用的民主。保证和发展人民当家作主，就要倾听人民呼声，汇聚人民智慧，回应人民期待，不断解决好人民最关心最直接最现实的利益问题，凝聚起最广大人民的智慧和力量。扩大人民民主，健全民主制度，丰富民主形式，拓宽民主渠道，从各层次各领域扩大公民有序政治参与，发展更加广泛、更加充分、更加健全的人民民主，我们的根本政治制度才能始终拥有深厚坚实的根基，我们的事业才能不断从胜利走向新的胜利。

"所当乘者势也，不可失者时也。"站在"两个一百年"的历史交汇点，十三届全国人大四次会议肩负重要使命和责任。期待广大代表立足开局起步之年，贡献同心同向之力，认真履职尽责，不负人民重托，为夺取全面建设社会主义现代化国家新胜利，实现中华民族伟大复兴的中国梦作出新的更大贡献！

预祝大会圆满成功！

（2021年03月05日　01版）

乘势而上开启崭新征程

——热烈祝贺全国政协十三届四次会议胜利闭幕

"草木蔓发,春山可望。"在催人奋进的春天里,全国政协十三届四次会议不负重托、不辱使命,圆满完成各项议程,3月10日在北京胜利闭幕。我们对大会的成功表示热烈祝贺!

这是一次民主、团结、求实、奋进的大会。会议期间,中共中央总书记、国家主席、中央军委主席习近平等党和国家领导同志深入委员小组并参加联组会听取意见和建议,与委员们共商国是、共谋发展。广大政协委员认真履职、勤勉尽责,听取和审议全国政协常委会工作报告和关于提案工作情况的报告,列席十三届全国人大四次会议,听取并讨论政府工作报告及其他有关报告,讨论国民经济和社会发展第十四个五年规划和2035年远景目标纲要草案,表示赞同并提出宝贵意见和建议。大家一致赞成并坚定支持完善香港特别行政区选举制度。在节奏快、任务重的情况下,全体委员坚持高标准、高要求、高效率,认真审议文件、深入协商交流,积极建言资政、广泛凝聚共识,充分体现了专门协商机构在国家治理体系中的重要作用,充分彰显了中国特色社会主义民主政治的生机活力。

今年是中国共产党成立100周年，也是实施"十四五"规划、开启全面建设社会主义现代化国家新征程的第一年。展望"十四五"壮丽征程，时与势在我们一边，这是我们的定力和底气所在，也是我们的决心和信心所在。同时必须清醒看到，当前和今后一个时期，虽然我国发展仍然处于重要战略机遇期，但机遇和挑战都有新的发展变化。战胜前进道路上的风险挑战，实现"十四五"规划和2035年远景目标，必须坚持党的全面领导，充分调动一切积极因素，广泛团结一切可以团结的力量，形成推动发展的强大合力。作为坚持和加强党对各项工作领导的重要阵地、用党的创新理论团结教育引导各族各界代表人士的重要平台、在共同思想政治基础上化解矛盾和凝聚共识的重要渠道，人民政协要准确把握性质定位，坚持团结和民主两大主题，聚焦党和国家中心任务履职尽责，做好建言资政和凝聚共识工作，以高水平履职服务高质量发展，为"十四五"开好局、起好步集聚众智、汇聚众力。

新时代赋予新任务，新征程要有新作为。人民政协要坚持以习近平新时代中国特色社会主义思想为指导，围绕把握新发展阶段、贯彻新发展理念、构建新发展格局，不断提高政治协商、民主监督、参政议政水平，更好凝聚共识，切实担负起把中共中央决策部署和对人民政协工作要求落实下去、把海内外中华儿女智慧和力量凝聚起来的政治责任。广大政协委员要坚持为国履职、为民尽责的情怀，不断提高工作本领，知责于心、担责于身、履责于行，当好人民政协制度参与者、实践者、推动者，更好把报国之志、为民之心和履职之能结合起来，担当新的使命，成就新的光荣，作出新的贡献。

同心筑梦共襄复兴伟业，乘势而上开启崭新征程。实现"十四五"规划和2035年远景目标，意义重大，任务艰巨，前景光明。伟大目标呼唤团结奋斗,光荣使命召唤开拓前行。让我们更加紧密地团结在以习近平同志为核心的党中央周围,增强"四个意识"、坚定"四个自信"、做到"两个维护",万众一心、开拓进取、扎实工作,为实现"十四五"时期经济社会发展的良好开局、夺取全面建设社会主义现代化国家新胜利、实现中华民族伟大复兴的中国梦而奋斗!

(2021年03月11日　01版)

凝心聚力创伟业　勇立潮头开新局

——热烈祝贺十三届全国人大四次会议胜利闭幕

集众智、聚群力，开新局、谋新篇。3月11日，十三届全国人大四次会议圆满完成各项议程，在北京胜利闭幕。与会代表积极建言献策、扎实履职尽责，奏响了民主、团结、求实、奋进的时代乐章。我们对大会的成功表示热烈祝贺！

这次大会是在全面建设社会主义现代化国家开局起步阶段召开的一次重要会议。大会高度评价"十三五"时期我国经济社会发展取得的历史性成就和过去一年国家各项事业、各方面工作取得的成绩，代表们一致认为这是以习近平同志为核心的党中央坚强领导的结果，是习近平新时代中国特色社会主义思想科学指引的结果，是全党全军全国各族人民团结奋斗的结果。大会审议并批准了政府工作报告，审查和批准了国民经济和社会发展第十四个五年规划和2035年远景目标纲要和其他各项重要报告，通过了修改后的全国人大组织法和全国人大议事规则。代表们一致认为政府工作报告体现了习近平新时代中国特色社会主义思想和党中央决策部署，是一个求真务实、催人奋进的报告。党的十九届四中全会《决定》提出，坚持和完善"一国两制"制度体系，完善特别行政区同宪法和基本法实施相关的制度和机制，坚持以爱国者为主体的"港人治港"。这次大会审议通过了《全国人民代表大会关于完善香港特别行政区选举制度的决定》。代表们一致认为，这一制度安排，符合宪法规定和宪法原则，符合香港基本法，具有坚实的政治基础和法治基础，将确保实现以爱国者为主体的"港人治港"，有力保障香港"一国两制"实践行稳致远。大会听取审议了全国人大常委会工作报告，充分肯定全国人大常委会一年来履职尽责、积极作为，各项工作取得新进展新成效。大会的成功，为实现"十四五"时期经济社会发展良好开局、夺取全面建设社会主义现代化国家新胜利增强了信心、凝聚了力量。

锐始者必图其终，成功者先计于始。这次会议审查和批准的国民经济和社会发展第十四个五年规划和2035年远景目标纲要，以习近平新时代中国特色社会主义思想为指导，全面贯彻《中共中央关于制定国民经济和社会发展第十四个五年规划和二〇三五年远景目标的建议》精神，集中了全国各族人民的智慧，实化量化了"十四五"时期经济社会发展主要目标和重大任务。"十四五"时期是我国全面建成小康社会、实现第一个百年奋斗目标之后，乘势而上开启全面建设社会主义现代化国家新征程、向第二个百年奋斗目标进军的第一个五年。我国发展仍然处于重要战略机遇期，但机遇和挑战都有新的发展变化。贯彻落实好规划纲要，准确把握新发展阶段，深入贯彻新发展理念，加快构建新发展格局，奋力推动高质量发展，我们一定能为全面建设社会主义现代化国家开好局起好步，谱写中国特色社会主义事业新篇章。

人民是我们党执政的最深厚基础和最大底气。人民代表大会制度之所以具有强大生命力和显著优越性，关键在于它深深植根于人民之中。只有坚持以人民为中心的发展思想，坚持发展为了人民、发展依靠人民、发展成果由人民共享，才会有正确的发展观、现代化观。面向未来，我们要坚持国家一切权力属于人民，坚持人民主体地位，支持和保证人民通过人民代表大会行使国家权力，实现好、维护好、发展好最广大人民的根本利益。在新的奋斗征程上，必须充分发挥人民代表大会制度的根本政治制度作用,坚持党的领导、人民当家作主、依法治国有机统一,使各方面制度和国家治理更好体现人民意志、保障人民权益、激发人民创造,通过人民代表大会制度牢牢把国家和民族前途命运掌握在人民手中。

"乘风好去,长空万里,直下看山河。"新蓝图振奋人心,新征程前景壮阔。让我们更加紧密地团结在以习近平同志为核心的党中央周围,增强"四个意识"、坚定"四个自信"、做到"两个维护",在全面建设社会主义现代化国家新征程上扬帆起航、破浪前行,以优异成绩庆祝中国共产党成立100周年,为把我国建设成为富强民主文明和谐美丽的社会主义现代化强国、实现中华民族伟大复兴的中国梦不懈奋斗!

(2021年03月12日　02版)

在新征程上铸就新的历史伟业

——写在"五一"国际劳动节

劳动是一切幸福的源泉,奋斗成就伟大梦想。在"五一"这个礼赞劳动、致敬劳动者的日子里,我们向全国工人阶级和广大劳动群众致以诚挚的祝福,向各条战线上的劳动模范和先进工作者表示崇高的敬意!

人民创造历史,劳动开创未来。今年是中国共产党百年华诞。回望波澜壮阔的百年征程,一代又一代共产党人团结带领中国人民接力奋斗,创造了一个又一个彪炳史册的人间奇迹,谱写了气吞山河的壮丽史诗。党的十八大以来,我国工人阶级和广大劳动群众在以习近平同志为核心的党中央坚强领导下,撸起袖子干、挥洒汗水拼,在实现中国梦伟大进程中拼搏奋斗、争创一流、勇攀高峰,为决胜全面建成小康社会、决战脱贫攻坚发挥了主力军作用,用智慧和汗水营造了劳动光荣、知识崇高、人才宝贵、创造伟大的社会风尚,谱写了"中国梦·劳动美"的新篇章。实践充分证明,劳动是创造价值的唯一源泉,是推动人类社会进步的根本力量。正是因为劳动创造,我们拥有了历史的辉煌;也正是因为劳动创造,我们拥有了今天的成就。

踏平坎坷成大道,斗罢艰险又出发。"十四五"时期是乘势而上开启全面建设社会主义现代化国家新征程、向第二个百年奋斗目标进军的第一个五年。立足新发展阶段,贯彻新发展理念,构建新发展格局,推动高质量发展,在危机中育先机、于变局中开新局,必须紧紧依靠工人阶级和广大劳动群众，奋进新征程，扬帆再出发。只有充分发挥工人阶级和广大劳动群众主力军作用，崇尚劳动、尊重劳动者，进一步焕发劳动热情、释放创造潜能，才能为夺取全面建设社会主义现代化国家新胜利汇聚磅礴力量。全面建设社会主义现代化国家，符合全国各族人民根本利益和共同愿望，我国工人阶级和广大劳动群众要坚定不移听党话、矢志不渝跟党走，自觉做中国特色社会主义的坚定信仰者、忠实实践者，当好主人翁，建功新时代，在新征程上铸就新的历史伟业。

在新征程上铸就新的历史伟业，我们要大力弘扬劳模精神、劳动精神、工匠精神。在抗疫斗争中挺身而出，在复工复产中坚定前行，在科技自立自强中勇攀高峰，在决胜全面小康中攻坚克难，在决战脱贫攻坚中担当作为……新时代的劳动模范和先进工作者，在平凡的岗位上创造了不平凡的业绩，以实际行动践行劳模精神、劳动精神、工匠精神，不愧为新时代最美奋斗者。新征程上，大力弘扬爱岗敬业、争创一流、艰苦奋斗、勇于创新、淡泊名利、甘于奉献的劳模精神，崇尚劳动、热爱劳动、辛勤劳动、诚实劳动的劳动精神，执着专注、精益求精、一丝不苟、追求卓越的工匠精神，充分发挥劳动模范的示范带动作用，必将激励广大人民群众用汗水浇灌收获，以实干笃定前行，不断谱写新时代的劳动者之歌。

在新征程上铸就新的历史伟业，我们要努力建设高素质劳动大军。劳动者素质对一个国家、一个民族发展至关重要。党的十八大以来，从加快产业工人队伍建设改革到创新技能导向的激励机制，从开展大规模职业技能培训到完善现代职业教育制度，激励了更多劳动者特别是青年人走技能成才、技能报国之路，培养了更多高技能人才和大国工匠，有力推动建设宏大的知识型、技术型、创新型劳动者大军。新征程上，深入实施科教兴国战略、人才强国战略、创新驱动发展战略，把提高职工队伍整体素质作为一项战略任务抓紧抓好，为劳动者学习新知识、掌握新技能、增长新本领创造条件，我们一定能建设好高素质劳动大军，为创造新的时代辉煌提供坚实支撑。

在新征程上铸就新的历史伟业，我们要切实实现好、维护好、发展好劳动者合法权益。让劳动者得实惠、享荣光，是激发劳动创造力的必由之路。从着力深化收入分配制度改革、提高劳动报酬在初次分配中的比重，到健全劳动关系协调机制、构建和发展和谐劳动关系，一系列政策举措有力维护和发展了劳动者各方面利益，捍卫了劳动者尊严。新征程上，坚持以人民为中心的发展思想，解决好职工群众最关心、最直接、最现实的利益问题，为维护工人阶级和广大劳动群众合法权益提供法律和制度保障，努力让劳动者实现体面劳动、全面发展，必定能让勤奋做事、勤勉为人、勤劳致富在全社会蔚然成风，更好激发全社会创新创造活力。

光荣属于劳动者，幸福属于劳动者。我们所处的时代是催人奋进的伟大时代，我们进行的事业是前无古人的伟大事业，我们正在从事的中国特色社会主义事业是全体人民的共同事业。我们要更加紧密地团结在以习近平同志为核心的党中央周围，立足两个大局，心怀"国之大者"，勤于创造、勇于奋斗、乘风破浪、开拓进取，在新的伟大征程上书写新的奋斗史诗，创造新的人间奇迹！

（2021年05月01日　01版）

在民族复兴伟业中为党和人民建功立业

伟大时代呼唤伟大精神，崇高事业需要榜样引领。"七一"前夕，庆祝中国共产党成立100周年"七一勋章"颁授仪式、全国"两优一先"表彰大会在人民大会堂隆重举行。在庆祝中国共产党成立一百周年之际，以中共中央名义首次颁授"七一勋章"这一党内最高荣誉，表彰全国优秀共产党员、全国优秀党务工作者和全国先进基层党组织，对于在全党全社会形成崇尚先进、见贤思齐的浓厚氛围，激励广大党员、干部牢记党的性质宗旨，牢记党的初心使命，不懈奋斗，永远奋斗，具有重大而深远的意义。

习近平总书记向"七一勋章"获得者颁授勋章，并在颁授仪式上发表重要讲话。总书记高度评价一百年来我们党团结带领人民创造了令人刮目相看的奇迹，深刻概括了一百年来中国共产党人坚定信念、践行宗旨、拼搏奉献、廉洁奉公的高尚品质和崇高精神。习近平总书记的重要讲话，高屋建瓴、内涵丰富、饱含深情，鼓舞和激励着全党同志永远信党爱党为党，坚持人民立场、人民至上，埋头苦干、攻坚克难，永葆清正廉洁的政治本色，在全面建设社会主义现代化国家新征程上，向着第二个百年奋斗目标、向着中华民族伟大复兴的中国梦奋勇前进！

一个有希望的民族不能没有英雄，一个有前途的国家不能没有先锋。一百年来，我们党矢志践行初心使命，团结带领人民开辟了伟大道路、建立了伟大功业、铸就了伟大精神、积累了宝贵经验，在中华民族发展史和人类社会进步史上写下了壮丽篇章。一百年来，一代又一代中国共产党人，为赢得民族独立和人民解放、实现国家富强和人民幸福，前仆后继、浴血奋战，艰苦奋斗、无私奉献，谱写了气吞山河的英雄壮歌。"七一勋章"获得者中，有战功赫赫的百战老兵，有把生命奉献给脱贫攻坚事业的基层干部，有集丰厚理论素养和操作技能于一身的大国工匠，有用红色基因树人铸魂的教育工作者，有潜心研究、矢志奉献的科学家，有传承爱国守边精神的农牧民……他们为党和人民作出了杰出贡献，创造了宝贵精神财富。

榜样是看得见的哲理，诠释着共产党人的精神品格。习近平总书记深刻指出："今天受到表彰的'七一勋章'获得者，就是各条战线党员中的杰出代表。在他们身上，生动体现了中国共产党人坚定信念、践行宗旨、拼搏奉献、廉洁奉公的高尚品质和崇高精神。"坚定信念，就是坚持不忘初心、不移其志，以坚忍执着的理想信念，以对党和人民的赤胆忠心，把对党和人民的忠诚和热爱牢记在心目中、落实在行动上，为党和人民事业奉献自己的一切乃至宝贵生命，为党的理想信念顽强奋斗、不懈奋斗；践行宗旨，就是对人民饱含深情，心中装着人民，工作为了人民，想群众之所想，急群众之所急，解群众之所难，密切联系群众，坚定依靠群众，一心一意为百姓造福，以为民造福的实际行动诠释了共产党人"我将无我、不负人民"的崇高情怀；拼搏奉献，就是把许党报国、履职尽责作为人生目标，不畏艰险、敢于牺牲，苦干实干、不屈不挠，充分展示了共产党人无私无畏的奉献精神和坚忍不拔的斗争精神；廉洁奉公，就是保持共产党人艰苦朴素、公而忘私的光荣传统，从不以功臣自居，不计较个人得失，不贪图享受，守纪律、讲规矩，生动体现了共产党人应有的道德风范。

新时代是需要英雄并一定能够产生英雄的时代。中国共产党要始终成为时代先锋、民族脊梁，党员队伍必须过硬。伟大出自平凡，平凡造就伟大。"七一勋章"获得者都来自人民、植根人民，是立足本职、默默奉献的平凡英雄。他们的事迹可学可做，他们的精神可追可及。他们用行动证明，只要坚定理想信念、坚定奋斗意志、坚定恒心韧劲，平常时候看得出来、关键时刻站得出来、危难关头豁得出来，每名党员都能够在民族复兴的伟业中为党和人民建功立业。以"七一勋章"获得者为榜样，大力弘扬坚定信念、践行宗旨、拼搏奉献、廉洁奉公的高尚品质和崇高精神，我们就能永葆共产党人的政治本色，永远得到人民拥护和支持。

我们所处的时代是催人奋进的伟大时代，我们进行的事业是前无古人的伟大事业，我们正在从事的中国特色社会主义事业是全体人民的共同事业。让我们更加紧密地团结在以习近平同志为核心的党中央周围，增强"四个意识"、坚定"四个自信"、做到"两个维护"，凝心聚力、锐意进取，在新时代书写更大的荣光，在新征程上铸就新的历史伟业！

（2021年06月30日　02版）

铸就百年辉煌　书写千秋伟业

——热烈庆祝中国共产党成立一百周年

一世纪风雨兼程，九万里风鹏正举。在全面建设社会主义现代化国家新征程顺利开启的重要时刻，我们迎来了中国共产党百年华诞。站在这个重大历史节点上，回望过往的奋斗路，眺望前方的奋进路，我们心潮澎湃，豪情满怀！

1921—2021，百年成就辉煌。从建党的开天辟地，到新中国成立的改天换地，到改革开放的翻天覆地，再到党的十八大以来党和国家事业取得历史性成就、发生历史性变革，中国共产党坚守初心使命，团结带领人民创造了"当惊世界殊"的发展成就，书写了人类发展史上的伟大传奇，社会主义中国以更加雄伟的身姿屹立于世界东方，中华民族迎来了从站起来、富起来到强起来的伟大飞跃。

1921—2021，百年岁月峥嵘。从石库门到天安门，从兴业路到复兴路，从小小红船到巍巍巨轮，中国共产党走过苦难辉煌的过去，走在日新月异的现在，走向光明宏大的未来，已经发展成为一个在最大的社会主义国家执政70多年、拥有9500多万党员的世界上最大的马克思主义执政党，得到了14亿多中国人民最广泛的支持和拥护。

1921—2021，百年波澜壮阔。为中国人民谋幸福，也为促进人类进步事业而奋斗，中国共产党坚守为世界谋大同的天下情怀，坚守和平、发展、公平、正义、民主、自由的全人类共同价值，积极推动构建人类命运共同体，始终做世界和平的建设者、全球发展的贡献者、国际秩序的维护者，为解决人类问题贡献了中国智慧和中国方案，为人类文明和进步事业作出了卓越贡献。

习近平总书记深刻指出："我们党的历史是中国近现代以来历史最为可歌可泣的篇章，历史在人民探索和奋斗中造就了中国共产党，我们党团结带领人民又造就了历史悠久的中华文明新的历史辉煌。"在百年接续奋斗中，中国共产党团结带领人民开辟了伟大道路，建立了伟大功业，铸就了伟大精神，积累了宝贵经验，创造了中华民族发展史、人类社会进步史上令人刮目相看的奇迹。

这是艰苦卓绝、气吞山河的壮丽史诗。世界上没有哪个党像我们这样，遭遇过如此多的艰难险阻，经历过如此多的生死考验，付出过如此多的惨烈牺牲。一百年来，在应对各种困难挑战中，我们党不畏强敌、不惧风险、敢于斗争、勇于胜利，团结带领人民攻克了一个又一个看似不可攻克的难关，夺取了一个又一个看似不可能的伟大胜利。经过一百年奋斗，我们在一个有着几千年封建社会历史的国家实现了最广泛的人民民主，人民真正成为国家、社会和自己命运的主人；我们在一穷二白的基础上创造了经济社会快速发展奇迹，用几十年时间走完了发达国家几百年走过的工业化历程，跃升为世界第二大经济体，综合国力、科技实力、国防实力、文化影响力、国际影响力显著提升；我国人民生活由温饱不足到全面小康，整体上彻底摆脱了绝对贫困，成为世界上中等收入人口最多的国家；我国创造了社会长期稳定奇迹，长期保持社会和谐稳定、人民安居乐业，成为国际社会公认的最有安全感的国家之一。今天，党的面貌、国家的面貌、人民的面貌、军队的面貌、中华民族的面貌发生了前所未有的变化，没有任何力量能够撼动我们伟大祖国的地位，没有任何力量能够阻挡中国人民和中华民族的前进步伐。

这是践行党的初心使命的辉煌历史。从登上中国政治舞台的那一刻起，我们党就始终不渝为中国人民谋幸福、为中华民族谋复兴。从此，中国人民开始从精神上由被动转为主动，中华民族开始艰难地但不可逆转地走向伟大复兴。一百年来，不管形势和任务如何变化，不管遇到什么样的惊涛骇浪，我们党都始终把握历史主动、锚定奋斗目标，沿着正确方向坚定前行。人民就是江山，我们党打江山、守江山，守的是人民的心，为的是让人民过上好日子。无论面临多大挑战和压力，无论付出多大牺牲和代价，这一点都毫不动摇。经过一百年奋斗，我们党依靠人民创造了历史伟业，迎来了中华民族伟大复兴的光明前景，带领亿万人民不断创造更加幸福美好的生活。正如习近平总书记深刻指出的："回顾党的历史，为什么我们党在那么弱小的情况下能够逐步发展壮大起来，在腥风血雨中能够一次次绝境重生，在攻坚克难中能够不断从胜利走向胜利，根本原因就在于不管是处于顺境还是逆境，我们党始终坚守为中国人民谋幸福、为中华民族谋复兴这个初心和使命，义无反顾向着这个目标前进，从而赢得了人民衷心拥护和坚定支持。"走过百年沧桑，中国共产党人初心如磐、使命在肩，昂扬奋进在新的伟大征程上！

这是推进马克思主义中国化时代化大众化的伟大进程。在近代中国最危急的时刻，中国共产党人找到了马克思列宁主义，并坚持把马克思列宁主义同中国实际相结合，用马克思主义真理的力量激活了中华民族历经几千年创造的伟大文明，使中华文明再次迸发出强大精神力量。一百年来，马克思主义深刻改变了中国，中国也极大丰富了马克思主义。我们党坚持解放思想和实事求是相统一、培元固本和守正创新相统一，不断开辟马克思主义新境界，创立了毛泽东思想、邓小平理论，形成了"三个代表"重要思想、科学发展观，创立了习近平新时代中国特色社会主义思想，为党和人民事业发展提供了科学理论指导。我们党的历史，就是一部不断推进马克思主义中国化的历史，就是一部不断推进理论创新、进行理论创造的历史。今天，马克思主义在21世纪的中国焕发出新的生机活力，21世纪中国的马克思主义正展现出更强大、更有说服力的真理力量！

这是奠基立业、开辟未来的壮阔征程。为了实现民族独立和人民解放、国家富强和人民幸福，中国共产党人义无反顾，矢志不渝，接续奋斗。一百年来，我们党团结带领人民用近30年时间完成了新民主主义革命，建立了新中国，中国人民从此站起来了；我们党团结带领人民在社会主义革命和建设的基础上用40多年时间进行改革开放，全面建成小康社会取得伟大历史性成就，脱贫攻坚战取得了全面胜利，实现了第一个百年奋斗目标。展望未来，到2035年，我们党要团结带领人民基本实现社会主义现代化，并在这个基础上再奋斗15年，到本世纪中叶全面建成社会主义现代化强国。现在，向第二个百年奋斗目标进军的号角已经吹响，全党全国各族人民正在以习近平同志为核心的党中央坚强领导下，在新时代的伟大征程上风雨无阻、坚毅前行，为全面建设社会主义现代化国家的历史宏愿而奋斗。

中国共产党成立以来的一百年，是中国人民根本改变历史命运的一百年，是中华民族走向伟大复兴的一百年，是中国为全人类发展作出卓越贡献的一百年。中国共产党团结带领中国人民走过的光辉历程，是用鲜血、汗水、泪水写就的，充满着苦难和辉煌、曲折和胜利、付出和收获，是中华民族发展史上的壮丽篇章。中国共产党领导中国人民取得的伟大胜利，让中华文明在现代化进程中焕发出新的蓬勃生机，让科学社会主义在21世纪焕发出新的蓬勃生机，让中华民族焕发出新的蓬勃生机，是中国人民和中华民族继往开来、奋勇前进的现实基础。

实践充分证明：中国共产党是中国人民和中华民族的主心骨，只有中国共产党才能领导中国，只有社会主义才能救中国，只有改革开放才能发展中国、发展社会主义、发展马克思主义，只有中国特色社会主义道路才能引领中国走向繁荣富强、实现中华民族伟大复兴。

当今世界正经历百年未有之大变局，我国正处于实现中华民族伟大复兴关键时期，我们党正带领人民进行具有许多新的历史特点的伟大斗争，形势环境变化之快、改革发展稳定任务之重、矛盾风险挑战之多、对我们党治国理政考验之大前所未有。我们深知，中华民族伟大复兴曙光在前、前途光明，但绝不是轻轻松松、敲锣打鼓就能实现的，我们面临着难得机遇，也面临着严峻挑战。站在"两个一百年"的历史交汇点上，回首百年奋斗历程、瞻望伟大复兴前景，时与势在我们一边，这是我们的定力和底气所在，也是我们的决心和信心所在。

习近平总书记指出："全面建成小康社会，实现第一个百年奋斗目标，在中国共产党奋斗史、新中国发展史、中华民族文明史上都具有里程碑意义。同时，我们必须认识到，这只是我们迈向中华民族伟大复兴的关键一步，我们决不能骄傲自满、止步不前，要继续谦虚谨慎、戒骄戒躁，继续艰苦奋斗、锐意进取，为实现第二个百年奋斗目标、实现中华民族伟大复兴而奋力拼搏，为人类和平与发展的崇高事业不断作出新的更大贡献！"在全面建设社会主义现代化国家新征程上开拓前进，必须坚持以习近平新时代中国特色社会主义思想为指导，增强对马克思主义、共产主义的信仰，增强对中国特色社会主义的信念，增强对实现中华民族伟大复兴的信心，牢记初心使命，坚持"两个务必"，保持战略定力，增强忧患意识，保持斗争精神，调动一切可以调动的积极因素，团结一切可以团结的力量，在危机中育先机、于变局中开新局，全力办好自己的事，站在历史正确的一边，锲而不舍向第二个百年奋斗目标胜利进军，以"赶考"的清醒和坚定答好新时代的答卷，在顺应世界大势中书写中华民族千秋伟业。

征途漫漫，惟有奋斗。我们通过奋斗，披荆斩棘，走过了万水千山。

我们还要继续奋斗，勇往直前，创造更加灿烂的辉煌。胸怀千秋伟业，恰是百年风华。只要我们党始终站在时代潮流最前列、站在攻坚克难最前沿、站在最广大人民之中，就必将永远立于不败之地。在新的伟大征程上，全党全国各族人民要更加紧密地团结在以习近平同志为核心的党中央周围，增强"四个意识"、坚定"四个自信"、做到"两个维护"，乘势而上，开拓奋进，为实现第二个百年奋斗目标、实现中华民族伟大复兴而不懈奋斗！

（2021年07月01日　01版）

书写奥运华章　创造新的辉煌

——热烈欢迎中国体育代表团凯旋

奥运赛事已经结束，中国健儿载誉归来。第三十二届夏季奥林匹克运动会的中国体育代表团，以优异的运动成绩、精彩的赛场表现、昂扬的精神风貌，为祖国和人民赢得了新的荣誉，为中国共产党成立100周年增添了新的光彩。你们辛苦了！祖国和人民感谢你们！

习近平总书记指出："广大体育工作者在长期实践中总结出的以'为国争光、无私奉献、科学求实、遵纪守法、团结协作、顽强拼搏'为主要内容的中华体育精神来之不易，弥足珍贵，要继承创新、发扬光大。"在本届奥运会上，我国体育健儿克服了因新冠肺炎疫情带来的种种挑战，以顽强的意志品质为党和人民在体育赛场上建立了新的功勋，夺得38枚金牌、32枚银牌、18枚铜牌。奥运赛场上，鲜艳的国旗一次次升起，雄壮的国歌一遍遍奏响，赢得全世界关注和尊重。我国体育健儿的出色表现，生动诠释了奥林匹克精神和中华体育精神，生动展现了为祖国争光、为民族争气、为奥运增辉、为人生添彩的奋斗志向，激发了全国各族人民的民族自信心和全世界中华儿女的民族自豪感，增强了中华民族的凝聚力、向心力、自信心，是伟大爱国主义精神的一个重要体现。

伟大事业需要伟大精神，伟大精神成就伟大事业。"从心底燃起来的中国力量"帮助游泳运动员张雨霏接连夺金、打破纪录；以"不问终点，全力以赴"的态度激励自己的乒乓球运动员马龙,实现了"双圈大满贯";体操选手肖若腾用超群的技艺和不服输的精神赢得了人们赞誉;"赛场飞人"苏炳添成为首个闯入奥运会男子百米决赛的中国选手……我国体育健儿的出色表现,展示了强大正能量,展示了"人生能有几回搏"的拼搏精神。实现第二个百年奋斗目标、实现中华民族伟大复兴的中国梦,就需要这样的精神。我们要在全社会大力弘扬我国体育健儿展现的拼搏精神,使之化为全国各族人民团结奋斗的强大精神力量。

习近平总书记指出:"建设体育强国,是全面建设社会主义现代化国家的一个重要目标。"奋斗新时代、奋进新征程,要牢牢把握我国体育工作"发展体育运动,增强人民体质"的根本任务,进一步提升我国竞技体育综合实力,把竞技体育搞得更好、更快、更高、更强,提高在重大国际赛事中为国争光能力;落实全民健身国家战略,推动全民特别是广大青少年广泛开展健身运动,促进健康中国建设;加快推进体育改革创新步伐,更好发挥举国体制在攀登顶峰中的重要作用,更好发挥群众性体育在厚植体育基础中的重要作用,不断为我国体育事业发展注入新的生机活力。

北京2022年冬奥会、冬残奥会是世界各国的盛会,是全球运动员公平竞技的舞台,办好北京冬奥会、冬残奥会是党和国家的一件大事,是我们对国际社会的庄严承诺。要坚定信心、奋发有为、精益求精、战胜困难,认真贯彻新发展理念,把绿色办奥、共享办奥、开放办奥、廉洁办奥贯穿筹办工作全过程,全力做好各项筹办工作,确保北京冬奥会、冬残奥会成为一届简约、安全、精彩的奥运盛会。要通过举办北京冬奥会、冬残奥会,推动我国冰雪运动跨越式发展,推动新时代体育事业高质量发展。

体育强则国家强,国家强则体育强。体育对提高人民健康水平、满足人民对美好生活向往、促进人的全面发展具有重要意义,对促进经济社会发展、展示国家文化软实力也具有重要意义。在以习近平同志为核心的党中央坚强领导下,我们要大力弘扬中华体育精神,加快体育强国建设,顽强拼搏,奋勇争先,团结一心向着第二个百年奋斗目标、中华民族伟大复兴的伟大前程不断前进!

(2021年08月09日　01版)

奋力谱写雪域高原长治久安和高质量发展新篇章

——热烈庆祝西藏和平解放七十周年

古城拉萨繁花似锦，雪域高原万众欢腾。今天，西藏各族人民纵情歌唱，欢庆西藏和平解放70周年。

7月下旬，在庆祝西藏和平解放70周年之际，中共中央总书记、国家主席、中央军委主席习近平来到西藏，祝贺西藏和平解放70周年，看望慰问西藏各族干部群众，给各族干部群众送去党中央的关怀。习近平同志作为中共中央总书记、国家主席、中央军委主席到西藏庆祝西藏和平解放，在党和国家历史上是第一次，充分表达了党中央对西藏工作的支持、对西藏各族干部群众的关怀。

1951年，《中央人民政府和西藏地方政府关于和平解放西藏办法的协议》（简称《十七条协议》）的签订，宣告西藏和平解放。从此，西藏人民永远摆脱了帝国主义的侵略和羁绊，与全国各族人民一道在祖国大家庭里走上了团结、进步、发展的光明大道。以和平解放为起点，西藏各族人民在中国共产党的坚强领导下团结奋进，贯彻执行《十七条协议》，进行民主改革，建立社会主义制度，实行民族区域自治，扎实推进改革开放和现代化建设，西藏社会的面貌日新月异，西藏人民的生活蒸蒸日上。进入新时代，在以习近平同志为核心的党中央坚强领导下，在全国人民大力支持下，西藏各族干部群众团结奋斗，西藏已迈进全面小康，脱贫攻坚全面胜利，社会大局更加稳定、经济文化更加繁荣、生态环境更加良好、人民生活更加幸福。

短短几十年，跨越上千年，中国共产党团结带领西藏各族人民创造了彪炳千秋、利泽万代、亘古未有的历史功绩，西藏从黑暗走向光明、从落后走向进步、从贫穷走向富裕、从专制走向民主、从封闭走向开放，社会制度实现历史性跨越，经济社会实现全面发展，人民生活极大改善，城乡面貌今非昔比。70年的实践充分证明，只有坚持维护祖国统一、领土完整，才能保障西藏各族人民的根本利益；只有坚持中国共产党领导、中国特色社会主义制度、民族区域自治制度，才能为西藏长治久安和繁荣发展提供根本保证；只有坚持改革开放，才能推动西藏经济社会全面进步；只有坚持以人民为中心的发展思想，才能满足西藏各族群众对美好生活的向往；只有坚持新时代党的治藏方略，才能建设团结富裕文明和谐美丽的社会主义现代化新西藏。

"治国必治边，治边先稳藏。"党中央历来高度重视西藏工作，改革开放以来先后召开7次西藏工作座谈会，每次都根据现实情况作出重大决策部署。党的十八大以来，西藏工作面临的形势和任务发生深刻变化，以习近平同志为核心的党中央深化对西藏工作的规律性认识，总结党领导人民治藏稳藏兴藏的成功经验，形成了新时代党的治藏方略。实践充分证明，党中央关于西藏工作的方针政策是完全正确的，西藏实现持续稳定和快速发展是对党和国家工作大局的重要贡献；新时代党的治藏方略是做好西藏工作的根本遵循，必须长期坚持、全面落实。

西藏和平解放70周年，恰逢"十四五"规划开局之年，是我国全面建成小康社会、实现第一个百年奋斗目标之后，乘势而上开启全面建设社会主义现代化国家新征程的第一年。今天，西藏发展站在了新的历史起点上。奋进新征程，要全面贯彻新时代党的治藏方略，坚持稳中求进工作总基调，立足新发展阶段，完整、准确、全面贯彻新发展理念，服务和融入新发展格局，推动高质量发展，加强边境地区建设，抓好稳定、发展、生态、强边四件大事，在推动青藏高原生态保护和可持续发展上不断取得新成就，奋力谱写雪域高原长治久安和高质量发展新篇章。要准确把握西藏工作的阶段性特征，坚持以维护祖国统一、加强民族团结为着眼点和着力点，多谋长久之策，多行固本之举，不断增强各族群众对伟大祖国、中华民族、中华文化、中国共产党、中国特色社会主义的认同，打牢民族团结的思想基础。推动西藏高质量发展，要坚持所有的发展都要赋予民族团结进步的意义，都要赋予改善民生、凝聚人心的意义，都要有利于提升各族群众的获得感、幸福感、安全感。

当前，向第二个百年奋斗目标进军的号角已经吹响。更加紧密地团结在以习近平同志为核心的党中央周围，全面贯彻中央第七次西藏工作座谈会精神，铸牢中华民族共同体意识，同心协力，砥砺前进，确保国家安全和长治久安，确保人民生活水平不断提高，确保生态环境良好，确保边防巩固和边境安全，努力建设团结富裕文明和谐美丽的社会主义现代化新西藏，西藏的明天必将更加辉煌灿烂，西藏人民的生活必将更加幸福美好！

（2021年08月19日　01版）

谱写全运荣光　展现时代风采

——热烈祝贺第十四届全国运动会开幕

三秦大地活力澎湃，运动健儿激情飞扬。今天，第十四届全国运动会在陕西西安隆重开幕。在中国共产党成立100周年、"十四五"开局之年，举办一届精彩圆满的全运盛会，必将进一步提升我国竞技体育综合实力，带动群众体育发展，为推动增强人民体质、推进体育强国建设，为实现中华民族伟大复兴的中国梦贡献更大力量。

体育强则国家强，国家强则体育强。党的十八大以来，在以习近平同志为核心的党中央坚强领导下，我们全面推进群众体育、竞技体育、体育产业等各方面发展，深入实施全民健身国家战略，提升体育公共服务水平，大力发展冰雪运动，体育事业取得长足发展。在第三十二届奥运会和第十六届残奥会上，中国体育代表团表现出色，取得优异成绩，实现了运动成绩和精神文明双丰收，为祖国和人民赢得了荣誉。全运会是国内最高水平的综合性运动会，是全面展示和推动我国体育事业发展的重要窗口。接续奥运荣光，激扬时代精神，本届全运会定能更好展示我国体育事业发展取得的巨大成就，书写新时代体育事业高质量发展的崭新篇章。

体育对提高人民健康水平、满足人民对美好生活向往、促进人的全面发展具有重要意义，"发展体育运动，增强人民体质"是我国体育工作的根本任务。把群众体育纳入全运会，组织人民群众广泛参与，有利于更好发挥举办全运会的作用。本届全运会以"全民全运，同心同行"为主题，在展示运动健儿拼搏风采的同时，积极推广全民健身活动，普及科学健身和健康生活知识，带动更多人参与体育锻炼。首次设立的群众赛事活动展演项目吸引了全国各地的群众参加，生动展示了健康快乐、乐观进取的美好生活景象。组织开展"我要上全运"系列赛事活动上千场，引导群众参与全运、融入全运、共享全运，进一步营造了全民健身的社会氛围，促进了健康中国建设。

习近平总书记强调："全面建设社会主义现代化强国，需要在各方面都强起来。"在新征程上开拓奋进，实现体育强国目标，要坚持以人民为中心的发展思想，把人民作为发展体育事业的主体，把体育健身同人民健康结合起来，把弘扬中华体育精神同坚定文化自信结合起来，坚持举国体制和市场机制相结合，推动群众体育、竞技体育、体育产业协调发展，努力开创新时代我国体育事业新局面。全民健身是全体人民增强体魄、健康生活的基础和保障，要以举办全运会为契机，把满足人民健身需求、促进人的全面发展作为体育工作的出发点和落脚点，广泛开展全民健身活动，不断提高人民健康水平。要使全运会成为展示备战训练成效、出成绩出人才的重要平台，通过举办全运会为北京2022年冬奥会、冬残奥会成功举办积累宝贵经验，确保为世界奉献一届简约、安全、精彩的奥运盛会。

第十四届全运会，是全运会首次走进我国中西部地区。陕西省认真贯彻落实习近平总书记重要指示精神，克服新冠肺炎疫情带来的不利影响，精益求精扎实做好各项筹办工作。秉持创新、协调、绿色、开放、共享的新发展理念，借助筹办全运会的历史机遇，大力实施惠民工程，充分释放全运会的综合效益，第十四届全运会一定能生动展示陕西人民奋发进取的精神风貌，有力推动陕西经济社会高质量发展。

当前，全党全国各族人民正在意气风发向着第二个百年奋斗目标迈进。发展体育事业不仅是实现中国梦的重要内容，还能为中华民族伟大复兴凝聚起强大精神力量。希望各代表团运动健儿们发扬中国体育的光荣传统，弘扬体育道德风尚，以"使命在肩、奋斗有我"的责任担当和"人生能有几回搏"的拼搏精神，在新的起点上推动我国体育事业不断实现新进步，在体育强国建设中再立新功。

预祝第十四届全运会圆满成功！

（2021年09月15日　01版）

为全面建成社会主义现代化强国而不懈奋斗

——热烈庆祝中华人民共和国成立七十二周年

金风送爽，硕果累累；九州同庆，四海欢歌。今天，我们迎来了中华人民共和国72华诞。五星红旗在天安门广场迎风飘扬，见证着百年大党的风华正茂、朝气蓬勃，记录下伟大祖国的奋楫扬帆、凯歌行进，激扬起亿万人民礼赞新中国、奋斗新时代的凌云壮志、万丈豪情。

时间镌刻崭新年轮，岁月书写时代华章。回首过去一年，面对错综复杂的国际形势、艰巨繁重的国内改革发展稳定任务，在以习近平同志为核心的党中央坚强领导下，我们统筹国内国际两个大局、统筹疫情防控和经济社会发展，众志成城、迎难而上、锐意进取，经济持续稳定恢复、稳中向好，科技自立自强积极推进，改革开放力度加大，民生得到有效保障，高质量发展取得新成效，社会大局保持稳定。特别是在中国共产党成立100周年的重要时刻，我们实现了第一个百年奋斗目标，在中华大地上全面建成了小康社会，历史性地解决了绝对贫困问题，正在意气风发向着全面建成社会主义现代化强国的第二个百年奋斗目标迈进。这是中华民族的伟大光荣！这是中国人民的伟大光荣！这是中国共产党的伟大光荣！一个充满生机的中国，一个充满希望的中国，已经巍然屹立在世界的东方，没有任何力量能够撼动我们伟大祖国的地位，没有任何力量能够阻挡中国人民和中华民族的前进步伐。

历史，往往需要经过岁月的风雨才能看得更清楚。100年前，中华民族呈现在世界面前的是一派衰败凋零的景象；72年前，第一面五星红旗冉冉升起，中华民族任人宰割、饱受欺凌的时代一去不复返；今天，神州大地自信自强、充满韧劲，一派欣欣向荣、生机勃勃的景象，中华民族正以不可阻挡的步伐迈向伟大复兴。正如习近平总书记深刻指出的："中华民族迎来了从站起来、富起来到强起来的伟大飞跃，实现中华民族伟大复兴进入了不可逆转的历史进程！"这是中国共产党坚强领导的结果，是中国人民和中华民族万众一心、顽强拼搏的结果。我们清醒地看到，任何奋斗目标都不会轻轻松松实现，前进道路从来不是一帆风顺的。全面建成小康社会，实现第一个百年奋斗目标，在中国共产党奋斗史、新中国发展史、中华民族文明史上都具有里程碑意义，为我国进入新发展阶段、朝着第二个百年奋斗目标进军奠定了坚实基础。同时必须认识到，这只是我们迈向中华民族伟大复兴的关键一步，实现伟大梦想就要顽强拼搏、不懈奋斗。在新的伟大征程上，我们必须进行具有许多新的历史特点的伟大斗争，勇于战胜一切风险挑战，为全面建设社会主义现代化国家的历史宏愿而砥砺奋进，开创属于我们这一代人的历史伟业。

道路决定命运，我们步伐坚定。72年来，中国发生了翻天覆地变化，其根本原因在于我们找到了一条符合中国国情、顺应时代潮流、得到人民群众拥护支持的正确道路，这就是中国特色社会主义。中国特色社会主义是党和人民历经千辛万苦、付出巨大代价取得的根本成就，是实现中华民族伟大复兴的正确道路。这条道路不仅走得对、走得通，而且也一定能够走得稳、走得好。历史和实践已经并将进一步证明，中国共产党具有无比强大的领导力和执政力，中国特色社会主义制度具有无比强大的生命力和创造力，中国人民和中华民族具有无比强大的凝聚力和向心力。坚定对马克思主义的信仰、对中国特色社会主义的信念、对实现中华民族伟大复兴中国梦的信心，坚定不移沿着这条光明大道走下去，全面建成社会主义现代化强国的目标一定能够实现，中华民族伟大复兴的中国梦一定能够实现！

团结凝聚力量，我们信心满怀。团结是铁，团结是钢，团结就是力量。团结是中国人民和中华民族战胜前进道路上一切风险挑战、不断从胜利走向新的胜利的重要保证。中国共产党的百年史，就是一部团结带领人民为美好生活共同奋斗的历史。当今世界正经历百年未有之大变局，实现中华民族伟大复兴正处于关键时期。越是接近目标，越是形势复杂，越是任务艰巨，越要发挥中国共产党领导的政治优势和中国特色社会主义的制度优势，把各方面智慧和力量凝聚起来，形成海内外中华儿女心往一处想、劲往一处使的强大合力。向第二个百年奋斗目标开拓奋进，必须坚持大团结大联合，巩固全国各族人民的大团结，加强海内外中华儿女的大团结，增强各党派、各团体、各民族、各阶层以及各方面的大团结，保持党同人民群众的血肉联系，大力弘扬爱国主义精神，广泛凝聚共识，广聚天下英才，激发出全社会创造活力和发展动力，汇聚起实现民族复兴的磅礴力量。

实干成就未来，我们斗志昂扬。我们所处的时代是催人奋进的伟大时代，我们进行的事业是前无古人的伟大事业，我们正在从事的中国特色社会主义事业是全体人民的共同事业。当前和今后一个时期，我国发展仍然处于重要战略机遇期，但机遇和挑战都有新的发展变化，机遇和挑战之大都前所未有，总体上机遇大于挑战，时与势在我们一边。必须认识到，社会主义是干出来的，新时代是奋斗出来的。基本实现现代化要靠实干，全面建成社会主义现代化强国要靠实干，实现中华民族伟大复兴要靠实干。只有保持"越是艰险越向前"的英雄气概，发扬"敢教日月换新天"的奋斗精神，真抓实干、埋头苦干、攻坚克难、开拓创新，在各种可以预见和难以预见的惊涛骇浪中增强我们的生存力、竞争力、发展力、持续力，才能把握未来发展主动权,把为崇高理想奋斗的实践推向前进。

征途漫漫,惟有奋斗。回首过去,党和人民百年奋斗,书写了中华民族几千年历史上最恢宏的史诗。站在新的历史起点上,让我们更加紧密地团结在以习近平同志为核心的党中央周围,永远保持慎终如始、戒骄戒躁的清醒头脑,永远保持不畏艰险、锐意进取的奋斗韧劲,确保"十四五"开好局、起好步,在全面建设社会主义现代化国家新征程上奋勇争先,迎着中华民族伟大复兴的光明前景阔步前行!

(2021年10月01日　03版)

汇聚起实现中华民族伟大复兴的磅礴力量

——纪念辛亥革命一百一十周年

今年是辛亥革命110周年。在新的时代条件下纪念辛亥革命，回顾中国人民为民族独立、国家富强、人民幸福、祖国统一而不懈奋斗的艰辛历程，缅怀孙中山先生等革命先驱致力振兴中华的光辉业绩，对于发扬光大辛亥革命精神，凝聚海内外中华儿女的强大力量，为实现中华民族伟大复兴的中国梦而团结奋斗，具有十分重要的意义。

习近平总书记指出："1840年鸦片战争以后，中国逐步成为半殖民地半封建社会，国家蒙辱、人民蒙难、文明蒙尘，中华民族遭受了前所未有的劫难。从那时起，实现中华民族伟大复兴，就成为中国人民和中华民族最伟大的梦想。"在那个风雨如晦的年代，中国人民奋起反抗，仁人志士奔走呐喊，探求救国救民的道路，进行可歌可泣的抗争。孙中山先生为当时中国的积贫积弱痛心疾首，第一个响亮喊出"振兴中华"的口号。1911年，在孙中山先生领导和影响下，震惊世界的辛亥革命取得成功，推翻了清王朝统治，结束了统治中国几千年的君主专制制度。由于历史进程和社会条件的制约，辛亥革命虽然没有改变旧中国半殖民地半封建的社会性质，没有改变中国人民的悲惨命运，没有完成实现民族独立、人民解放的历史任务，但开创了完全意义上的近代民族民主革命，打开了中国进步闸门，传播了民主共和理念，极大推动了中华民族思想解放，以巨大的震撼力和影响力推动了中国社会变革。辛亥革命永远是中华民族伟大复兴征程上一座巍然屹立的里程碑！

辛亥革命后，接受这场革命洗礼的中国先进分子和中国人民继续顽强探求救国救民道路。在中国人民和中华民族的伟大觉醒中，在马克思列宁主义同中国工人运动的紧密结合中，中国共产党应运而生，这是开天辟地的大事变！从登上中国政治舞台的那一刻起，中国共产党就始终不渝为中国人民谋幸福、为中华民族谋复兴。100年来，中国共产党领导中国人民浴血奋战、百折不挠，创造了新民主主义革命的伟大成就；自力更生、发愤图强，创造了社会主义革命和建设的伟大成就；解放思想、锐意进取，创造了改革开放和社会主义现代化建设的伟大成就；自信自强、守正创新，创造了新时代中国特色社会主义的伟大成就。100年来，中国共产党团结带领中国人民进行的一切奋斗、一切牺牲、一切创造，归结起来就是一个主题：实现中华民族伟大复兴。中国共产党和中国人民百年奋斗，书写了中华民族几千年历史上最恢宏的史诗，中华民族迎来了从站起来、富起来到强起来的伟大飞跃，实现中华民族伟大复兴进入了不可逆转的历史进程。历史充分证明：中国共产党人是孙中山先生革命事业最坚定的支持者、最忠诚的合作者、最忠实的继承者；没有中国共产党，就没有新中国，就没有中华民族伟大复兴；中国共产党领导是中国特色社会主义最本质的特征，是中国特色社会主义制度的最大优势，是党和国家的根本所在、命脉所在，是全国各族人民的利益所系、命运所系。

当今世界正经历百年未有之大变局，我国正处于实现中华民族伟大复兴的关键时期。踏上实现第二个百年奋斗目标新的赶考之路，我们深知越是接近民族复兴越不会一帆风顺，越充满风险挑战乃至惊涛骇浪，我们面临的各种斗争不是短期的而是长期的，至少要伴随实现第二个百年奋斗目标全过程。把孙中山先生等一切革命先辈为之奋斗的伟大事业继续推向前进，把近代以来一切仁人志士为之奋斗的伟大事业继续推向前进，把近代以来中国人民和中华民族为之奋斗的伟大事业继续推向前进，必须坚持中国共产党坚强领导，充分发挥党总揽全局、协调各方的领导核心作用；必须团结带领中国人民不断为美好生活而奋斗，推动人的全面发展、全体人民共同富裕取得更为明显的实质性进展；必须继续推进马克思主义中国化，继续发展当代中国马克思主义、21世纪马克思主义；必须坚持和发展中国特色社会主义，把中国发展进步的命运牢牢掌握在自己手中；必须加快国防和军队现代化，以更强大的能力、更可靠的手段捍卫国家主权、安全、发展利益；必须不断推动构建人类命运共同体，推动历史车轮向着光明的目标前进；必须进行具有许多新的历史特点的伟大斗争，勇于战胜一切风险挑战；必须加强中华儿女大团结，汇聚起实现民族复兴的磅礴力量；必须不断推进党的建设新的伟大工程，确保党在新时代坚持和发展中国特色社会主义的历史进程中始终成为坚强领导核心。

历史深刻启示我们，民族复兴、国家统一是大势所趋、大义所在、民心所向。实现祖国完全统一，是全体中华儿女共同心愿，是中华民族根本利益所在。面向未来，我们要坚持一个中国原则和"九二共识"，推进祖国和平统一进程。包括两岸同胞在内的所有中华儿女，要和衷共济、团结向前，坚决粉碎任何"台独"图谋，共创民族复兴美好未来。

100多年前，中华民族呈现在世界面前的是一派衰败凋零的景象。今天，中华民族向世界展现的是一派欣欣向荣的气象，正以不可阻挡的步伐迈向伟大复兴。在新的伟大征程上，更加紧密地团结在以习近平同志为核心的党中央周围,增强"四个意识"、坚定"四个自信"、做到"两个维护",团结一切可以团结的力量、调动一切可以调动的积极因素,以不畏艰险、攻坚克难的勇气,以昂扬向上、奋发有为的锐气,应对重大挑战、抵御重大风险、克服重大阻力、解决重大矛盾,形成海内外全体中华儿女心往一处想、劲往一处使的生动局面,风雨无阻向前进,全面建成社会主义现代化强国的目标一定能够实现,中华民族伟大复兴的中国梦一定能够实现!

(2021年10月09日　01版)

在新时代新征程上赢得更加伟大的胜利和荣光

11月8日至11日,中国共产党第十九届中央委员会第六次全体会议胜利举行。全会听取和讨论了习近平总书记受中央政治局委托作的工作报告,充分肯定党的十九届五中全会以来中央政治局的工作,审议通过了《中共中央关于党的百年奋斗重大成就和历史经验的决议》,审议通过了《关于召开党的第二十次全国代表大会的决议》。

在党成立一百周年的重要历史时刻,在党和人民胜利实现第一个百年奋斗目标、全面建成小康社会,正在向着全面建成社会主义现代化强国的第二个百年奋斗目标迈进的重大历史关头,全面总结党的百年奋斗重大成就和历史经验,对推动全党进一步统一思想、统一意志、统一行动,团结带领全国各族人民夺取新时代中国特色社会主义新的伟大胜利,具有重大现实意义和深远历史意义。党中央决定通过召开十九届六中全会,全面总结党的百年奋斗重大成就和历史经验,是郑重的历史性、战略性决策,充分体现党牢记初心使命、永葆生机活力的坚强意志和坚定决心,充分体现党深刻把握历史发展规律、始终掌握党和国家事业发展的历史主动和使命担当,充分体现党立足当下、着眼未来、注重总结和运用历史经验的高瞻远瞩和深谋远虑。全会通过的《中共中央关于党的百年奋斗重大成就和历史经验的决议》,坚持辩证唯物主义和历史唯物主义的方法论,坚持正确党史观、树立大历史观,聚焦总结党的百年奋斗重大成就和历史经验,突出中国特色社会主义新时代这个重点,对重大事件、重要会议、重要人物的评价注重同党中央已有结论相衔接,体现了党中央对党的百年奋斗的新认识,是一篇光辉的马克思主义纲领性文献,是新时代中国共产党人牢记初心使命、坚持和发展中国特色社会主义的政治宣言,是以史为鉴、开创未来、实现中华民族伟大复兴的行动指南。《中共中央关于党的百年奋斗重大成就和历史经验的决议》最鲜明的特点是实事求是、尊重历史,反映了党的百年奋斗的初心使命,同党的前两个历史决议既一脉相承又与时俱进,必将激励全党锚定既定奋斗目标、意气风发走向未来。

我们党的一百年,是矢志践行初心使命的一百年,是筚路蓝缕奠基立业的一百年,是创造辉煌开辟未来的一百年。一百年来,党领导人民浴血奋战、百折不挠,创造了新民主主义革命的伟大成就;自力更生、发愤图强,创造了社会主义革命和建设的伟大成就;解放思想、锐意进取,创造了改革开放和社会主义现代化建设的伟大成就;自信自强、守正创新,创造了新时代中国特色社会主义的伟大成就。党和人民百年奋斗,书写了中华民族几千年历史上最恢宏的史诗。特别是党的十八大以来,以习近平同志为核心的党中央统筹把握中华民族伟大复兴战略全局和世界百年未有之大变局,以伟大的历史主动精神、巨大的政治勇气、强烈的责任担当,统揽伟大斗争、伟大工程、伟大事业、伟大梦想,推动党和国家事业取得历史性成就、发生历史性变革,彰显了中国特色社会主义的强大生机活力,党心军心民心空前凝聚振奋,为实现中华民族伟大复兴提供了更为完善的制度保证、更为坚实的物质基础、更为主动的精神力量,中华民族迎来了从站起来、富起来到强起来的伟大飞跃。以史为鉴,可以知兴替。总结党的百年奋斗重大成就和历史经验,是在建党百年历史条件下开启全面建设社会主义现代化国家新征程、在新时代坚持和发展中国特色社会主义的需要;是增强政治意识、大局意识、核心意识、看齐意识,坚定道路自信、理论自信、制度自信、文化自信,做到坚决维护习近平同志党中央的核心、全党的核心地位，坚决维护党中央权威和集中统一领导，确保全党步调一致向前进的需要；是推进党的自我革命、提高全党斗争本领和应对风险挑战能力、永葆党的生机活力、团结带领全国各族人民为实现中华民族伟大复兴的中国梦而继续奋斗的需要。全党要坚持唯物史观和正确党史观，从党的百年奋斗中看清楚过去我们为什么能够成功、弄明白未来我们怎样才能继续成功，从而更加坚定、更加自觉地践行初心使命，在新时代更好坚持和发展中国特色社会主义。

一百年来，党始终践行初心使命，团结带领全国各族人民绘就了人类发展史上的壮美画卷，中华民族伟大复兴展现出前所未有的光明前景。《中共中央关于党的百年奋斗重大成就和历史经验的决议》从党的百年奋斗从根本上改变了中国人民的前途命运、开辟了实现中华民族伟大复兴的正确道路、展示了马克思主义的强大生命力、深刻影响了世界历史进程、锻造了走在时代前列的中国共产党等五个方面总结概括的党百年奋斗的历史意义，全面、深刻、系统阐述了党对中国人民、对中华民族、对马克思主义、对人类进步事业、对马克思主义政党建设所作的历史性贡献，既立足中华大地，又放眼人类未来，体现了中国共产党和中国人民、中华民族的关系，体现了中国共产党和马克思主义、世界社会主义、人类社会发展的关系，贯通了中国共产党百年奋斗的历史逻辑、理论逻辑、实践逻辑。一百年来，党领导人民进行伟大奋斗，在进取中突破，于挫折中奋起，从总结中提高，积累了宝贵的历史经验。《中共中央关于党的百年奋斗重大成就和历史经验的决议》从坚持党的领导、坚持人民至上、坚持理论创新、坚持独立自主、坚持中国道路、坚持胸怀天下、坚持开拓创新、坚持敢于斗争、坚持统一战线、坚持自我革命等十个方面总结概括的党百年奋斗的历史经验，贯通历史、现在、未来，是经过长期实践积累的宝贵经验，是党和人民共同创造的精神财富，具有根本性和长远指导意义，必须倍加珍惜、长期坚持，并在新时代实践中不断丰富和发展。

当前，世界百年未有之大变局加速演进，中华民族伟大复兴进入关键时期，我们比历史上任何时期都更接近、更有信心和能力实现中华民族伟大复兴的目标。同时，全党必须清醒认识到，中华民族伟大复兴绝不是轻轻松松、敲锣打鼓就能实现的，前进道路上仍然存在可以预料和难以预料的各种风险挑战；必须清醒认识到，我国仍处于并将长期处于社会主义初级阶段，我国仍然是世界最大的发展中国家，社会主要矛盾是人民日益增长的美好生活需要和不平衡不充分的发展之间的矛盾。全党要牢记中国共产党是什么、要干什么这个根本问题，以咬定青山不放松的执着奋力实现既定目标，以行百里者半九十的清醒不懈推进中华民族伟大复兴。在新的伟大征程上，全党必须全面贯彻习近平新时代中国特色社会主义思想，用马克思主义的立场、观点、方法观察时代、把握时代、引领时代；必须坚持党的基本理论、基本路线、基本方略，坚持系统观念，统筹推进"五位一体"总体布局，协调推进"四个全面"战略布局，立足新发展阶段、贯彻新发展理念、构建新发展格局、推动高质量发展，协同推进人民富裕、国家强盛、中国美丽；必须永远保持同人民群众的血肉联系，践行以人民为中心的发展思想，不断实现好、维护好、发展好最广大人民根本利益；必须铭记生于忧患、死于安乐，常怀远虑、居安思危，继续推进新时代党的建设新的伟大工程；必须抓好后继有人这个根本大计，把各方面优秀人才集聚到党和人民的伟大奋斗中来。

茫茫九脉流中国，纵横当有凌云笔。中国共产党立志于中华民族千秋伟业，百年恰是风华正茂。现在，党团结带领中国人民又踏上了实现第二个百年奋斗目标新的赶考之路。时代是出卷人，我们是答卷人，人民是阅卷人。我们一定要继续考出好成绩，在新时代新征程上展现新气象新作为。让我们更加紧密地团结在以习近平同志为核心的党中央周围，全面贯彻习近平新时代中国特色社会主义思想,增强"四个意识"、坚定"四个自信"、做到"两个维护",大力弘扬伟大建党精神,勿忘昨天的苦难辉煌,无愧今天的使命担当,不负明天的伟大梦想,以史为鉴、开创未来,埋头苦干、勇毅前行,以优异成绩迎接党的二十大召开,为实现第二个百年奋斗目标、实现中华民族伟大复兴的中国梦而不懈奋斗。我们坚信,在过去一百年赢得了伟大胜利和荣光的中国共产党和中国人民,必将在新时代新征程上赢得更加伟大的胜利和荣光!

(2021年11月12日　03版)

稳字当头、稳中求进，推动高质量发展

刚刚闭幕的中央经济工作会议，是党的十九届六中全会之后中央召开的一次重要会议。会议认真总结今年经济工作，深入分析当前经济形势，全面部署明年经济工作，对于我们凝聚共识、坚定信心、真抓实干，做好明年经济工作，具有重大而深远的意义。

今年是党和国家历史上具有里程碑意义的一年，也必将是载入史册的一年。以习近平同志为核心的党中央沉着应对百年变局和世纪疫情，团结带领全党全国各族人民勠力同心、艰苦奋斗，奋力完成改革发展艰巨任务，实现了"十四五"良好开局。一年来，我国经济发展和疫情防控保持全球领先地位，国家战略科技力量加快壮大，产业链韧性得到提升，改革开放向纵深推进，民生保障有力有效，生态文明建设持续推进，构建新发展格局迈出新步伐，高质量发展取得新成效。

一年成绩来之不易，我们在应对风险挑战的实践中进一步积累了对做好经济工作的规律性认识：必须坚持党中央集中统一领导，沉着应对重大挑战，步调一致向前进。必须坚持高质量发展，坚持以经济建设为中心是党的基本路线的要求，全党都要聚精会神贯彻执行，推动经济实现质的稳步提升和量的合理增长。必须坚持稳中求进，调整政策和推动改革要把握好时度效，坚持先立后破、稳扎稳打。必须加强统筹协调，坚持系统观念。

明年将召开党的二十大，这是党和国家政治生活中的一件大事，要保持平稳健康的经济环境、国泰民安的社会环境、风清气正的政治环境。要以习近平新时代中国特色社会主义思想为指导，全面贯彻落实党的十九大和十九届历次全会精神，弘扬伟大建党精神，坚持稳中求进工作总基调，完整、准确、全面贯彻新发展理念，加快构建新发展格局，全面深化改革开放，坚持创新驱动发展，推动高质量发展，坚持以供给侧结构性改革为主线，统筹疫情防控和经济社会发展，统筹发展和安全，继续做好"六稳"、"六保"工作，持续改善民生，着力稳定宏观经济大盘，保持经济运行在合理区间，保持社会大局稳定，迎接党的二十大胜利召开。

做好经济工作，要聚焦主要任务、抓好重点工作。明年经济工作要稳字当头、稳中求进。在世纪疫情冲击下，百年变局加速演进，外部环境更趋复杂严峻和不确定。我国经济发展面临多年未见的需求收缩、供给冲击、预期转弱三重压力，困难和挑战明显增多。我们要坚定不移做好自己的事情，不断做强经济基础。要坚持以经济建设为中心，坚持四项基本原则、坚持改革开放，防范各种风险，坚定不移走高质量发展之路。要把稳增长、调结构、推改革有机结合起来，保持战略定力和耐心，保持宏观大局稳定。

稳字当头、稳中求进，稳定宏观经济大盘是高质量发展的重要基础，各方面要积极推出有利于经济稳定的政策，政策发力适当靠前。宏观政策要稳健有效，积极的财政政策要提升效能，更加注重精准、可持续，稳健的货币政策要灵活适度，保持流动性合理充裕，实施好扩大内需战略，促进消费持续恢复，积极扩大有效投资，增强发展内生动力。微观政策要持续激发市场主体活力，提振市场主体信心，规范市场秩序，以公正监管保障公平竞争，营造各类所有制企业竞相发展的良好环境。结构政策要着力畅通国民经济循环，深化供给侧结构性改革，促进经济循环和产业链畅通，提升制造业核心竞争力，促进房地产业健康发展。科技政策要扎实落地，抓好关键核心技术攻关，强化国家战略科技力量，强化企业创新主体地位，完善优化科技创新生态，继续开展国际科技合作。改革开放政策要激活发展动力，抓好要素市场化配置综合改革试点等改革，调动地方改革积极性，鼓励各地因地制宜、主动改革，扩大高水平对外开放，稳住外贸外资基本盘，开拓新的增长点。区域政策要增强发展的平衡性协调性，全面推进乡村振兴，提升新型城镇化建设质量。社会政策要兜住兜牢民生底线，统筹推进经济发展和民生保障，加快补齐民生领域短板，落实好就业优先政策，推进基本养老保险全国统筹，推动新的生育政策落地见效，积极应对人口老龄化。

进入新发展阶段，我国发展内外环境发生深刻变化，面临许多新的重大理论和实践问题。我们要正确认识和把握实现共同富裕的战略目标和实践途径，正确认识和把握资本的特性和行为规律，正确认识和把握初级产品供给保障，正确认识和把握防范化解重大风险，正确认识和把握碳达峰碳中和。

稳字当头、稳中求进，要加强和改善党对经济工作的领导。领导经济工作必须尊重客观实际和群众需求，必须有系统思维、科学谋划。各级党委和政府、各级领导干部要自觉同以习近平同志为核心的党中央保持高度一致，把提高政治判断力、政治领悟力、政治执行力落实到行动上，体现到贯彻落实党的路线方针政策的实际行动上，体现到推动高质量发展的实际行动上，体现到为党分忧、为国尽责、为民奉献的实际行动上。

明年经济工作的大政方针已定，任务艰巨，责任重大。让我们更加紧密地团结在以习近平同志为核心的党中央周围，增强"四个意识"、坚定"四个自信"、做到"两个维护"，运用好党史学习教育成果，以实际行动把党中央决策部署落实到位，以优异成绩迎接党的二十大胜利召开。

(2021年12月11日　01版)

稳住农业基本盘　守好"三农"基础

农业农村农民问题是关系国计民生的根本性问题。中央农村工作会议12月25日至26日在北京召开，会议分析当前"三农"工作面临的形势任务，研究部署2022年"三农"工作。习近平总书记站在党和国家事业发展全局的战略高度，对做好"三农"工作作出重要指示，强调"应对各种风险挑战，必须着眼国家战略需要，稳住农业基本盘、做好'三农'工作，措施要硬，执行力要强，确保稳产保供，确保农业农村稳定发展"。

"三农"向好，全局主动。今年以来，面对复杂严峻的发展环境、散发多发的局部疫情、极为异常的极端天气等困难挑战，以习近平同志为核心的党中央坚持把解决好"三农"问题作为全党工作重中之重，坚持农业农村优先发展，走中国特色社会主义乡村振兴道路，扎实推进"三农"各项工作，农业生产保持稳中有进，粮食产量保持在1.3万亿斤以上，脱贫攻坚成果得到巩固和拓展，全面推进乡村振兴迈出坚实步伐，为实现"十四五"良好开局奠定了坚实基础。实践充分证明，以习近平同志为核心的党中央驰而不息重农强农的战略决策完全正确，党的"三农"政策得到亿万农民衷心拥护。

明年将召开党的二十大，做好"三农"工作、稳定"三农"这个基本盘，对于保持平稳健康的经济环境、国泰民安的社会环境具有特殊重要意义。必须稳住农业基本盘、守好"三农"基础，更好发挥"压舱石"作用，全面推进乡村振兴。

习近平总书记强调："保障好初级产品供给是一个重大战略性问题，

中国人的饭碗任何时候都要牢牢端在自己手中，饭碗主要装中国粮。"保证粮食安全，大家都有责任，党政同责要真正见效。在外部环境发生深刻变化的复杂形势下，依靠自身力量端牢自己的饭碗，就能为应对各种风险挑战赢得主动。要全力抓好粮食生产和重要农产品供给，落实粮食安全党政同责，开展粮食安全责任制考核，大力扩大大豆和油料生产，确保2022年粮食产量稳定在1.3万亿斤以上，强化"菜篮子"市长负责制，确保肉蛋菜和其他生活必需品供应和价格基本稳定。耕地保护的事必须丁是丁、卯是卯，要实行耕地保护党政同责，落实"长牙齿"的硬措施，严守18亿亩耕地红线，加强耕地用途管制，2022年新建1亿亩高标准农田。要强化农业科技支撑，大力推进种源等农业关键核心技术攻关，提升农机装备研发应用水平，加快发展设施农业。

乡村振兴的前提是巩固脱贫攻坚成果，要持续抓紧抓好，让脱贫群众生活更上一层楼。脱贫攻坚胜利后不能掉头就走，要持续推动同乡村振兴战略有机衔接，加大对乡村振兴重点帮扶县倾斜支持力度，抓紧完善和落实监测帮扶机制，确保不发生规模性返贫。要聚焦产业促进乡村发展，深入推进农村一二三产业融合，大力发展县域富民产业。要扎实推进乡村建设，加强和改进乡村治理，以更有力的举措、汇聚更强大的力量，推动全面推进乡村振兴取得新进展、农业农村现代化迈出新步伐。

做好明年"三农"工作，意义重大、任务艰巨。让我们更加紧密地团结在以习近平同志为核心的党中央周围，增强"四个意识"、坚定"四个自信"、做到"两个维护"，开拓进取、攻坚克难，奋力开创全面推进乡村振兴工作新局面，以优异成绩迎接党的二十大胜利召开，在全面建设社会主义现代化国家新征程上不断作出新贡献、创造新辉煌。

（2021年12月27日　01版）

在新的伟大征程上奋勇前进

——元旦献词

百年奋斗，书写恢宏史诗；伟大征程，召唤新的进发。走过激荡人心的2021年，迎来充满希望的2022年，中国号巨轮奋楫扬帆、劈波斩浪，亿万人民激情澎湃、豪情满怀。

2021年是党和国家历史上具有里程碑意义的一年，在我国现代化建设进程中具有特殊重要性。面对百年变局和世纪疫情交织叠加，面对极为繁重艰巨的国内疫情防控和经济社会发展各项任务，以习近平同志为核心的党中央高瞻远瞩、见微知著，统筹国内国际两个大局，统筹疫情防控和经济社会发展，统筹发展和安全，统筹推进"五位一体"总体布局、协调推进"四个全面"战略布局，团结带领全党全国各族人民知重负重、迎难而上、开拓奋进，党和国家各项事业取得新的重大成就，"十四五"实现良好开局！

这一年，我们如期打赢脱贫攻坚战，如期全面建成小康社会、实现第一个百年奋斗目标。中国共产党团结带领中国人民自强不息、顽强奋斗，依靠勤劳的双手，付出艰辛的努力，在中华大地上全面建成了小康社会，历史性地解决了绝对贫困问题，让中华民族孜孜以求的美好梦想成为现实。这是中华民族的伟大光荣！这是中国人民的伟大光荣！这是中国共产党的伟大光荣！在中国共产党奋斗史、新中国发展史、中华民族文明史上都具有里程碑意义。

这一年，我们顺利开启全面建设社会主义现代化国家、向第二个百年奋斗目标进军新征程。构建新发展格局迈出新步伐，高质量发展取得新成效，国家战略科技力量加快壮大，产业链韧性得到提升，改革开放全面深化，民生保障有力有效，粮食产量喜获"十八连丰"，生态文明建设持续推进，社会大局保持稳定，国防和军队现代化建设加快推进，战胜多种严重自然灾害，灾后恢复重建扎实有力，我国经济发展和疫情防控保持全球领先地位，展现了开局起步之年的新气象，为我们牢牢把握未来发展主动权、实现高质量发展奠定坚实基础。

这一年，我们隆重庆祝中国共产党成立100周年，深入开展党史学习教育，全面总结党的百年奋斗重大成就和历史经验。党的十九届六中全会审议通过党的第三个历史决议《中共中央关于党的百年奋斗重大成就和历史经验的决议》，这是一篇光辉的马克思主义纲领性文献，是新时代中国共产党人牢记初心使命、坚持和发展中国特色社会主义的政治宣言，是以史为鉴、开创未来、实现中华民族伟大复兴的行动指南，激励全党全国各族人民锚定既定奋斗目标，意气风发走向未来。

这一年，我们全面推进中国特色大国外交，维护和践行真正的多边主义，努力构建新型国际关系，推动构建人类命运共同体。在全球变局中开创新局，在世界乱局中化危为机，在斗争与合作中勇毅前行，为共同应对人类面临的各种挑战和全球性问题，建设持久和平、普遍安全、共同繁荣、开放包容、清洁美丽的世界贡献了中国智慧、中国方案、中国力量。

沧海横流显砥柱，万山磅礴看主峰。党的十八大以来这些年在党和国家事业发展进程中极不寻常、极不平凡。党面临形势环境的复杂性和严峻性、肩负任务的繁重性和艰巨性世所罕见、史所罕见。习近平总书记以马克思主义政治家、战略家的胆略，谋划国内外大局，推进改革发展稳定、内政外交国防、治党治国治军工作，领导全党全国各族人民抓住机遇、攻坚克难，解决了许多长期想解决而没有解决的难题，办成了许多过去想办而没有办成的大事。党和国家事业取得历史性成就、发生历史性变革，最根本的原因在于有习近平总书记作为党中央的核心、全党的核心掌舵领航，在于有习近平新时代中国特色社会主义思想科学指引。

实践充分表明，党确立习近平同志党中央的核心、全党的核心地位，确立习近平新时代中国特色社会主义思想的指导地位，反映了全党全军全国各族人民共同心愿，对新时代党和国家事业发展、对推进中华民族伟大复兴历史进程具有决定性意义。历史深刻启示我们，坚决维护党中央的核心、全党的核心是党在重大时刻凝聚共识、果断抉择的关键，是党团结统一、胜利前进的重要保证。

历史的画卷，在砥砺前行中铺展；时代的华章，在接续奋斗里书写。2022年将召开党的二十大，这是党和国家政治生活中的一件大事，要保持平稳健康的经济环境、国泰民安的社会环境、风清气正的政治环境。习近平总书记深刻指出："今天，我们比历史上任何时期都更接近、更有信心和能力实现中华民族伟大复兴的目标，同时必须准备付出更为艰巨、更为艰苦的努力。"踏上新的赶考之路，我们深知中华民族伟大复兴绝不是轻轻松松、敲锣打鼓就能实现的，越是接近民族复兴越不会一帆风顺，越充满风险挑战乃至惊涛骇浪；我们懂得全面建成小康社会只是我们迈向中华民族伟大复兴的关键一步，迎着民族复兴的光明前景，更光荣的使命等待我们去担当，更伟大的奇迹等待我们去创造。我们要弘扬伟大建党精神，始终谦虚谨慎、不骄不躁、艰苦奋斗，保持越是艰险越向前的英雄气概，保持敢教日月换新天的昂扬斗志，在新的伟大征程上披荆斩棘、奋勇前进，以咬定青山不放松的执着奋力实现既定目标，以行百里者半九十的清醒不懈推进中华民族伟大复兴。

在新的伟大征程上奋勇前进，必须保持战略定力。从100年前衰败凋零的景象到如今欣欣向荣的气象，中国人民和中华民族之所以能够扭转近代以后的历史命运、取得今天的伟大成就，最根本的是有中国共产党的坚强领导。今天，脚踏中华大地，传承中华文明，走符合中国国情的正确道路，我们具有无比广阔的发展舞台，具有无比深厚的历史底蕴，具有无比强大的前进定力。在以习近平同志为核心的党中央坚强领导下，坚持以习近平新时代中国特色社会主义思想为指导，全面贯彻党的基本理论、基本路线、基本方略，坚定志不改、道不变的决心，将改革开放进行到底，在中国特色社会主义道路上昂首阔步向前进，我们一定能牢牢把中国发展进步的命运掌握在自己手中。

在新的伟大征程上奋勇前进，必须坚定历史自信。100年来，我们党致力于为中国人民谋幸福、为中华民族谋复兴，致力于为人类谋进步、为世界谋大同，天下为公，人间正道，这是我们党具有历史自信的最大底气，是我们党在中国执政并长期执政的历史自信，也是我们党团结带领人民继续前进的历史自信。在新的赶考之路上，我们能否继续交出优异答卷，关键在于有没有坚定的历史自信。增强对马克思主义、共产主义的信仰，增强对中国特色社会主义的信念，增强对实现中华民族伟大复兴的信心，坚定历史自信、筑牢历史记忆，坚定不移做好自己的事情，心往一处想、劲往一处使，我们必将继续成功，我们必定能够成功！

在新的伟大征程上奋勇前进，必须鼓足奋斗干劲。社会主义是干出来的，新时代是奋斗出来的。世纪疫情冲击下，百年变局加速演进，外部环境更趋复杂严峻和不确定，我国正处于实现中华民族伟大复兴关键时期。我们要不忘初心、牢记使命，回答好"从哪里来、往哪里去"这个基本命题，始终保持党同人民群众的血肉联系，践行以人民为中心的发展思想，始终做到发展为了人民、发展依靠人民、发展成果由人民共享，激发全体人民积极性、主动性、创造性，不断实现人民对美好生活的向往；我们要立足新发展阶段，完整、准确、全面贯彻新发展理念，加快构建新发展格局，推动高质量发展，增强我们的生存力、竞争力、发展力、持续力，始终充满朝气生存和发展下去；我们要站在历史正确的一边，站在人类进步的一边，推动构建人类命运共同体，弘扬和平、发展、公平、正义、民主、自由的全人类共同价值，始终做世界和平的建设者、全球发展的贡献者、国际秩序的维护者，努力为人类文明进步和世界和平发展作出新的更大贡献。坚持底线思维，增强忧患意识，发扬斗争精神，掌握斗争策略，练就斗争本领，攻坚克难、锐意进取，做到难不住、压不垮，我们一定能战胜各种艰难险阻，创造新的时代辉煌、铸就新的历史伟业。

浩渺行无极，扬帆但信风。当代中国，江山壮丽，人民豪迈，前程远大。让我们更加紧密地团结在以习近平同志为核心的党中央周围，增强"四个意识"、坚定"四个自信"、做到"两个维护"，努力创造无愧于党、无愧于人民、无愧于时代的新业绩，迎接党的二十大胜利召开，在新时代新征程上赢得更加伟大的胜利和荣光！

（2022年01月01日　04版）

让我们一起向未来!

——热烈祝贺第二十四届冬季奥林匹克运动会开幕

今夜,当五星红旗、五环旗在中国国家体育场冉冉升起,神州大地奏响团结、友谊、和平的盛大乐章。

今夜,当采自古奥林匹亚的火种在北京夜空熊熊燃烧,奋进的中国与古老的奥林匹克再度携手前行。

今夜,当五洲四海的老友新朋在世界东方汇聚一堂,人类社会共同发出"一起向未来"的和音。

办好北京冬奥会、冬残奥会,是我们党和国家的一件大事,是亿万中国人民对奥林匹克运动的又一次热情拥抱,是一个欣欣向荣、开放自信的中国对国际社会的庄严承诺。习近平总书记郑重宣示:"我们不仅要办好一届冬奥盛会,而且要办出特色、办出精彩、办出独一无二来。"

自2015年北京携手张家口获得第二十四届冬季奥林匹克运动会的举办权以来,从提出绿色、共享、开放、廉洁的办奥理念,到明确简约、安全、精彩的办赛要求,从"冰丝带""雪如意"的飞扬舞动,到"带动3亿人参与冰雪运动"的目标提前实现……多少次披星戴月,多少回攻坚克难,中国言必信、行必果,"冬奥蓝图"一步步变为现实。

习近平总书记在二〇二二年新年贺词中强调:"我们将竭诚为世界奉献一届奥运盛会。世界期待中国,中国做好了准备。"当奥林匹克又一次进入"北京时间",我们有信心、有能力为世界奉献一届精彩、非凡、卓越的奥运盛会!我们有决心、有底气在奥林匹克运动发展史上留下浓墨重彩的一笔!

体育是社会发展和人类进步的重要标志,奥林匹克运动是全人类共同的财富。五环旗下,不同地域、不同肤色的体育健儿汇聚同一个赛场,不同种族、不同信仰的人民矢志同一个梦想。为人类创造一个寻求和平、友谊的载体,这是奥林匹克运动的光荣所在;为世界搭建一座对话、交流的桥梁,这是奥林匹克盛会的价值所向。走过100多年的历程,国际奥林匹克运动为实现人的全面发展,增进各国人民友谊,推动世界和平、发展、进步事业发挥了积极作用。今天,奥林匹克精神超越国界,在全世界深入人心,奥运会不仅成为各国运动员实现光荣和梦想的重要舞台,也成为世界各国人民增进了解、加深友谊的重要平台。

作为奥林匹克大家庭的一员,中国是奥林匹克运动的坚定参与者,也是奥林匹克价值的积极推动者。从赫拉神庙到万里长城,从奥林匹亚山到珠穆朗玛峰,从100多年前的"奥运三问"到今天的"双奥之城",从2008年北京夏季奥运会在现代奥林匹克运动史册上深深钤上彤红的中国印,到2014年南京青奥会向世界奉献一场精彩纷呈、充满活力、有中国特色的青春盛会,历史悠久的奥林匹克和源远流长的中华文明交汇交融,不断书写让世界瞩目的崭新奥运篇章。2022年冬奥会、冬残奥会在中国举办,这是中国体育同世界奥林匹克运动开创双赢局面的良好契机,必将进一步增强中国人民实现中华民族伟大复兴的信心,向世界展现阳光、富强、开放、充满希望的国家形象,推动中华文明同世界各国文明交流互鉴,必将进一步激发中国人民对奥林匹克运动的热情,创造奥林匹克冬季运动发展和奥林匹克精神传播的新境界!

当前，世界百年未有之大变局和新冠肺炎疫情全球大流行交织影响，各国人民对和平发展的期盼更加殷切，对公平正义的呼声更加强烈，对合作共赢的追求更加坚定。在第三十二届夏季奥运会开幕前，国际奥委会在流传百余年的奥林匹克格言中加入了"更团结"，表达了世界需要团结一致、共克时艰的愿景。第七十六届联合国大会协商一致通过北京冬奥会奥林匹克休战决议，强调北京冬奥会将是展现人类团结、韧性和国际合作宝贵价值的契机。北京冬奥会正值中国农历虎年，在中国文化中，虎是勇敢和力量的象征。面对当前人类面临的严峻挑战，顺应大势，团结一心，如虎添翼、虎虎生威，勇敢战胜前进道路上各种险阻，才能共创后疫情时代美好世界，让希望的阳光照亮人类。北京冬奥会是新冠肺炎疫情发生以来首次如期举办的全球综合性体育盛会，肩负着让奥林匹克运动促进人类相互理解与交流的重要使命。我们坚信，"一起向未来"的主题口号，将和"更快、更高、更强——更团结"的奥林匹克新格言一起，凝聚起各方加强团结协作、共同应对挑战、迈向美好未来的更磅礴力量！

大道之行，天下为公。在庆祝中国共产党成立100周年大会上，习近平总书记强调："中国共产党关注人类前途命运，同世界上一切进步力量携手前进，中国始终是世界和平的建设者、全球发展的贡献者、国际秩序的维护者！"和平、和睦、和谐是中华民族一直以来追求和传承的理念，中国共产党始终把为人类作出新的更大贡献作为自己的使命，从人类发展大潮流、世界变化大格局、中国发展大历史正确认识和处理同外部世界的关系。成功举办北京冬奥会、冬残奥会，将以全球共通的体育语言和奥林匹克精神，为推动构建人类命运共同体提供海纳百川、兼容并包的舞台，凝聚各国人民建设美好世界的共同追求和最大共识，绘出世界最大同心圆。面向未来，只要坚定不移站在历史正确的一边，站在人类进步的一边，弘扬和平、发展、公平、正义、民主、自由的全人类共同价值，我们就一定能够不断为人类文明进步贡献智慧和力量，推动历史车轮向着光明的前途前进！

今夜，华灯璀璨，大幕开启。体育健儿步入会场，朝着目标全力进发；世界人民携手相约，共叙和平、友谊、进步的佳话。这是传递激情和梦想的时刻，这是展示勇气和力量的时刻，这是抒写奋斗和团结的时刻。

让我们一起向未来！

（2022年02月04日　01版）

共同奏响和平、团结、进步的时代乐章

——热烈祝贺第二十四届冬季奥林匹克运动会闭幕

2月20日晚,绚烂的焰火照亮了北京夜空,第二十四届冬季奥林匹克运动会闭幕式隆重举行。在欢乐的海洋里,在难舍的告别中,北京冬奥会圆满落下帷幕。

在刚刚过去的16天里,北京,既古老又现代的国际化都市,全球首个"双奥之城",再次为世界奉献了一届令人难忘的奥运盛会,再次向世人展现了中国人民积极向上的精神和力量,再次书写了奥林匹克运动新的传奇。

91个国家和地区,近3000名冰雪健儿,7个大项109个小项……这是新冠肺炎疫情发生以来首次如期举办的全球综合性体育盛会,是设项和产生金牌最多的一届冬奥会,给更多冰雪健儿创造了实现梦想的机会。北京冬奥会的圆满成功,兑现了中国对国际社会的庄严承诺,为各国冰雪健儿提供了超越自我的舞台,也为疫情困扰下的世界注入了信心和力量。

在北京冬奥会开幕前夕,习近平主席郑重宣示:"中方将竭诚为世界奉献一届简约、安全、精彩的奥运盛会,践行'更快、更高、更强——更团结'的奥林匹克格言。"北京冬奥会的成功举办,以其精彩、非凡、卓越赢得世界瞩目和好评,在奥林匹克运动史上留下了浓墨重彩的一笔!北京冬奥会将成为世界冰雪运动发展的重要里程碑!

这是一届无与伦比的精彩盛会。奥运纪录被不断刷新,高难度动作频频上演，年轻小将崭露头角，传奇老将续写传奇，竞争对手彼此关爱鼓励……一幕幕精彩瞬间，见证各国冰雪健儿自强不息、超越自我的拼搏历程，生动诠释了奥林匹克精神。赛场上，中国冰雪健儿坚持拼字当头，敢于拼搏、善于拼搏，取得了9枚金牌、4枚银牌、2枚铜牌的好成绩，践行了"人生能有几回搏"的铿锵誓言，创造了新的纪录，鼓舞和激励着中华儿女踔厉奋发、不懈奋斗。

这是一次来之不易的非凡之约。面对疫情带来的困难和不便，中国秉持绿色、共享、开放、廉洁的办奥理念，全力克服疫情影响。从突出"简约、安全、精彩"的办赛要求，到严格落实"双闭环"管理，再到完善场馆防疫措施，一项项有力举措，最大限度降低了疫情传播风险，有效保障了参赛及相关人员、中国人民的健康安全，向全世界展现了人类战胜困难和挑战的强大力量。

这是一场追求完美的卓越呈现。中国设计、中国技术、中国材料、中国制造、中国建造创造出一个又一个"世界一流"，首钢滑雪大跳台实现对工业遗产的转型再利用，所有竞赛场馆全部使用绿色电力，主火炬在奥运历史上首次使用"微火"方式……体现了科技、智慧、绿色、节俭的鲜明特色；"雪游龙""雪如意""雪飞天""冰丝带""冰立方""冰菱花"……一个个奥运场馆，为运动员高水平竞技提供了高质量舞台；主媒体中心做好各项运行、服务、保障工作，确保各项新闻报道和传输转播功能安全运行，为全面、立体、生动地把北京冬奥盛会传到全世界提供了坚实支撑；冬奥村安全、温馨、舒适，真正实现了"想运动员之所想、办运动员之所需"……追求卓越、精益求精，中国全力做好各项赛事组织、赛会服务、指挥调度等工作，树立了"奥运新标杆"。

习近平主席深刻指出："自古以来，奥林匹克运动承载着人类对和平、团结、进步的美好追求。"当前，百年变局和世纪疫情叠加，世界进入新的动荡变革期,人类面临多重挑战。如何战胜疫情?如何建设疫后世界?这是世界各国人民共同关心的重大问题,也是我们必须回答的紧迫的重大课题。北京冬奥会的圆满成功再次表明,人类生活在同一个地球村,命运紧密相连,面对各种紧迫全球性挑战,唯有加强团结合作,共同坐上新时代的"诺亚方舟",奏响和平、团结、进步的时代乐章,才会有更加美好的明天。

让我们牢记奥林匹克运动初心,共同维护世界和平。和平是人类共同愿望和崇高目标。奥林匹克运动为和平而生,因和平而兴。去年12月,联合国大会协商一致通过奥林匹克休战决议,呼吁通过体育促进和平,代表了国际社会的共同心声。历史反复证明,对抗不仅于事无补,而且会带来灾难性后果,和平发展、合作共赢才是人间正道。前进道路上,我们要坚持相互尊重、平等相待、对话协商,努力化解分歧,消弭冲突,共同建设一个持久和平的世界。

让我们弘扬奥林匹克运动精神,团结应对国际社会共同挑战。面对人类遭遇的各种难题,奥林匹克运动为推动全球共克时艰、团结合作发挥了重要而独特的作用。当前,疫情仍在肆虐,气候变化、恐怖主义等全球性问题层出不穷。奥林匹克运动倡导的"更团结"正是当今时代最需要的,国际社会应当"更团结"。实践充分证明,小船经不起风浪,巨舰才能顶住惊涛骇浪,世界各国与其在190多条小船上,不如同在一条大船上,共同拥有更美好未来。各国唯有团结一心、携手合作,一起向未来,才能有效应对各种风险挑战。前进道路上,我们要践行真正的多边主义,维护以联合国为核心的国际体系,维护以国际法为基础的国际秩序,共同建设和谐合作的国际大家庭。

让我们践行奥林匹克运动宗旨,持续推动人类进步事业。奥林匹克运动的目标是实现人的全面发展。当前,全球发展进程正在遭受严重冲击,人类发展指数30年来首次下降。但不论风吹雨打，人类总是要向前走的。不论遇到什么困难，我们都要坚持以人民为中心的发展思想，把促进发展、保障民生置于全球宏观政策的突出位置，促进现有发展合作机制协同增效，促进全球均衡发展。前进道路上，我们要顺应时代潮流，坚守和平、发展、公平、正义、民主、自由的全人类共同价值，促进不同文明交流互鉴，共同构建人类命运共同体。

习近平主席指出："从2008年的'同一个世界，同一个梦想'到2022年的'一起向未来'，中国积极参与奥林匹克运动，坚持不懈弘扬奥林匹克精神，是奥林匹克理想的坚定追求者、行动派。"北京冬奥会的成功举办，进一步激发了人们对奥林匹克运动的热情，带动了更多人关心、热爱、参与冰雪运动，向世界展现了阳光、富强、开放、充满希望的中国形象，为全球冰雪运动发展开辟了更为广阔的空间，为奥林匹克运动发展和奥林匹克精神传播作出积极贡献。面向未来，中国将始终站在历史正确的一边，站在人类进步的一边，始终做世界和平的建设者、全球发展的贡献者、国际秩序的维护者，推动历史车轮向着光明的前途前进，继续为全球奥林匹克事业作出新的更大贡献。

"草木蔓发，春山可望。"在这个万物复苏的时节，我们对北京冬奥盛会充满骄傲，也对下一个四年之约充满期待。让我们共享奥林匹克的伟大梦想、共创奥林匹克的伟大荣光，一起向着人类更加美好的未来进发！

（2022年02月21日　03版）

奋力开创全面推进乡村振兴新局面

新春伊始，中共中央、国务院公开发布《关于做好2022年全面推进乡村振兴重点工作的意见》。这是新世纪以来，党中央连续发出的第十九个"一号文件"。今年的中央一号文件立足新发展阶段、贯彻新发展理念、构建新发展格局、推动高质量发展，聚焦牢牢守住保障国家粮食安全和不发生规模性返贫两条底线，扎实有序做好乡村发展、乡村建设、乡村治理重点工作，对2022年全面推进乡村振兴作出重大部署，对于确保农业稳产增产、农民稳步增收、农村稳定安宁具有重大指导意义。

"三农"向好，全局主动。2021年，在以习近平同志为核心的党中央坚强领导下，我们克服新冠肺炎疫情、洪涝自然灾害等重重困难，农业生产保持稳中有进，粮食产量保持在1.3万亿斤以上，脱贫攻坚成果得到巩固和拓展，全面推进乡村振兴迈出坚实步伐。农业农村改革发展取得的显著成效，对开新局、应变局、稳大局发挥了重要作用。

当前，全球新冠肺炎疫情仍在蔓延，世界经济复苏脆弱，气候变化挑战突出，我国经济社会发展各项任务极为繁重艰巨。从容应对百年变局和世纪疫情，推动经济社会平稳健康发展，必须着眼国家重大战略需要，稳住农业基本盘、做好"三农"工作，接续全面推进乡村振兴。要深刻认识到，今年是进入全面建设社会主义现代化国家、向第二个百年奋斗目标进军新征程的重要一年，我们党将召开二十大，坚持把解决好"三农"问题作为全党工作重中之重，坚持农业农村优先发展，更好发挥

"压舱石"作用，对于推动经济社会平稳健康发展具有重要意义。守好"三农"基础，措施要硬，执行力要强，确保稳产保供，确保农业农村稳定发展。

习近平总书记强调："保障好初级产品供给是一个重大战略性问题，中国人的饭碗任何时候都要牢牢端在自己手中，饭碗主要装中国粮。"要全面落实粮食安全党政同责，严格粮食安全责任制考核，主产区、主销区、产销平衡区都要保面积、保产量，确保粮食播种面积稳定、产量保持在1.3万亿斤以上。千方百计扩种大豆和油料，实打实调整农业结构，确保成效可考核。保障"菜篮子"产品供给，统筹做好重要农产品调控，全力抓好粮食生产和重要农产品供给。合理保障农民种粮收益，让农民种粮有利可图，调动农民种粮积极性。围绕耕地和种子强化现代农业基础支撑。"农田就是农田，而且必须是良田"，落实"长牙齿"的耕地保护硬措施，实行耕地保护党政同责，严守18亿亩耕地红线，全面完成高标准农田建设阶段性任务。大力推进种源等农业关键核心技术攻关，提升农机装备研发应用水平。

习近平总书记指出："我们如期打赢了脱贫攻坚战，如期实现了全面建成小康社会目标，现在踏上了全面建设社会主义现代化国家新征程。建设现代化国家离不开农业农村现代化，要继续巩固脱贫攻坚成果，扎实推进乡村振兴，让群众生活更上一层楼，在推进农业农村现代化中越走越有奔头。"乡村振兴的前提是巩固脱贫攻坚成果，要完善监测帮扶机制，促进脱贫人口持续增收，加大对乡村振兴重点帮扶县和易地搬迁集中安置区支持力度，推动脱贫地区帮扶政策落地见效，坚决守住不发生规模性返贫底线，切实维护和巩固脱贫攻坚战的伟大成就。全面推进乡村振兴，要持续推进农村一二三产业融合发展，大力发展县域富民产业，聚焦产业促进乡村发展；落实乡村振兴为农民而兴、乡村建设为农民而建的要求，扎实稳妥推进乡村建设；加强农村基层组织建设，创新农村精神文明建设有效平台载体，突出实效改进乡村治理。加大政策保障和体制机制创新力度，坚持和加强党对"三农"工作的全面领导，举全党全社会之力，强化乡村振兴要素保障，加快农业农村现代化。

在二〇二二年新年贺词中，习近平总书记强调："全面小康、摆脱贫困是我们党给人民的交代，也是对世界的贡献。让大家过上更好生活，我们不能满足于眼前的成绩，还有很长的路要走。"做好今年的"三农"工作，意义重大、任务艰巨。让我们更加紧密地团结在以习近平同志为核心的党中央周围，增强"四个意识"、坚定"四个自信"、做到"两个维护"，真抓实干，埋头苦干，奋力开创全面推进乡村振兴新局面，以实际行动迎接党的二十大胜利召开。

（2022年02月23日　01版）

携手共奋进，一起向未来

——热烈祝贺北京2022年冬残奥会开幕

历史会镌刻这一笔，世界会铭记这一刻。今夜，在中国国家体育场，五星红旗、残奥会会旗升起，凝聚团结、友谊、进步的主火炬点燃。

这是举世瞩目的冬残奥之约。来自五洲四海的残疾人运动员怀着光荣和梦想，用努力拼搏、奋勇争先诠释"勇气、决心、激励、平等"的残奥价值观。

这是象征人类文明进步的盛大节日。"精神寓于运动"的残奥理念与"平等、参与、共享"的中国残疾人事业发展理念相融相汇，激励人们共享体育运动带来的激情与欢乐，共创更加美好的未来。

两个奥运，同样精彩。习近平总书记郑重宣示："办好北京冬奥会、冬残奥会，是中国对国际社会的庄严承诺。"我们言必信、行必果，向世界奉献了一届非凡卓越的北京冬奥会，赢得国际社会广泛赞誉，在奥林匹克运动史上写下浓墨重彩的一页。我们有信心、有能力，把北京冬残奥会一样办好，奏响"一起向未来"的华彩乐章。

从1976年第一届冬残奥会在瑞典举办以来，冬残奥会不断发展壮大，成为世界残疾人运动员展示竞技水平和精神风貌的平台，演绎生命价值和人生精彩的舞台。今天，残奥价值观与理念不仅进一步激发残疾人参与体育、健身康复、享受快乐，而且推动人道主义精神进一步弘扬和发展，为促进人类社会文明进步作出了重要贡献。

运动点燃希望，拼搏成就梦想。北京冬残奥会吉祥物"雪容融"张开热情的怀抱，欢迎来自世界各地的老友新朋。这是全世界残疾人运动员的盛会，将展示自尊、自信、自强、自立的精神，写下欢乐、友谊、梦想、成功的故事；这是全世界残疾人的盛会，将唤起人们对残疾人更多理解、尊重与关爱，促进残疾人事业进一步发展；这是全世界人民的盛会，将增进我国人民同世界各国人民的相互了解，推动不同文明交流互鉴，谱写构建人类命运共同体的崭新篇章。

残疾人是社会大家庭的平等成员，也是人类文明发展的一支重要力量。残疾人体育事业是展现精神与品格、凝聚信心与力量、充满关爱与希望的事业。我们相信，以北京冬残奥会的成功举办为标志，世界残奥运动一定能吸引更多的残疾人了解和参加体育运动，提高身体素质，更好地参与社会生活，一定能把和平、友谊、关爱的种子播撒在更多人的心中。

习近平总书记强调："让广大残疾人安居乐业、衣食无忧，过上幸福美好的生活，是我们党全心全意为人民服务宗旨的重要体现，是我国社会主义制度的必然要求。"党的十八大以来，以习近平同志为核心的党中央对残疾人格外关心、格外关注，始终坚持以人民为中心，尊重残疾人意愿，保障残疾人权利，注重残疾人的社会参与，推动残疾人真正成为经济社会发展的参与者、贡献者和享有者。特别是北京冬残奥会的筹办，带动场地设施、赛事运行、服务保障等各环节不断优化升级，进一步推动"无障碍"理念融入城市发展，更好保障残疾人在体育、康复、文化、教育、就业等各方面的权益，成为中国残疾人事业快速发展的生动写照。以北京冬残奥会为新起点，中国将进一步推动残疾人事业高质量发展，促进残疾人全面发展和共同富裕,一如既往推动国际残疾人事业共同发展。

今夜,北京拥抱世界,世界瞩望中国。赛场上,用拼搏点亮人生;赛场外,将奋斗写进历史。实践将又一次证明,在奥林匹克旗帜下,残疾人同样可以成就自己的梦想;在奔腾向前的时代洪流中,残疾人同样可以奏响生命的强音。

让我们携手共奋进,让我们一起向未来!

(2022年03月04日　01版)

团结一心，凝聚起共同奋斗的力量

——热烈祝贺全国政协十三届五次会议开幕

春阳抚照，万物滋荣。今天，全国政协十三届五次会议在京开幕，来自34个界别的2000多名全国政协委员肩负重托、满怀豪情，齐聚首都共商国是。我们向大会的召开表示热烈祝贺！

过去的一年是党和国家历史上具有里程碑意义的一年。以习近平同志为核心的党中央团结带领全党全国各族人民，办成了一系列大事要事，战胜了一系列风险挑战，推动党和国家事业取得新的重大成就。隆重庆祝中国共产党成立100周年，召开党的十九届六中全会、制定第三个历史决议，开展党史学习教育，如期打赢脱贫攻坚战，如期全面建成小康社会、实现第一个百年奋斗目标，开启全面建设社会主义现代化国家、向第二个百年奋斗目标进军新征程。从容应对百年变局和世纪疫情，坚持人民至上、生命至上，统筹发展和安全，经济发展和疫情防控保持全球领先地位，构建新发展格局迈出新步伐，高质量发展取得新成效，"十四五"实现良好开局。北京冬奥会取得圆满成功，为世界奉献了一届精彩、非凡、卓越的奥运盛会，向世界展现了阳光、富强、开放、充满希望的国家形象。一系列成绩的取得，是党中央坚强领导的结果，也是包括各民主党派、工商联和无党派人士在内的全国各族人民勠力同心、团结奋斗的结果！

过去的一年，在党中央坚强领导下，人民政协深入学习贯彻习近平新时代中国特色社会主义思想,认真贯彻落实党中央决策部署,坚持团结和民主两大主题,坚持人民政协性质定位,推进专门协商机构各项建设,加强思想政治引领,认真开展以中共党史为重点的"四史"教育,围绕实现"十四五"良好开局深入协商议政和民主监督,积极反映社情民意,创新履职形式,举办辛亥革命110周年纪念活动,为党和国家事业发展作出了新的贡献。

团结是铁,团结是钢,团结就是力量。团结是中国人民和中华民族战胜前进道路上一切风险挑战、不断从胜利走向新的胜利的重要保证。回顾百年奋斗历程,中国共产党始终把统一战线摆在重要位置,不断巩固和发展最广泛的统一战线,团结一切可以团结的力量、调动一切可以调动的积极因素,最大限度凝聚起共同奋斗的力量。70多年来特别是党的十八大以来,在中国共产党领导下,人民政协充分发挥统一战线组织功能,坚持大团结大联合,坚持一致性和多样性统一,不断巩固共同思想政治基础,广泛凝聚共识,努力寻求最大公约数、画出最大同心圆,汇聚起实现民族复兴的磅礴力量。实践充分证明,统一战线是党克敌制胜的重要法宝,也是党执政兴国的重要法宝。人民政协要增强开展统一战线工作的责任担当,把更多的人团结在党的周围。

协商民主是党领导人民有效治理国家、保证人民当家作主的重要制度设计,是实现党的领导的重要方式,是我国社会主义民主政治的特有形式和独特优势。人民政协作为社会主义协商民主的重要渠道和专门协商机构,是国家治理体系的重要组成部分和具有中国特色的制度安排。人民政协在协商中促进广泛团结、推进多党合作、实践人民民主、有效凝聚共识,既秉承历史传统,又反映时代特征,体现了我国社会主义民主有事多商量、遇事多商量、做事多商量的特点和优势,彰显了全过程人民民主的价值理念。实践充分证明,中国式民主在中国行得通、很管用。新形势下，我们必须把人民政协制度坚持好、把人民政协事业发展好，深入推进专门协商机构建设，切实将政协制度优势转化为国家治理效能。

2022年是进入全面建设社会主义现代化国家、向第二个百年奋斗目标进军新征程的重要一年，下半年将召开党的二十大，这是党和国家政治生活中的一件大事。我们要更加紧密地团结在以习近平同志为核心的党中央周围，坚持以习近平新时代中国特色社会主义思想为指导，深刻领会"两个确立"的决定性意义，增强"四个意识"、坚定"四个自信"、做到"两个维护"，扎扎实实做好各项工作，以实际行动迎接党的二十大胜利召开。奋进新征程，建功新时代，人民政协任务艰巨、责任重大。期待各位政协委员发扬历史主动精神，强化责任担当、认真履职尽责，为实现人民对美好生活的向往、实现中华民族伟大复兴的中国梦作出新的更大贡献！

预祝大会圆满成功！

（2022年03月04日　01版）

在新征程上凝聚奋斗力量书写新的华章

——热烈祝贺十三届全国人大五次会议开幕

万里河山，春风浩荡，生机盎然。今天，十三届全国人大五次会议在京开幕。近3000名全国人大代表肩负人民重托，依法行使职权，共商改革发展稳定大计，共谋全面建设社会主义现代化国家新篇。我们对大会的召开表示热烈祝贺！

总结历史、回顾既往，致敬历史、面向未来，过去这一年意义非凡。隆重庆祝中国共产党成立一百周年，胜利召开党的十九届六中全会并作出第三个历史决议，开展党史学习教育，如期打赢脱贫攻坚战，如期全面建成小康社会，实现第一个百年奋斗目标，我们亲历了党和国家历史上具有里程碑意义的大事，开启了向第二个百年奋斗目标进军新征程，在中华民族伟大复兴历史进程中写下了浓墨重彩的一笔。面对百年变局和世纪疫情交织叠加，面对极为繁重艰巨的国内疫情防控和经济社会发展各项任务，以习近平同志为核心的党中央团结带领全党全国各族人民知重负重、攻坚克难、砥砺前行，推动党和国家各项事业取得新的重大成就，实现"十四五"良好开局，彰显了中国共产党领导和中国特色社会主义制度的显著优势，为亿万人民奋进新征程、建功新时代注入了强大信心和力量。

过去这一年，党中央首次召开人大工作会议，为做好新时代人大工作指明了前进方向、提供了根本遵循。在党中央坚强领导下，全国人大及其常委会坚持以习近平新时代中国特色社会主义思想为指导，紧跟党中央重大决策部署，紧贴人民群众对美好生活的期盼，紧扣推进国家治理体系和治理能力现代化的需求，进一步完善宪法相关法律制度，围绕党和国家工作大局加快立法修法步伐，依法开展监督、强化监督力度和实效，充分发挥人大代表作用，全方位推进人大对外工作，加强人大常委会自身建设，各项工作都取得了新的进展，在推进党和人民的伟大事业中展现了人大的担当作为。

制度稳则国家稳，制度强则国家强。党的十九届六中全会全面总结党的百年奋斗重大成就和历史经验，强调坚定中国特色社会主义制度自信首先要坚定对中国特色社会主义政治制度的自信。人民代表大会制度是我们党领导人民在人类政治制度史上的伟大创造，是在我国政治发展史乃至世界政治发展史上具有重大意义的全新政治制度，为党领导人民创造经济快速发展奇迹和社会长期稳定奇迹提供了重要制度保障。正是因为坚持中国共产党的领导，坚持马克思主义国家学说的基本原则，适应人民民主专政的国体，人民代表大会制度有效保证了国家沿着社会主义道路前进。正是因为坚持国家一切权力属于人民，最大限度保障人民当家作主，把党的领导、人民当家作主、依法治国有机结合起来，人民代表大会制度有效保证了国家治理跳出治乱兴衰的历史周期率。正是因为正确处理事关国家前途命运的一系列重大政治关系，实现国家统一高效组织各项事业，维护国家统一和民族团结，人民代表大会制度有效保证了国家政治生活既充满活力又安定有序。实践充分证明，人民代表大会制度是符合我国国情和实际、体现社会主义国家性质、保证人民当家作主、保障实现中华民族伟大复兴的好制度。

全过程人民民主，是人民当家作主的生动实践和必由之路。党的十八大以来，以习近平同志为核心的党中央深化对中国民主政治发展规律的认识，提出全过程人民民主重大理念并大力推进。健全全面、广泛、有机衔接的人民当家作主制度体系，构建多样、畅通、有序的民主渠道，保证人民依法实行民主选举、民主协商、民主决策、民主管理、民主监督，我国全过程人民民主不仅有完整的制度程序，而且有完整的参与实践，实现了过程民主和成果民主、程序民主和实质民主、直接民主和间接民主、人民民主和国家意志相统一。人民代表大会制度是实现我国全过程人民民主的重要制度载体，在党的领导下，不断扩大人民有序政治参与，加强人权法治保障，保证人民依法享有广泛权利和自由。实践充分表明，全过程人民民主是全链条、全方位、全覆盖的民主，是最广泛、最真实、最管用的社会主义民主，为丰富和发展人类政治文明贡献了中国智慧、中国方案。

人民是历史的创造者，是决定党和国家前途命运的根本力量。当今世界正经历百年未有之大变局，我国正处于实现中华民族伟大复兴关键时期。踏上新的赶考之路，我们深知越是接近民族复兴越不会一帆风顺，越充满风险挑战乃至惊涛骇浪。任何时候任何情况下，都要坚持中国共产党领导，站稳人民立场、坚持人民主体地位，充分激发人民群众的积极性、主动性、创造性，凝聚起最广大人民智慧和力量。人民当家作主是社会主义民主政治的本质和核心，发展社会主义民主政治就是要体现人民意志、保障人民权益、激发人民创造活力。坚持中国特色社会主义政治发展道路，不断发展全过程人民民主，充分发挥人民代表大会制度这一根本政治制度作用，倾听人民呼声、汇聚人民智慧、回应人民期待，就一定能够把国家和民族前途命运牢牢掌握在人民手中。

今年是进入全面建设社会主义现代化国家、向第二个百年奋斗目标进军新征程的重要一年，我们党将召开二十大，这是党和国家政治生活中的一件大事。我们要更加紧密地团结在以习近平同志为核心的党中央周围，坚持以习近平新时代中国特色社会主义思想为指导，深刻领会"两个确立"的决定性意义,增强"四个意识"、坚定"四个自信"、做到"两个维护",扎扎实实做好各项工作,以实际行动迎接党的二十大胜利召开,在新征程上凝聚奋斗力量、书写新的华章。期待广大代表发挥来自人民、植根人民的优势,更好接地气、察民情、聚民智、惠民生,认真履职尽责,积极贡献智慧和力量。

预祝大会圆满成功!

(2022年03月05日　03版)

凝聚智慧力量　共谱奋进新篇

——热烈祝贺全国政协十三届五次会议胜利闭幕

广集众智谋发展，凝心聚力谱新篇。3月10日，全国政协十三届五次会议圆满完成各项议程，在京胜利闭幕。我们对大会的成功表示热烈祝贺！

这是一次民主、团结、求实、奋进的大会。会议期间，中共中央总书记、国家主席、中央军委主席习近平等党和国家领导同志深入委员小组并参加联组会听取意见和建议，与委员们共商国是。广大政协委员认真履职尽责、深入协商议政、广泛凝聚共识，听取和审议全国政协常委会工作报告和关于提案工作情况的报告，列席十三届全国人大五次会议，听取并讨论政府工作报告及其他有关报告。大会议程紧凑、务实高效，充分发挥了人民政协作为社会主义协商民主重要渠道和专门协商机构的重要作用，充分展现了广大政协委员为国履职、为民尽责的担当精神，充分彰显了社会主义协商民主的独特优势，进一步凝聚起奋进新征程、建功新时代的智慧和力量。

当前，国际形势继续发生深刻复杂变化，百年变局和世纪疫情相互交织，经济全球化遭遇逆流，大国博弈日趋激烈，世界进入新的动荡变革期，国内改革发展稳定任务艰巨繁重。我们要看到，我国发展仍具有诸多战略性的有利条件。一是有中国共产党的坚强领导，总揽全局、协调各方，为沉着应对各种重大风险挑战提供根本政治保证。二是有中国特色社会主义制度的显著优势,我国政治制度和治理体系在应对新冠肺炎疫情、打赢脱贫攻坚战等实践中进一步彰显显著优越性,"中国之治"与"西方之乱"对比更加鲜明。三是有持续快速发展积累的坚实基础,我国经济实力、科技实力、国防实力、综合国力显著增强,经济体量大、回旋余地广,又有超大规模市场,长期向好的基本面不会改变,具有强大的韧性和活力。四是有长期稳定的社会环境,人民获得感、幸福感、安全感显著增强,社会治理水平不断提升,续写了社会长期稳定的奇迹。五是有自信自强的精神力量,中国人民积极性、主动性、创造性进一步激发,志气、骨气、底气空前增强,党心军心民心昂扬振奋。我们要把握有利条件,坚定发展信心,发扬历史主动精神,坚定不移做好自己的事情,昂首阔步向前进!

现在,我们已经实现了第一个百年奋斗目标,踏上了全面建设社会主义现代化国家、向第二个百年奋斗目标进军的新征程。越是接近目标,越是形势复杂,越是任务艰巨,越要发挥中国共产党领导的政治优势和中国特色社会主义的制度优势,把各方面智慧和力量凝聚起来,形成海内外中华儿女心往一处想、劲往一处使的强大合力。人民政协因团结而生、依团结而存、靠团结而兴,是大团结大联合的象征。新征程上,要深刻认识加强中华儿女大团结是新时代人民政协的历史责任,坚持一致性和多样性统一,有效运用制度优势寻求最大公约数、画出最大同心圆,把更多人团结在中国共产党周围,把更多力量汇聚到共襄复兴伟业的历史进程之中。要更好发挥人民政协的协商优势,发展全过程人民民主,以协商聚共识、以共识固团结,切实将人民政协制度优势转化为国家治理效能。团结要有圆心,固守圆心才能万众一心。中国共产党成为中华儿女大团结的圆心,是历史的选择、人民的选择。人民政协要坚持中国共产党的领导特别是党中央集中统一领导,在党的旗帜下巩固和壮大爱国统一战线,有效汇聚中国人民和海内外中华儿女的智慧力量，形成真正的、广泛的、紧密的大团结。

2022年，中国共产党将召开第二十次全国代表大会。各方面工作都要围绕迎接二十大、开好二十大、贯彻二十大精神来谋划和开展。人民政协要以习近平新时代中国特色社会主义思想为指导，坚持稳中求进工作总基调，坚持团结和民主两大主题，坚持建言资政和凝聚共识双向发力，紧扣党和国家工作大局广泛凝聚共识，以高质量建言服务高质量发展，持续深化专门协商机构建设，为保持平稳健康的经济环境、国泰民安的社会环境、风清气正的政治环境作出贡献。

团结就是力量，奋斗开创未来。在新的伟大征程上，让我们更加紧密地团结在以习近平同志为核心的党中央周围，深刻领会"两个确立"的决定性意义，增强"四个意识"、坚定"四个自信"、做到"两个维护"，高扬理想信念的旗帜，凝聚万众一心的伟力，保持勇毅笃行的坚定，加强中华儿女大团结，同心同德、奋发有为，为全面建设社会主义现代化国家、实现中华民族伟大复兴的中国梦不懈奋斗，努力争取新的更加伟大的胜利和荣光！

（2022年03月11日　01版）

团结奋斗创造新的伟业

——热烈祝贺十三届全国人大五次会议胜利闭幕

众力并则万钧举，人心齐则泰山移。3月11日，十三届全国人大五次会议圆满完成各项议程，在京胜利闭幕。与会代表不负人民重托、积极建言献策、认真履职尽责，书写了民主、团结、求实、奋进的崭新篇章。我们对大会的成功表示热烈祝贺！

这次大会是在我国进入全面建设社会主义现代化国家、向第二个百年奋斗目标进军新征程的重要时刻召开的一次重要会议。大会高度评价过去一年党和国家事业取得新的重大成就、"十四五"实现良好开局，代表们一致认为这是以习近平同志为核心的党中央坚强领导的结果，是习近平新时代中国特色社会主义思想科学指引的结果，是全党全军全国各族人民团结奋斗的结果。大会审议并批准了政府工作报告和其他各项重要报告，代表们一致认为政府工作报告坚持以习近平新时代中国特色社会主义思想为指导，全面贯彻落实党中央关于今年经济社会发展的决策部署，是一篇求真务实、开拓创新、鼓舞人心的好报告。大会审议通过了关于修改《中华人民共和国地方各级人民代表大会和地方各级人民政府组织法》的决定，对于进一步完善地方人大和地方政府的组织和工作制度，加强地方政权建设，更好地坚持和完善人民代表大会制度，发展全过程人民民主，坚持全面依法治国，推进国家治理体系和治理能力现代化，具有重要意义。大会听取审议了全国人大常委会工作报告，充分肯定全国人大常委会一年来依法履职、担当尽责，各项工作都取得了新的进展。大会的成功，为推动党和国家事业发展、不断夺取新时代中国特色社会主义新胜利，凝聚了广泛共识、注入了强大力量。

当前，国际形势继续发生深刻复杂变化，百年变局和世纪疫情相互交织，经济全球化遭遇逆流，大国博弈日趋激烈，世界进入新的动荡变革期，国内改革发展稳定任务艰巨繁重。新的起点上推进伟大事业，我们面临着难得机遇，也面临着严峻挑战。今年下半年，中国共产党将召开第二十次全国代表大会，总结过去五年的工作，谋划未来一个时期的发展蓝图，这是党和国家政治生活中的一件大事，要保持平稳健康的经济环境、国泰民安的社会环境、风清气正的政治环境。回顾新时代党和人民奋进历程，我们深刻认识到，坚持党的全面领导是坚持和发展中国特色社会主义的必由之路，中国特色社会主义是实现中华民族伟大复兴的必由之路，团结奋斗是中国人民创造历史伟业的必由之路，贯彻新发展理念是新时代我国发展壮大的必由之路，全面从严治党是党永葆生机活力、走好新的赶考之路的必由之路。新的伟大征程上，我们要坚定志不改、道不变的决心，保持战略定力和耐心，把握我国发展诸多战略性的有利条件，发扬历史主动精神，迎难而上，敢于斗争，砥砺前行，奋发有为，牢牢把中国发展进步的命运掌握在自己手中。

团结就是力量，奋斗开创未来。党百年奋斗历史告诉我们，党和人民取得的一切成就都是团结奋斗的结果，团结奋斗是中国共产党和中国人民最显著的精神标识。党百年奋斗历史还告诉我们，围绕明确奋斗目标形成的团结才是最牢固的团结，依靠紧密团结进行的奋斗才是最有力的奋斗。我们靠团结奋斗创造了辉煌历史，还要靠团结奋斗开辟美好未来。只要14亿多中国人民始终手拉着手一起向未来，只要9500多万中国共产党人始终与人民心连着心一起向未来，我们就一定能够战胜前进道路上的一切困难挑战，继续创造令人刮目相看的新的奇迹！

人民民主是社会主义的生命，是一种全过程的民主。全过程人民民主，是党团结带领人民追求民主、发展民主、实现民主的伟大创造，是党不断推进中国民主理论创新、制度创新、实践创新的经验结晶。人民代表大会制度是坚持党的领导、人民当家作主、依法治国有机统一的根本政治制度安排，是实现我国全过程人民民主的重要制度载体。奋进新征程、建功新时代，我们要继续推进全过程人民民主建设，把人民当家作主具体地、现实地体现到党治国理政的政策措施上来，具体地、现实地体现到党和国家机关各个方面各个层级工作上来，具体地、现实地体现到实现人民对美好生活向往的工作上来。要毫不动摇坚持、与时俱进完善人民代表大会制度，加强和改进新时代人大工作，把制度优势转化为国家治理效能，更好把各方面智慧和力量凝聚到党和人民事业中来。

当代中国，江山壮丽，人民豪迈，前程远大。让我们更加紧密地团结在以习近平同志为核心的党中央周围，全面贯彻习近平新时代中国特色社会主义思想，深刻领会"两个确立"的决定性意义，增强"四个意识"、坚定"四个自信"、做到"两个维护"，踔厉奋发、笃行不怠，以实际行动迎接党的二十大胜利召开，把中华民族伟大复兴的历史伟业推向前进！

（2022年03月12日　02版）

向世界传递信心、友爱与希望

——热烈祝贺北京二〇二二年冬残奥会闭幕

3月13日晚,北京2022年冬残奥会闭幕式在国家体育场隆重举行。在绚丽的焰火和欢快的乐曲中,北京冬残奥会圆满落下帷幕。

习近平总书记郑重宣示:"办好北京冬奥会、冬残奥会,是中国对国际社会的庄严承诺。"作为全球首个"双奥之城",北京见证来自世界各地的残奥运动员在赛场上顽强拼搏、超越自我,向世界奉献了一届简约、安全、精彩的冬残奥盛会。北京冬残奥会的成功举办,弘扬了"勇气、决心、激励、平等"的残奥价值观,传播了"精神寓于运动"的残奥理念和"平等、参与、共享"的中国残疾人事业发展理念,奏响了"一起向未来"的华彩乐章。这是北京2008年残奥会后中国举办的又一全球残疾人体育盛会,必将载入世界残疾人体育事业史册。

这是挑战自我、突破极限的体育盛会。赛场上,每一位残奥运动员都是令人敬佩的胜利者,他们克服难以想象的困难、付出非同寻常的艰辛,以令人惊叹的表现展示残奥运动的竞技之美、精神之美、生命之美,谱写着自强不息、奋勇争先的生命壮歌。中国残奥运动员发扬使命在肩、奋斗有我的精神,敢于拼搏、勇于超越,取得了18枚金牌、20枚银牌、23枚铜牌的优异成绩,创造了中国体育代表团参加冬残奥会以来的新纪录,鼓舞和激励着广大残疾人自尊、自信、自强、自立,为全国人民带来奋进新征程、建功新时代的强大力量。

这是促进团结、增进友谊的体育盛会。面对新冠肺炎疫情带来的困难和不便，中国践行绿色、共享、开放、廉洁的办奥理念，全力克服疫情影响，与国际残奥委会等方面通力合作，精心做好北京冬残奥会各项工作。从高标准建设无障碍设施，为运动员、随行官员及工作人员提供优质服务；到精细高效组织赛事保障、医疗救助、交通出行、人性化安检等，为运动员参赛提供便利；再到9000余名志愿者通过热情周到的志愿服务，展现平等、融合、包容的崇高精神。北京冬残奥会为残奥运动员搭建了充分展示残奥运动魅力的舞台，促进了各国人民的交往、了解和友谊。

残疾人在全球总人口中占比约15%，是休戚与共的人类命运共同体的重要组成部分。残疾人事业是崇高的人道主义事业，体育为残疾人打开了一扇通向多彩生活的大门，帮助他们踏上平等融入社会的道路。从北京2008年残奥会到北京2022年冬残奥会，开放的中国积极承担国际义务，全面参与国际残疾人体育事务，有力促进了中国残疾人事业发展，为国际残疾人体育运动发展作出了突出贡献。北京冬残奥会的成功举办，展示了残疾人充满自信和活力的风采，唤起人们对残疾人更多的理解、尊重与关爱，必将进一步提高对全球12亿残疾人的关注度、包容性和无障碍水平，向世界传递信心、友爱与希望，充分展现构建人类命运共同体的美好愿望。

习近平总书记指出："残疾人是一个特殊困难的群体，需要格外关心、格外关注。"党的十八大以来，中国将残疾人事业纳入"五位一体"总体布局和"四个全面"战略布局，采取切实有效措施促进残疾人体育蓬勃发展。残疾人体育运动水平不断提高，残疾人运动员自强不息、顽强拼搏、为国争光、激励社会，残疾人体育事业取得历史性成就，彰显了中国推动残疾人事业发展的制度优势，展现了中国尊重和保障残疾人权益的显著成就。以北京冬残奥会为契机，让更多人关注、了解残疾人事业，营造残健融合、共建共享包容性社会的良好氛围，定能推动残疾人事业向着现代化迈进，不断满足残疾人美好生活需要。

春天是播种的季节。沐浴着和煦的春风，北京冬残奥会将和平、友谊、关爱的种子播撒在更多人的心中，必将结出累累硕果。让我们携手共奋进、一起向未来，共同促进残疾人事业不断发展进步，共同谱写构建人类命运共同体的崭新篇章。

（2022年03月14日 02版）

团结奋斗,在新征程上创造新的历史伟业

——写在"五一"国际劳动节

奋斗创造历史,实干成就未来。在这个属于劳动者的节日里,劳动的荣光分外耀眼,奋斗的强音激荡人心。我们向全国工人阶级和广大劳动群众致以诚挚的祝福,向各条战线上的劳动模范和先进工作者表示崇高的敬意!

以奋斗启航,以劳动圆梦。党的十八大以来,以习近平同志为核心的党中央统筹把握中华民族伟大复兴战略全局和世界百年未有之大变局,统揽伟大斗争、伟大工程、伟大事业、伟大梦想,团结带领亿万人民创造了新时代中国特色社会主义的伟大成就,迎来了中华民族从站起来、富起来到强起来的伟大飞跃。在新时代的伟大征程上,我国工人阶级和广大劳动群众拼搏奋斗、争创一流、勇攀高峰,充分发挥主力军作用,奏响了"咱们工人有力量"的主旋律,谱写了"中国梦·劳动美"的新篇章。正是因为劳动创造,我们拥有了历史的辉煌;也正是因为劳动创造,我们拥有了今天的成就。实践充分证明,社会主义是干出来的,新时代是奋斗出来的!

力量生于团结,幸福源自奋斗。党和人民取得的一切成就都是团结奋斗的结果,团结奋斗是中国共产党和中国人民最显著的精神标识。新时代党和人民奋进历程充分表明,中国共产党是我们成就伟业最可靠的主心骨,团结奋斗是中国人民在党的领导下创造伟业的必由之路。我们靠团结

奋斗创造了辉煌历史，还要靠团结奋斗开辟美好未来。实践告诉我们，只要坚定不移坚持党的全面领导、维护党中央权威和集中统一领导，确保全党全国拥有团结奋斗的强大政治凝聚力、发展自信心，亿万人民在党的领导下团结一心、众志成城，敢于斗争、善于斗争，我们就一定能够战胜一切困难挑战，不断实现人民对美好生活的向往，在中国特色社会主义道路上实现中华民族伟大复兴！

当前，国际形势继续发生深刻复杂变化，百年变局和世纪疫情相互交织，世界进入新的动荡变革期，国内改革发展稳定任务艰巨繁重。踏上新的赶考之路，我们要深刻把握我国发展有中国共产党的坚强领导、有中国特色社会主义制度的显著优势、有持续快速发展积累的坚实基础、有长期稳定的社会环境、有自信自强的精神力量"五个战略性有利条件"，保持战略定力，掌握历史主动，在乱云飞渡中把牢正确方向，在风险挑战面前砥砺胆识，激发为实现中华民族伟大复兴而奋斗的信心和动力，继续创造令人刮目相看的新的奇迹。

无论时代条件如何变化，我们始终都要崇尚劳动、尊重劳动者，始终重视发挥工人阶级和广大劳动群众的主力军作用。必须深刻认识到，全面建成社会主义现代化强国，实现中华民族伟大复兴的中国梦，根本上靠劳动、靠劳动者创造。习近平总书记强调："我国工人阶级和广大劳动群众要大力弘扬劳模精神、劳动精神、工匠精神，适应当今世界科技革命和产业变革的需要，勤学苦练、深入钻研，勇于创新、敢为人先，不断提高技术技能水平，为推动高质量发展、实施制造强国战略、全面建设社会主义现代化国家贡献智慧和力量。"奋进新征程，我们要始终高度重视提高劳动者素质，进一步鼓励辛勤劳动、诚实劳动、创造性劳动，为劳动者学习新知识、掌握新技能、增长新本领创造条件，努力建设高素质劳动大军。要实现好、维护好、发展好劳动者合法权益，不断提升工人阶级和广大劳动群众的获得感、幸福感、安全感，进一步焕发劳动热情、释放创造潜能，汇聚起同心共筑中国梦的磅礴力量。

今年是进入全面建设社会主义现代化国家、向第二个百年奋斗目标进军新征程的重要一年，下半年我们党将召开第二十次全国代表大会，总结过去五年的工作，谋划未来一个时期的发展蓝图。我们要统筹国内国际两个大局，统筹推进"五位一体"总体布局、协调推进"四个全面"战略布局，统筹发展和安全，统筹疫情防控和经济社会发展，坚持稳中求进工作总基调，完整、准确、全面贯彻新发展理念，加快构建新发展格局，全面深化改革开放，推动高质量发展，持续保障和改善民生，着力保持平稳健康的经济环境、国泰民安的社会环境、风清气正的政治环境，以实际行动迎接党的二十大胜利召开。让我们更加紧密地团结在以习近平同志为核心的党中央周围，深刻领会"两个确立"的决定性意义，增强"四个意识"、坚定"四个自信"、做到"两个维护"，勤于创造，奋发有为，砥砺前行，继续把中华民族伟大复兴的历史伟业推向前进！

（2022年05月01日　01版）

在矢志奋斗中谱写新时代的青春之歌

——庆祝中国共产主义青年团成立一百周年

今天是五四青年节,也将迎来中国共产主义青年团成立100周年。在全党全国各族人民意气风发向着第二个百年奋斗目标迈进之际,重温一百年来中国青年运动的光辉历程,继承和发扬伟大五四精神,对于鼓舞和激励亿万人民特别是新时代中国青年踔厉奋发、笃行不怠,在新征程上创造新的时代辉煌,具有重大意义。

1919年爆发的五四运动,是一场彻底的反帝反封建的伟大爱国革命运动,以磅礴之力鼓动了中国人民和中华民族振兴中华的志向和信心。中国共产党自成立之日起,就始终把青年工作作为党的一项重要工作。1922年5月,在中国共产党直接领导下,中国社会主义青年团第一次全国代表大会在广州东园召开,翻开了中国青年运动新的历史篇章。一百年接续奋斗、凯歌前行,共青团坚定不移听党话、跟党走,发扬"党有号召、团有行动"的优良传统,为党争取青年人心、汇聚青年力量,在各个历史时期作出了积极贡献、发挥了重要作用。一代代中国青年把青春奋斗融入党和人民事业,为人民战斗、为祖国献身、为幸福生活奋斗,谱写了一曲又一曲壮丽的青春之歌。

时代造就青年,盛世成就青年。党的十八大以来,以习近平同志为核心的党中央,高度重视青年、热情关怀青年、充分信任青年,推动青年发展事业实现全方位进步、取得历史性成就。深刻阐明党的青年工作的地位作用、目标任务、职责使命、实践要求,深刻回答新时代培养什么样的青年、怎样培养青年,建设什么样的共青团、怎样建设共青团等方向性、全局性、战略性重大课题,习近平总书记关于青年工作的重要思想,为做好新时代党的青年工作指明了前进方向、提供了根本遵循。从新冠肺炎疫情防控斗争中不畏艰险、冲锋在前,到决战脱贫攻坚征程上倾力奉献、苦干实干,从航天发射任务中矢志艰苦奋斗、勇攀科技高峰,到冬奥赛场上兑现"使命在肩、奋斗有我"的人生誓言……广大青年在中国共产党的旗帜下,用奋斗和拼搏,创造了无愧于祖国、无愧于人民、无愧于时代的光辉业绩,赢得了党和人民高度赞誉。

历史和实践充分证明:中国共产党是我们成就伟业最可靠的主心骨,代表广大青年、赢得广大青年、依靠广大青年是我们党不断从胜利走向胜利的重要保证;共青团不愧为党和人民事业的生力军和突击队,不愧为党的得力助手和可靠后备军;无论过去、现在还是未来,中国青年始终是实现中华民族伟大复兴的先锋力量。只要始终不渝坚持党的领导,更好发挥共青团作为党联系青年群众的桥梁和纽带作用,把广大青年最广泛地聚集到党和人民事业中来,就一定能为实现中华民族伟大复兴注入源源不断的青春力量!

国家的希望在青年,民族的未来在青年。为实现中华民族伟大复兴的中国梦而奋斗,是中国青年运动的时代主题。习近平总书记强调:"立足新时代新征程,中国青年的奋斗目标和前行方向归结到一点,就是坚定不移听党话、跟党走,努力成长为堪当民族复兴重任的时代新人。"当前,世界百年未有之大变局加速演进,我国正处在实现中华民族伟大复兴的关键时期。走在全面建设社会主义现代化国家新的赶考之路上,我们深知中华民族伟大复兴绝不是轻轻松松、敲锣打鼓就能实现的,前进道路上必然会有艰巨繁重的任务,必然会有艰难险阻甚至惊涛骇浪。越是接近民族复兴的目标，越不能懈怠，越要加倍努力，越要动员广大青年为之奋斗。作为整个社会力量中最积极、最有生气的力量，新时代中国青年要牢记党的教诲，立志民族复兴，勇做走在时代前列的奋进者、开拓者、奉献者，在实现中国梦的生动实践中放飞青春梦想，在矢志奋斗中谱写新时代的青春之歌，创造出让世界刮目相看的新奇迹。

习近平总书记深刻指出："青年工作，抓住的是当下，传承的是根脉，面向的是未来，攸关党和国家前途命运。"中国共产党立志于中华民族千秋伟业，必须始终代表广大青年、赢得广大青年、依靠广大青年，用极大力量做好青年工作，确保党的事业薪火相传，确保中华民族永续发展。各级党委和政府、各级领导干部以及全社会都要充分信任青年、热情关心青年、严格要求青年，关注青年愿望、帮助青年发展、支持青年创业，做青年朋友的知心人、青年工作的热心人、青年群众的引路人。共青团是党的青年工作的重要力量，肩负引领凝聚青年、组织动员青年、联系服务青年的职责，必须坚持"党旗所指就是团旗所向"，坚持把培养社会主义建设者和接班人作为根本任务，把巩固和扩大党执政的青年群众基础作为政治责任，把围绕中心、服务大局作为工作主线，不断创新工作思路，增强对青年的凝聚力、组织力、号召力。

新时代是追梦者的时代，也是广大青年成就梦想的时代。与新时代同向同行、共同前进，当代中国青年生逢盛世，肩负重任；身处中华民族发展的最好时期，把理想追求融入党和国家事业，方能不负韶华、不负时代、不负人民。广大青年要树立对马克思主义的信仰、对中国特色社会主义的信念、对中华民族伟大复兴中国梦的信心，不断增强做中国人的志气、骨气、底气，树立为祖国为人民永久奋斗、赤诚奉献的坚定理想；要自觉树立和践行社会主义核心价值观，矢志追求更有高度、更有境界、更有品位的人生；要敢为人先、敢于突破，以聪明才智贡献国家，以开拓进取服务社会；要擦亮奋斗这个青春最亮丽的底色，在青春的赛道上奋力奔跑，在真刀真枪的实干中成就一番事业，让青春在为祖国、为民族、为人民、为人类的不懈奋斗中绽放绚丽之花。

青年兴则国家兴，青年强则国家强。中华民族伟大复兴的中国梦终将在一代代青年的接力奋斗中变为现实。让我们更加紧密地团结在以习近平同志为核心的党中央周围，坚持以习近平新时代中国特色社会主义思想为指导，深刻领会"两个确立"的决定性意义，增强"四个意识"、坚定"四个自信"、做到"两个维护"，砥砺前行、奋发有为，以实际行动迎接党的二十大胜利召开，在全面建设社会主义现代化国家新征程上铸就新的历史伟业。

（2022年05月04日　01版）

坚定历史自信　保持历史主动　续写历史新篇

——热烈庆祝中国共产党成立一百零一周年

征途漫漫从头越，奋楫扬帆向未来。在全国上下喜迎党的二十大召开之际，我们迎来中国共产党成立101周年。一个走过百年光辉历程的马克思主义执政党初心如磐、使命在肩，在新征程上踔厉奋发、勇毅前进，正在信心百倍书写着新时代中国发展的伟大历史。

历史见证壮阔的行进。2021年我们党隆重庆祝成立100周年，开启了全面建设社会主义现代化国家新征程。百年来，党领导人民经过顽强奋斗，迎来了从站起来、富起来到强起来的伟大飞跃，迎来了从落后时代、跟上时代再到引领时代的伟大跨越，创造了人类历史上惊天地、泣鬼神的伟大史剧。在新征程上，从召开党的十九届六中全会并作出党的第三个历史决议，到巩固拓展党史学习教育成果；从经济发展和疫情防控保持全球领先地位、实现"十四五"良好开局，到成功举办北京冬奥会、冬残奥会，以习近平同志为核心的党中央团结带领全党全国各族人民乘势而上、砥砺前行，推动党和国家事业取得新的重大成就，极大增强了亿万人民奋进新征程、建功新时代的豪情和信心。

时间镌刻坚实的步伐。党的十八大以来这些年在党和国家事业发展进程中极不寻常、极不平凡，党面临形势环境的复杂性和严峻性、肩负任务的繁重性和艰巨性世所罕见、史所罕见。以习近平同志为核心的党中央统筹把握中华民族伟大复兴战略全局和世界百年未有之大变局，以伟大的历史主动精神、巨大的政治勇气、强烈的责任担当，统揽伟大斗争、伟大工程、伟大事业、伟大梦想，解决了许多长期想解决而没有解决的难题，办成了许多过去想办而没有办成的大事。十年自信自强、守正创新，创造了新时代中国特色社会主义的伟大成就，为实现中华民族伟大复兴提供了更为完善的制度保证、更为坚实的物质基础、更为主动的精神力量，实现中华民族伟大复兴进入了不可逆转的历史进程。

一路披荆斩棘、栉风沐雨，多少跌宕起伏、惊心动魄！党的百年奋斗史充分表明：没有中国共产党就没有新中国，就没有中国人民的幸福生活，就没有中华民族的伟大复兴。历史和人民选择了中国共产党，中国共产党也没有辜负历史和人民的选择，中国共产党无愧为伟大光荣正确的党！党的十八大以来的实践充分证明：党和国家事业取得历史性成就、发生历史性变革，最根本的原因在于有习近平总书记作为党中央的核心、全党的核心掌舵领航，在于有习近平新时代中国特色社会主义思想科学指引。党确立习近平同志党中央的核心、全党的核心地位，确立习近平新时代中国特色社会主义思想的指导地位，反映了全党全军全国各族人民共同心愿，对新时代党和国家事业发展、对推进中华民族伟大复兴历史进程具有决定性意义。

对百年奋斗历史最好的致敬，是书写新的奋斗历史。当前，世界百年未有之大变局加速演进，中华民族伟大复兴进入关键时期。我们比历史上任何时期都更接近、更有信心和能力实现中华民族伟大复兴的目标，我们深知中华民族伟大复兴绝不是轻轻松松、敲锣打鼓就能实现的，前进道路上必然会有艰巨繁重的任务，必然会有艰难险阻甚至惊涛骇浪。在新的伟大征程上，无论风云如何变幻，无论挑战如何严峻，我们都要大力弘扬伟大建党精神，牢记中国共产党是什么、要干什么这个根本问题，回答好"从哪里来、往哪里去"这个基本命题，以咬定青山不放松的执着奋力实现既定目标，以行百里者半九十的清醒不懈推进党和人民事业。

习近平总书记深刻指出："在新的赶考之路上，我们能否继续交出优异答卷，关键在于有没有坚定的历史自信。"百年来，我们党致力于为中国人民谋幸福、为中华民族谋复兴，致力于为人类谋进步、为世界谋大同，天下为公，人间正道，这是我们党具有历史自信的最大底气，是我们党在中国执政并长期执政的历史自信，也是我们党团结带领人民继续前进的历史自信。尽管百年变局和世纪疫情交织，外部环境更趋复杂严峻和不确定，但时与势在我们一边，这是我们定力和底气所在，也是我们的决心和信心所在。只要我们坚定历史自信、保持历史主动、坚持团结奋斗，就一定能风雨无阻向前进，继续考出好成绩，在新时代新征程上展现新气象新作为。

面对前进道路上的风险挑战，只有保持历史主动，继续发扬担当和斗争精神，才能在攻坚克难中不断从胜利走向胜利。我们要发扬历史主动精神，从党的历史中汲取战胜风险挑战的智慧和力量，在新时代的伟大实践中不断锤炼斗争精神和斗争本领，在机遇面前主动出击，在困难面前迎难而上，在风险面前积极应对，勇于担当，奋发有为，砥砺前行，继续把中华民族伟大复兴的历史伟业推向前进。勇于自我革命才能赢得历史主动，只要我们不断清除一切损害党的先进性和纯洁性的因素，不断清除一切侵蚀党的健康肌体的病毒，就一定能够确保党不变质、不变色、不变味，确保党在新时代坚持和发展中国特色社会主义的历史进程中始终成为坚强领导核心。

团结奋斗是中国人民创造历史伟业的必由之路。我们靠团结奋斗创造了辉煌历史，还要靠团结奋斗开辟美好未来。历史告诉我们，围绕明确奋斗目标形成的团结才是最牢固的团结，依靠紧密团结进行的奋斗才是最有力的奋斗。面朝中国发展未来，面向人类发展未来，我们要统筹推进"五位一体"总体布局，协调推进"四个全面"战略布局，立足新发展阶段、贯彻新发展理念、构建新发展格局、推动高质量发展，全面深化改革开放，办好发展安全两件大事，践行以人民为中心的发展思想，调动一切可以调动的积极因素，团结一切可以团结的力量，坚定不移做好自己的事情，不断满足人民对美好生活的向往，不断推动构建人类命运共同体，为人类文明进步贡献智慧和力量。只要14亿多中国人民始终手拉着手一起向未来，只要9600多万中国共产党人始终与人民心连着心一起向未来，我们就一定能在新的赶考之路上继续创造令人刮目相看的奇迹。

　　世界上最大的幸福莫过于为人民幸福而奋斗。心中装着百姓，手中握有真理，脚踏人间正道，我们信心十足、力量十足。让我们更加紧密地团结在以习近平同志为核心的党中央周围，全面贯彻习近平新时代中国特色社会主义思想，深刻领会"两个确立"的决定性意义，增强"四个意识"、坚定"四个自信"、做到"两个维护"，以实际行动迎接党的二十大胜利召开，在新时代新征程上续写新的历史篇章、创造新的时代辉煌！

（2022年07月01日　04版）

在新起点上再创新辉煌

——祝贺香港回归祖国二十五周年

2022年7月1日,是香港回归祖国25周年庆典日。25年前的今天,香港回到祖国的怀抱,洗刷了民族百年耻辱,完成了实现祖国完全统一的重要一步。从此,香港重新纳入国家治理体系,走上了同祖国内地优势互补、共同发展的宽广道路,开启了"一国两制"、"港人治港"、高度自治的历史新纪元。

25年来,香港依托祖国、面向世界、益以新创,不断塑造自己的现代化风貌,"一国两制"在香港的实践,就像一棵幼苗,在风雨中茁壮成长,结出了累累硕果。特别是党的十八大以来,习近平总书记和党中央从战略和全局出发,对"一国两制"、香港工作作出一系列重要论述和重大决策部署,推动"一国两制"事业取得新经验、实现新发展。在中央政府和祖国内地的大力支持下,在香港特别行政区政府和香港社会各界人士的共同努力下,香港经济持续蓬勃发展,国际金融、航运、贸易中心的地位不断巩固,香港居民依法享有的民主权利和自由得到更加充分保障,各项事业取得长足进步,书写了狮子山下新的传奇。

当香港局势一度出现严峻局面,以习近平同志为核心的党中央审时度势,作出健全中央依照宪法和基本法对特别行政区行使全面管治权、完善特别行政区同宪法和基本法实施相关制度机制的重大决策，推动建立健全特别行政区维护国家安全的法律制度和执行机制、制定《中华人民共和国香港特别行政区维护国家安全法》、完善香港特别行政区选举制度，落实"爱国者治港"原则，支持特别行政区完善公职人员宣誓制度。一系列标本兼治的举措，推动香港局势实现由乱到治的重大转折。实践充分证明，要确保"一国两制"实践行稳致远，必须始终坚持"爱国者治港"。这是事关国家主权、安全、发展利益，事关香港长期繁荣稳定的根本原则。只有做到"爱国者治港"，中央对特别行政区的全面管治权才能得到有效落实，宪法和基本法确立的宪制秩序才能得到有效维护，各种深层次问题才能得到有效解决，香港才能实现长治久安，并为实现中华民族伟大复兴作出应有的贡献。

走过泥泞，方知大道珍贵；经历风雨，更觉阳光美好。香港回归祖国25年不平凡的历程充分证明，实行"一国两制"，有利于维护国家根本利益，有利于维护香港根本利益，有利于维护广大香港同胞根本利益。习近平总书记深刻指出："25年来，尽管经历了许多风雨挑战，但'一国两制'在香港的实践取得了举世公认的成功。"面向未来，中央将继续坚定不移贯彻"一国两制"方针。随着实践不断深入和制度体系不断完善，"一国两制"的优越性将进一步彰显，"一国两制"实践必将行得更稳、走得更远。

千山一脉，万水同源，香港的命运从来同祖国紧密相连，国家发展始终是香港发展的最大依托。今天的祖国高度开放、日新月异，足以凭国家之大、活力之盛，为香港增优势、拓空间、破难题提供强大动力。特别是国家构建新发展格局、推动共建"一带一路"、深化粤港澳大湾区建设、实施"十四五"规划和2035年远景目标纲要，更为香港发展创造了新的重大机遇。新的征程上，中央将进一步完善支持香港同内地优势互补、协同发展的政策体系，推动粤港澳大湾区制度机制创新，注重发挥香港参与共建"一带一路"的独特作用，完善便利香港居民在内地学习、就业、创业、生活的政策措施，健全香港与内地在各领域深入开展交流合作的各种机制。事实将继续证明，只要坚守"一国"之本、善用"两制"之利，在国家发展大局中找准定位，香港定能培育新优势、发挥新作用、实现新发展，让发展成果真正惠及广大香港居民。

风好正是扬帆时，奋楫逐浪向未来。对香港来说，"一国两制"是最大的优势，国家改革开放是最大的舞台。在新时代国家改革开放进程中，香港具有特殊地位和独特优势，能够发挥不可替代的作用，这样的地位和作用只会加强，不会减弱。如今，香港发展重回正轨，人心思稳、人心思定、人心思安，"求稳定、谋发展"是主流民意，"同为香港开新篇"成为强烈共识，正处在由治及兴的关键时期，香港所具有的市场化、国际化、法治化和人才众多、文化多元、基础设施先进、营商环境优良等特色优势将得到更充分发挥。香港同胞不仅完全有能力、有智慧把香港管理好、建设好、发展好，而且能够继续在国家发展乃至世界舞台上大显身手。新的征程上，广大香港同胞继续以真挚的爱国热忱、敢为人先的精神投身国家改革开放事业，顺时而为，乘势而上，一定能推动香港在融入国家发展大局中实现自身更好发展。

二十五载栉风沐雨，二十五载春华秋实，香港再次站上新的起点。习近平总书记强调："中央全面准确贯彻'一国两制'方针的决心从没有动摇，更不会改变。"今天的香港比过去任何一个时期都拥有更加稳固的基础，能够更好维护国家主权、安全、发展利益，保持香港长期繁荣稳定。当前，我们国家已进入全面建设社会主义现代化国家、向第二个百年奋斗目标进军的新征程。在中华民族伟大复兴的壮阔征程中，香港大有可为，也必将大有作为。我们坚信，广大香港同胞弘扬爱国爱港的光荣传统，同全国各族人民同心协力、携手并肩，风雨无阻、勇往直前，不断开创"一国两制"事业新局面，香港就一定能在新起点上再创新辉煌，为实现中华民族伟大复兴的中国梦增光添彩！

（2022年07月01日　02版）

为实现中华民族伟大复兴提供更为坚强的战略支撑

——庆祝中国人民解放军建军九十五周年

军旗猎猎迎风展，战鼓催征勇向前。在全国上下喜迎党的二十大召开之际，中国人民解放军迎来了建军95周年。我们向全体人民解放军指战员、武警部队官兵、军队文职人员、民兵预备役人员致以热烈的祝贺！向军队离退休干部、烈军属、退役军人等致以诚挚的问候！

"没有一支强大的军队，就不可能有强大的祖国。"1927年8月1日，南昌城头一声枪响，像划破夜空的一道闪电，使中国人民在黑暗中看到了革命的希望，在逆境中看到了奋起的力量。自那时起，中国共产党领导下的人民军队，就英勇投身为中国人民求解放、求幸福，为中华民族谋独立、谋复兴的历史洪流，同中国人民和中华民族的命运紧紧连在了一起。从艰苦卓绝的井冈山斗争到千难万险的长征路，从硝烟弥漫的抗日战争到摧枯拉朽的解放战争，从坚决捍卫国家主权、安全、领土完整的英勇斗争到抢险救灾、保卫人民生命财产安全的顽强拼搏，从支援国家经济社会建设的无私奉献到维护地区和世界和平的实际行动，人民军队一路披荆斩棘，付出巨大牺牲，取得一个又一个辉煌胜利，为党和人民建立了不朽功勋，不愧是保卫红色江山、维护民族尊严的坚强柱石，不愧是维护地区和世界和平的强大力量。九十五载峥嵘岁月，人民军队紧跟党和人民事业发展步伐，在战斗中成长、在继承中创新、在建设中发展，锻造成坚不可摧的钢铁长城。

强国必须强军，军强才能国安。坚持和发展中国特色社会主义，实现中华民族伟大复兴，必须统筹发展和安全、富国和强军，确保国防和军队现代化进程同国家现代化进程相适应，军事能力同国家战略需求相适应。党的十八大以来，以习近平同志为核心的党中央着眼于实现中国梦强军梦，提出建设一支听党指挥、能打胜仗、作风优良的人民军队，把人民军队建设成为世界一流军队这一党在新时代的强军目标，与时俱进创新军事战略指导，制定新时代军事战略方针，就加快国防和军队现代化作出一系列战略谋划和部署，引领全军开创了强军事业新局面。在党的坚强领导下，人民军队体制一新、结构一新、格局一新、面貌一新，实现整体性革命性重塑、重整行装再出发，在中国特色强军之路上续写了新的时代篇章，焕发出新的时代风采，以顽强斗争精神和实际行动捍卫了国家主权、安全、发展利益。十年砥砺奋进，强军事业取得历史性成就、发生历史性变革，最根本在于以习近平同志为核心的党中央坚强领导，在于习近平强军思想的科学指引。实践雄辩地证明，有习近平总书记作为党中央的核心、全党的核心掌舵领航，我们党就有无比强大的前进定力，党和人民事业就有最根本的保障，人民军队就有继续前进的方向、信心和力量。

信仰之光，照亮强军征程；时代之潮，激荡强军力量。回顾党百年奋斗的伟大历程，坚持党指挥枪、建设自己的人民军队，是党在血与火的斗争中得出的重大结论，是颠扑不破的真理。坚持党对人民军队绝对领导，朝着党指引的方向奋勇前进，人民军队就能不断发展壮大，党和人民事业就有了坚强力量支撑。无论时代如何发展、形势如何变化，坚持党对人民军队绝对领导始终是我军永远不能变的军魂、永远不能丢的命根子，人民军队任何时候任何情况下都必须以党的旗帜为旗帜、以党的方向为方向、以党的意志为意志。

当今世界正经历百年未有之大变局，我国正处于实现中华民族伟大复兴关键时期，我们党正带领人民进行具有许多新的历史特点的伟大斗争。站在新的历史起点上，我们更加深切地感受到，中华民族走出苦难、中国人民实现解放，有赖于一支英雄的人民军队；中华民族实现伟大复兴，中国人民实现更加美好生活，必须加快把人民军队建设成为世界一流军队。习近平总书记深刻指出："在全面建设社会主义现代化国家、实现第二个百年奋斗目标的历史进程中，必须把国防和军队建设摆在更加重要的位置，加快建设巩固国防和强大军队。"前进道路上，只要我们与时俱进加强国防和军队建设，向着党在新时代的强军目标阔步前行，就一定能够为实现中华民族伟大复兴提供更为坚强的战略支撑。

今天，我们比历史上任何时期都更接近中华民族伟大复兴的目标，比历史上任何时期都更需要建设一支强大的人民军队。再过5年，我们将迎来中国人民解放军建军一百周年。把新时代强军事业不断推向前进，必须全面贯彻习近平强军思想，贯彻新时代军事战略方针，贯彻国防和军队现代化新"三步走"战略安排，坚持走中国特色强军之路。毫不动摇坚持党对人民军队绝对领导的根本原则和制度，全面推进政治建军、改革强军、科技强军、人才强军、依法治军，始终聚焦备战打仗，锻造召之即来、来之能战、战之必胜的精兵劲旅，锻造具有铁一般信仰、铁一般信念、铁一般纪律、铁一般担当的过硬部队，建设同我国国际地位相称、同国家安全和发展利益相适应的巩固国防和强大人民军队，人民军队就一定能履行好党和人民赋予的新时代使命任务。

95年艰辛探索，95年不懈奋斗，我们的事业是伟大的，我们的任务是艰巨的，我们的发展前景是无比光明的。让我们更加紧密地团结在以习近平同志为核心的党中央周围，坚持以习近平新时代中国特色社会主义思想为指导，深刻领悟"两个确立"的决定性意义，增强"四个意识"、坚定"四个自信"、做到"两个维护"，再接再厉、锐意进取、埋头苦干，以实际行动迎接党的二十大胜利召开，奋力实现建军一百年奋斗目标，不断书写强国强军更为辉煌的篇章，不断创造无愧于历史和时代的新的光辉业绩！

（2022年08月01日　01版）

坚定不移推进中华民族伟大复兴历史进程

——热烈庆祝中华人民共和国成立七十三周年

山河披锦绣,盛世写华章。在全国上下喜迎党的二十大胜利召开之际,我们迎来了中华人民共和国成立73周年。七十三载栉风沐雨,七十三载春华秋实,亿万中华儿女意气风发、信心满怀,正昂首阔步前行在实现中华民族伟大复兴的康庄大道上。

历史的年轮,镌刻下奋斗者的足迹。回首过去一年,面对复杂严峻的国内外发展环境,在以习近平同志为核心的党中央坚强领导下,全党全军全国各族人民坚定信心、团结奋斗、攻坚克难,有效统筹疫情防控和经济社会发展工作,有效应对各种风险挑战,保持了经济社会发展大局总体稳定。从召开党的十九届六中全会并作出党的第三个历史决议,到成功举办北京冬奥会、冬残奥会,再到庆祝香港回归祖国25周年,极大增强了亿万人民奋进新征程、建功新时代的豪情和信心。今天,960多万平方公里的广袤大地上,升腾生机勃勃的气象,奏响强国复兴的乐章,这里有可亲可敬的人民,有日新月异的发展,有赓续传承的事业,这是一个坚韧不拔、欣欣向荣的中国,这是一个不屈不挠、生生不息的民族。

一路披荆斩棘,一路凯歌行进。从党的十八大开始,中国特色社会主义进入新时代。这10年在党和国家事业发展进程中极不寻常、极不平凡,我们遭遇的风险挑战风高浪急,有时甚至是惊涛骇浪,我们肩负任务的繁重性和艰巨性世所罕见、史所罕见。自信自强、守正创新、稳中求进，我们采取一系列战略性举措，推进一系列变革性实践，实现一系列突破性进展，取得一系列标志性成果，攻克了许多长期没有解决的难题，办成了许多事关长远的大事要事，经受住了来自多方面的风险挑战考验，创造了新时代中国特色社会主义的伟大成就，在党史、新中国史、改革开放史、社会主义发展史、中华民族发展史上具有里程碑意义，中华民族迎来了从站起来、富起来到强起来的伟大飞跃，实现中华民族伟大复兴进入了不可逆转的历史进程。新时代党和国家事业取得历史性成就、发生历史性变革，最根本的原因在于有习近平总书记作为党中央的核心、全党的核心掌舵领航，在于有习近平新时代中国特色社会主义思想科学指引。实践充分证明，党确立习近平同志党中央的核心、全党的核心地位，确立习近平新时代中国特色社会主义思想的指导地位，反映了全党全军全国各族人民共同心愿，对新时代党和国家事业发展、对推进中华民族伟大复兴历史进程具有决定性意义。

走过苦难辉煌的过去，走在日新月异的现在，走向光明宏大的未来，我们充满书写历史的自信，我们满怀创造历史的豪情。73年前，第一面五星红旗在首都北京上空冉冉升起，中华民族迎来浴火重生的曙光；今天，一个充满生机的中国，一个充满希望的中国，已经巍然屹立在世界的东方。当前，世界百年未有之大变局加速演进，世界之变、时代之变、历史之变的特征更加明显。我国发展面临新的战略机遇、新的战略任务、新的战略阶段、新的战略要求、新的战略环境，需要应对的风险和挑战、需要解决的矛盾和问题比以往更加错综复杂。我们深知，中华民族伟大复兴不是轻轻松松、敲锣打鼓就能实现的，必须勇于进行具有许多新的历史特点的伟大斗争，准备付出更为艰巨、更为艰苦的努力，必须继续谦虚谨慎、戒骄戒躁，继续艰苦奋斗、锐意进取，全力办好自己的事，锲而不舍实现我们的既定目标。

在新的伟大征程上，无论风云如何变幻，无论挑战如何严峻，我们都要以咬定青山不放松的执着、行百里者半九十的清醒，坚定不移推进中华民族伟大复兴历史进程。习近平总书记强调："我们要牢牢把握新时代新征程党的中心任务，提出新的思路、新的战略、新的举措，继续统筹推进'五位一体'总体布局、协调推进'四个全面'战略布局，踔厉奋发、勇毅前行、团结奋斗，奋力谱写全面建设社会主义现代化国家崭新篇章。"必须深刻认识到，"旗帜决定方向，道路决定命运"，我们要坚定志不改、道不变的决心，高举中国特色社会主义伟大旗帜，坚持以习近平新时代中国特色社会主义思想为指导，坚持中国共产党领导和我国社会主义制度，坚持走中国特色社会主义道路、以中国式现代化推进中华民族伟大复兴，把中国发展进步的命运牢牢掌握在自己手中；必须深刻认识到，"历史发展有其规律，但人在其中不是完全消极被动的"，我们要坚定历史自信、增强历史主动，把握住历史发展规律和大势，抓住历史变革时机，以正确的战略策略应变局、育新机、开新局，依靠顽强斗争打开事业发展新天地；必须深刻认识到，"团结就是力量，奋斗开创未来"，我们要调动一切可以调动的积极因素，团结一切可以团结的力量，心往一处想、劲往一处使，拧成一股绳、铆足一股劲，最大限度汇聚起实现民族复兴的磅礴伟力。

即将召开的党的二十大，是在迈上全面建设社会主义现代化国家新征程、向第二个百年奋斗目标进军的关键时刻召开的一次十分重要的大会。大会将对全面建成社会主义现代化强国两步走战略安排进行宏观展望，科学谋划未来5年乃至更长时期党和国家事业发展的目标任务和大政方针，对鼓舞和动员全党全军全国各族人民坚持和发展中国特色社会主义、全面建设社会主义现代化国家、全面推进中华民族伟大复兴具有重大意义。我们要鼓足信心、齐心协力、顽强拼搏，以实际行动迎接党的二十大胜利召开。

历史长河滚滚向前，时代号角催人奋进。让我们更加紧密地团结在以习近平同志为核心的党中央周围，全面贯彻习近平新时代中国特色社会主义思想，深刻领悟"两个确立"的决定性意义，增强"四个意识"、坚定"四个自信"、做到"两个维护"，万众一心、砥砺前行、不懈奋斗，在新的伟大征程上奋力夺取中国特色社会主义新胜利！

（2022年10月01日　02版）

奋力开创中国特色社会主义新局面

——热烈祝贺中国共产党第二十次全国代表大会开幕

举国关注、举世瞩目,中国共产党第二十次全国代表大会今天在北京隆重开幕。

党的二十大是在迈上全面建设社会主义现代化国家新征程、向第二个百年奋斗目标进军的关键时刻召开的一次十分重要的大会。大会将明确宣示党在新征程上举什么旗、走什么路、以什么样的精神状态、朝着什么样的目标继续前进,对全面建成社会主义现代化强国两步走战略安排进行宏观展望,科学谋划未来5年乃至更长时期党和国家事业发展的目标任务和大政方针。开好这次大会,事关党和国家事业继往开来,事关中国特色社会主义前途命运,事关中华民族伟大复兴,对鼓舞和动员全党全军全国各族人民坚持和发展中国特色社会主义、全面建设社会主义现代化国家、全面推进中华民族伟大复兴具有重大意义。

从党的十八大开始,中国特色社会主义进入新时代。这十年,党面临形势环境的复杂性和严峻性、肩负任务的繁重性和艰巨性世所罕见、史所罕见。特别是从十九大到二十大,这是"两个一百年"奋斗目标的历史交汇期,在党和国家事业发展进程中极不寻常、极不平凡。这十年,以习近平同志为核心的党中央统筹中华民族伟大复兴战略全局和世界百年未有之大变局,以伟大的历史主动精神、巨大的政治勇气、强烈的责任担当,统揽伟大斗争、伟大工程、伟大事业、伟大梦想,团结带领全党全军全国各族人民有效应对严峻复杂的国际形势和接踵而至的巨大风险挑战，以奋发有为的精神把新时代中国特色社会主义不断推向前进。

十年砥砺奋进，创造了新时代中国特色社会主义伟大成就。我们采取一系列战略性举措，推进一系列变革性实践，实现一系列突破性进展，取得一系列标志性成果，攻克了许多长期没有解决的难题，办成了许多事关长远的大事要事，经受住了来自政治、经济、意识形态、自然界等方面的风险挑战考验。如期打赢脱贫攻坚战，完成全面建成小康社会的历史任务，实现第一个百年奋斗目标，顺利开启全面建设社会主义现代化国家新征程……党和国家事业取得历史性成就、发生历史性变革，为实现中华民族伟大复兴提供了更为完善的制度保证、更为坚实的物质基础、更为主动的精神力量。新时代十年的伟大变革，在党史、新中国史、改革开放史、社会主义发展史、中华民族发展史上具有里程碑意义。

十年砥砺奋进，成功推进和拓展了中国式现代化。我们坚持和发展中国特色社会主义，推动物质文明、政治文明、精神文明、社会文明、生态文明协调发展，成功走出了中国式现代化道路，创造了人类文明新形态，为人类对更好社会制度的探索提供了中国方案，使科学社会主义在二十一世纪的中国焕发出强大生机活力，在世界上高高举起了中国特色社会主义伟大旗帜。实践充分证明，中国特色社会主义是党和人民历经千辛万苦、付出巨大代价取得的根本成就，是创造人民美好生活、实现中华民族伟大复兴的康庄大道。新征程上，只要我们坚定志不改、道不变的决心，坚持走中国特色社会主义道路、以中国式现代化推进中华民族伟大复兴，就一定能把中国发展进步的命运牢牢掌握在自己手中。

十年砥砺奋进，汇聚起实现中华民族伟大复兴的磅礴伟力。这十年，我们遭遇的风险挑战风高浪急，有时甚至是惊涛骇浪。我们坚定信心、迎难而上，心往一处想、劲往一处使，拧成一股绳、铆足一股劲，最大限度凝聚起共同奋斗的力量。今天，中国人民更加自信、自立、自强，积极性、主动性、创造性进一步激发，志气、骨气、底气空前增强，党心军心民心昂扬振奋，在历史进程中积累的强大能量充分爆发出来，焕发出前所未有的历史主动精神、历史创造精神，正在信心百倍书写着新时代中国发展的伟大历史。

一路披荆斩棘，一路凯歌前行。新时代党和国家事业之所以能够取得历史性成就、发生历史性变革，根本在于习近平总书记掌舵领航，在于习近平新时代中国特色社会主义思想科学指引。"党确立习近平同志党中央的核心、全党的核心地位，确立习近平新时代中国特色社会主义思想的指导地位，反映了全党全军全国各族人民共同心愿，对新时代党和国家事业发展、对推进中华民族伟大复兴历史进程具有决定性意义。"这是深刻总结党的百年奋斗、党的十八大以来伟大实践得出的重大历史结论，是体现全党共同意志、反映人民共同心声的重大政治判断，是党的十八大以来最重要的政治成果。习近平新时代中国特色社会主义思想，科学回答了中国之问、世界之问、人民之问、时代之问，是当代中国马克思主义、二十一世纪马克思主义，是中华文化和中国精神的时代精华，开辟了马克思主义基本原理同中国具体实际相结合、同中华优秀传统文化相结合的新境界，为实现中华民族伟大复兴提供了思想指引和行动指南。

今天，中华民族迎来了从站起来、富起来到强起来的伟大飞跃，走过百年光辉历程的中国共产党正领导中国人民在中国特色社会主义道路上不可逆转地走向中华民族伟大复兴。当前，世界百年未有之大变局加速演进，中华民族伟大复兴进入关键时期，我们比历史上任何时期都更接近、更有信心和能力实现中华民族伟大复兴的目标，同时也必须准备付出更为艰巨、更为艰苦的努力。我们瞩望，大会科学审视当今世界和当代中国发展大势，科学把握我们面临的战略机遇和风险挑战，全面把握新时代新征程党和国家事业发展新要求、人民群众新期待，从战略全局上对党和国家事业作出规划和部署，指引全党全军全国各族人民坚定历史自信、增强历史主动，奋力开创中国特色社会主义新局面，坚定不移推进中华民族伟大复兴历史进程。

习近平总书记强调："我们处在前所未有的变革时代，干着前无古人的伟大事业"。心中装着百姓，手中握有真理，脚踏人间正道，我们信心十足、力量十足。新的伟大征程上，无论风云如何变幻，无论挑战如何严峻，我们都要弘扬伟大建党精神，坚守初心使命，常怀远虑、居安思危，永葆"赶考"的清醒和坚定，全力办好自己的事，以咬定青山不放松的执着奋力实现既定目标。"团结就是力量，奋斗开创未来"。让我们更加紧密地团结在以习近平同志为核心的党中央周围，高举中国特色社会主义伟大旗帜，全面贯彻习近平新时代中国特色社会主义思想，深刻领悟"两个确立"的决定性意义，增强"四个意识"、坚定"四个自信"、做到"两个维护"，踔厉奋发、勇毅前行、团结奋斗，奋力谱写全面建设社会主义现代化国家新篇章，夺取中国特色社会主义新胜利，在新的赶考之路上继续创造令人刮目相看的新奇迹。

预祝大会圆满成功！

（2022年10月16日　02版）

团结奋斗，谱写新时代中国特色社会主义更加绚丽的华章

——热烈祝贺中国共产党第二十次全国代表大会胜利闭幕

思想之旗领航向，人间正道开新篇。中国共产党第二十次全国代表大会圆满完成各项议程和崇高使命，在北京胜利闭幕。一个走过百年奋斗历程、立志于中华民族千秋伟业、致力于人类和平与发展崇高事业的马克思主义政党，踔厉奋发、勇毅前行，吹响了全面建设社会主义现代化国家、全面推进中华民族伟大复兴的奋进号角。

党的二十大是在全党全国各族人民迈上全面建设社会主义现代化国家新征程、向第二个百年奋斗目标进军的关键时刻召开的一次十分重要的大会。大会选举产生了新一届中央委员会和中央纪律检查委员会，通过了关于十九届中央委员会报告的决议、关于十九届中央纪律检查委员会工作报告的决议、关于《中国共产党章程（修正案）》的决议。这是一次高举旗帜、凝聚力量、团结奋进的大会，在党和国家发展进程中具有极其重大的历史意义。党的二十大作出的各项决策部署、取得的各项成果，必将对全面建设社会主义现代化国家、全面推进中华民族伟大复兴，对夺取中国特色社会主义新胜利发挥十分重要的指导和保证作用。

大会高度评价习近平同志代表十九届中央委员会所作的报告。报告高举中国特色社会主义伟大旗帜，全面贯彻习近平新时代中国特色社会主义

思想，分析了国际国内形势，提出了党的二十大主题，回顾总结了过去五年的工作和新时代十年的伟大变革，阐述了开辟马克思主义中国化时代化新境界、中国式现代化的中国特色和本质要求等重大问题，对全面建设社会主义现代化国家、全面推进中华民族伟大复兴进行了战略谋划，对统筹推进"五位一体"总体布局、协调推进"四个全面"战略布局作出了全面部署，为新时代新征程党和国家事业发展、实现第二个百年奋斗目标指明了前进方向、确立了行动指南。报告是党和人民智慧的结晶，是党团结带领全国各族人民夺取中国特色社会主义新胜利的政治宣言和行动纲领，是马克思主义的纲领性文献。

大会高度评价十九届中央委员会的工作，高度评价新时代取得的伟大成就。过去五年和新时代以来的十年，在党和国家发展进程中极不寻常、极不平凡。以习近平同志为核心的党中央统筹中华民族伟大复兴战略全局和世界百年未有之大变局，全面贯彻党的基本理论、基本路线、基本方略，统揽伟大斗争、伟大工程、伟大事业、伟大梦想，以伟大的历史主动精神、巨大的政治勇气、强烈的责任担当，团结带领全党全国各族人民采取一系列战略性举措，推进一系列变革性实践，实现一系列突破性进展，取得一系列标志性成果，攻克了许多长期没有解决的难题，办成了许多事关长远的大事要事，经受住了来自政治、经济、意识形态、自然界等方面的风险挑战考验，创造了新时代中国特色社会主义的伟大成就，推动我国迈上全面建设社会主义现代化国家新征程，实现中华民族伟大复兴进入了不可逆转的历史进程。新时代十年的伟大变革，在党史、新中国史、改革开放史、社会主义发展史、中华民族发展史上具有里程碑意义。

习近平新时代中国特色社会主义思想为新时代党和国家事业发展提

供了根本遵循，是贯穿党的二十大报告的灵魂。党的十八大以来，我们党坚持把马克思主义基本原理同中国具体实际相结合、同中华优秀传统文化相结合，勇于进行理论探索和创新，以全新的视野深化对共产党执政规律、社会主义建设规律、人类社会发展规律的认识，取得重大理论创新成果，集中体现为习近平新时代中国特色社会主义思想。党的十九大、十九届六中全会提出的"十个明确"、"十四个坚持"、"十三个方面成就"概括了这一思想的主要内容，必须长期坚持并不断丰富发展。这一创新理论，科学回答中国之问、世界之问、人民之问、时代之问，是当代中国马克思主义、二十一世纪马克思主义，是中华文化和中国精神的时代精华，实现了马克思主义中国化时代化新的飞跃，使科学社会主义在二十一世纪的中国焕发出新的蓬勃生机。党的二十大明确提出，不断谱写马克思主义中国化时代化新篇章，是当代中国共产党人的庄严历史责任。我们要把握好习近平新时代中国特色社会主义思想的世界观和方法论，坚持好、运用好贯穿其中的立场观点方法，坚持人民至上，坚持自信自立，坚持守正创新，坚持问题导向，坚持系统观念，坚持胸怀天下，继续推进实践基础上的理论创新，开辟马克思主义中国化时代化新境界。

"两个确立"是党在新时代取得的重大政治成果，是新时代引领党和国家事业从胜利走向新的胜利的政治保证，是战胜一切艰难险阻、应对一切不确定性的最大确定性、最大底气、最大保证。新时代党和国家事业取得历史性成就、发生历史性变革，从根本上讲，在于确立了习近平同志党中央的核心、全党的核心地位，确立了习近平新时代中国特色社会主义思想的指导地位。全党要深刻领悟"两个确立"的决定性意义，增强"四个意识"、坚定"四个自信"、做到"两个维护"，提高政治判断力、政治领悟力、政治执行力，坚定不移在思想上政治上行动上同以习近平同志为核心的党中央保持高度一致，奋力谱写全面建设社会主义现代化国家新篇章。

"从现在起，中国共产党的中心任务就是团结带领全国各族人民全面建成社会主义现代化强国、实现第二个百年奋斗目标，以中国式现代化全面推进中华民族伟大复兴。"党的二十大全面把握党和国家事业发展新要求、人民群众新期待，明确提出了新时代新征程中国共产党的使命任务。进入新时代以来，党对建设社会主义现代化国家在认识上不断深入、战略上不断成熟、实践上不断丰富，成功推进和拓展了中国式现代化。中国式现代化扎根中国大地，切合中国实际，不断丰富和发展人类文明新形态，为人类实现现代化提供了新的选择。党的二十大对全面建成社会主义现代化强国两步走战略安排进行宏观展望，重点部署了未来五年的战略任务和重大举措。未来五年是全面建设社会主义现代化国家开局起步的关键时期，搞好这五年的发展对于实现第二个百年奋斗目标至关重要。当前，世界百年未有之大变局加速演进，世界进入新的动荡变革期。我们必须增强忧患意识，坚持底线思维，做到居安思危、未雨绸缪，准备经受风高浪急甚至惊涛骇浪的重大考验。前进道路上，我们要牢牢把握"坚持和加强党的全面领导""坚持中国特色社会主义道路""坚持以人民为中心的发展思想""坚持深化改革开放""坚持发扬斗争精神"的重大原则，坚持以中国式现代化全面推进中华民族伟大复兴，既不走封闭僵化的老路，也不走改旗易帜的邪路，始终把国家和民族发展放在自己力量的基点上、把中国发展进步的命运牢牢掌握在自己手中，不断夺取全面建设社会主义现代化国家新胜利。

全面建设社会主义现代化国家、全面推进中华民族伟大复兴，关键在党。我们党作为世界上最大的马克思主义执政党，要始终赢得人民拥护、巩固长期执政地位，必须时刻保持解决大党独有难题的清醒和坚定。全党必须牢记，全面从严治党永远在路上，党的自我革命永远在路上，决不能有松劲歇脚、疲劳厌战的情绪，必须持之以恒推进全面从严治党，深入推进新时代党的建设新的伟大工程，以党的自我革命引领社会革命，全面推进党的自我净化、自我完善、自我革新、自我提高，使我们党坚守初心使命，始终成为中国特色社会主义事业的坚强领导核心。

全面建设社会主义现代化国家，是一项伟大而艰巨的事业，前途光明，任重道远。团结才能胜利，奋斗才会成功。团结奋斗是中国人民创造历史伟业的必由之路。当前最重要的任务，就是认真学习贯彻党的二十大精神，自觉用党的二十大精神统一思想和行动，撸起袖子加油干，一步一个脚印把党的二十大作出的重大决策部署付诸行动、见之于成效。时代呼唤着我们，人民期待着我们，唯有矢志不渝、笃行不息，方能不负时代、不负人民。必须倍加珍惜、始终坚持"五个必由之路"，咬定青山不放松，引领和保障中国特色社会主义巍巍巨轮乘风破浪、行稳致远。必须充分发挥亿万人民的创造伟力，始终保持党同人民群众的血肉联系，始终接受人民批评和监督，始终同人民同呼吸、共命运、心连心，形成同心共圆中国梦的强大合力。党用伟大奋斗创造了百年伟业，也一定能用新的伟大奋斗创造新的伟业。

百年成就无比辉煌，百年大党风华正茂。走过苦难辉煌的过去，走在日新月异的现在，走向光明宏大的未来，中国人民的前进动力更加强大、奋斗精神更加昂扬、必胜信念更加坚定，焕发出更为强烈的历史自觉和主动精神，中国共产党和中国人民正信心百倍推进中华民族从站起来、富起来到强起来的伟大飞跃。我们完全有信心有能力在新时代新征程创造令世人刮目相看的新的更大奇迹。全党同志务必不忘初心、牢记使命，务必谦虚谨慎、艰苦奋斗，务必敢于斗争、善于斗争，坚定历史自信，增强历史主动，谱写新时代中国特色社会主义更加绚丽的华章。我们靠团结奋斗创造了辉煌历史，还要靠团结奋斗开辟美好未来。让我们更加紧密地团结在以习近平同志为核心的党中央周围，高举中国特色社会主义伟大旗帜，全面贯彻习近平新时代中国特色社会主义思想，弘扬伟大建党精神，牢记空谈误国、实干兴邦，坚定信心、同心同德，埋头苦干、奋勇前进，为全面建设社会主义现代化国家、全面推进中华民族伟大复兴而团结奋斗！

（2022年10月23日　04版）

肩负使命任务　创造新的伟业

千秋伟业，薪火相传；百年大党，风华正茂。中国共产党第二十届中央委员会第一次全体会议，产生了新一届中央领导机构，习近平同志任中共中央总书记、中央军委主席，一批为党和国家事业作出重大贡献的同志从党中央领导岗位上退下来，一批德才兼备、年富力强、经验丰富的领导干部进入新一届中央委员会和中央领导机构。这是一个凝聚全党共识、反映人民期待，值得全党全军全国各族人民充分信赖的中央领导集体，这是一个政治坚定、团结统一、富有活力，能够适应党和国家事业长远发展需要的中央领导集体。选举结果充分体现了全党共同意志，充分反映了亿万人民共同心愿，充分展现了我们党朝气蓬勃、兴旺发达、奋发有为。前进道路上，以习近平同志为核心的党中央必将团结带领全党全军全国各族人民，坚定历史自信，增强历史主动，踔厉奋发、勇毅前行，为全面建设社会主义现代化国家、全面推进中华民族伟大复兴而团结奋斗，把中国发展进步的命运牢牢掌握在自己手中。

党的二十大高举中国特色社会主义伟大旗帜，全面贯彻习近平新时代中国特色社会主义思想，系统阐述了新时代坚持和发展中国特色社会主义的重大理论和实践问题，科学谋划了未来一个时期党和国家事业发展的目标任务和大政方针，擘画了以中国式现代化全面推进中华民族伟大复兴的宏伟蓝图。党的二十大和党的二十届一中全会的胜利召开，为党和国家事业进一步指明了前进方向，为我们党继续带领亿万人民团结奋斗奠定了重要的思想政治基础，为全面贯彻党的基本理论、基本路线、基本方略，奋力谱写全面建设社会主义现代化国家新篇章，提供了坚强的政治保证和组织保证。这充分表明，我们党无愧为坚守初心使命、走在时代前列、人民衷心拥护、永葆生机活力的马克思主义执政党。

全面建设社会主义现代化国家、全面推进中华民族伟大复兴，关键在党。当前，世界百年未有之大变局加速演进，我国发展进入战略机遇和风险挑战并存、不确定难预料因素增多的时期。在复杂严峻的国内外发展环境下，更好肩负使命任务、创造新的伟业，我们党必须有坚强有力的领导核心和中央领导集体。党确立习近平同志党中央的核心、全党的核心地位，确立习近平新时代中国特色社会主义思想的指导地位，对新时代党和国家事业发展、对推进中华民族伟大复兴历史进程具有决定性意义。"两个确立"是党的十八大以来党的建设最重大的政治成果，是新时代引领党和国家事业从胜利走向新的胜利的政治保证，是战胜一切艰难险阻、应对一切不确定性的最大确定性、最大底气、最大保证。我们要提高政治判断力、政治领悟力、政治执行力，更加自觉地维护习近平总书记党中央的核心、全党的核心地位，更加自觉地维护以习近平同志为核心的党中央权威和集中统一领导，把思想和行动统一到习近平总书记重要讲话精神上来，统一到党的二十大作出的重大决策部署上来，形成同心共圆中国梦的强大合力。

团结才能胜利，奋斗才会成功。我们靠团结奋斗创造了辉煌历史，还要靠团结奋斗开辟美好未来。让我们更加紧密地团结在以习近平同志为核心的党中央周围，全面贯彻习近平新时代中国特色社会主义思想，深刻领悟"两个确立"的决定性意义，增强"四个意识"、坚定"四个自信"、做到"两个维护"，弘扬伟大建党精神，务必不忘初心、牢记使命，务必谦虚谨慎、艰苦奋斗，务必敢于斗争、善于斗争，自信自强、守正创新，谱写新时代中国特色社会主义更加绚丽的华章，在新的赶考之路上继续创造令人刮目相看的新的奇迹！

（2022年10月24日　05版）

缅怀功绩　继承遗志　团结奋斗

2022年11月30日，我们敬爱的江泽民同志因病抢救无效在上海逝世。全党全军全国各族人民满怀敬意和深情，深切悼念，极其悲痛。

江泽民同志是我党我军我国各族人民公认的享有崇高威望的卓越领导人，伟大的马克思主义者，伟大的无产阶级革命家、政治家、军事家、外交家，久经考验的共产主义战士，中国特色社会主义伟大事业的杰出领导者，党的第三代中央领导集体的核心，"三个代表"重要思想的主要创立者。江泽民同志的逝世，对我党我军我国各族人民是不可估量的损失。党中央号召，全党全军全国各族人民化悲痛为力量，继承江泽民同志的遗志，以实际行动表达我们的悼念。

我们缅怀江泽民同志的光辉业绩。二十世纪八十年代末九十年代初，国际国内发生严重政治风波，世界社会主义出现严重曲折，我国社会主义事业发展面临空前巨大的困难和压力。在这个决定党和国家前途命运的重大历史关头，江泽民同志带领党的中央领导集体，紧紧依靠全党全军全国各族人民，捍卫了中国特色社会主义伟大事业，打开了我国改革开放和社会主义现代化建设新局面。从党的十三届四中全会到党的十六大的十三年中，国际国内形势十分复杂，以江泽民同志为主要代表的中国共产党人，坚持党的基本理论、基本路线，确立了社会主义市场经济体制的改革目标和基本框架，确立了社会主义初级阶段公有制为主体、多种所有制经济共同发展的基本经济制度和按劳分配为主体、多种分配方式并存的分配制度，开创全面改革开放新局面，推进党的建设新的伟大工程，成功把中国特色社会主义推向二十一世纪。在以江泽民同志为核心的党的第三代中央领导集体领导下，我们从容应对一系列关系我国主权和安全的国际突发事件，战胜在政治、经济领域和自然界出现的困难和风险，保证了改革开放和社会主义现代化建设的航船始终沿着正确方向破浪前进。党的十三届四中全会以后的十三年，我们党和国家取得的巨大成就，同江泽民同志作为马克思主义政治家的雄才大略、关键作用、高超政治领导艺术是分不开的。江泽民同志担任中央军事委员会主席期间，深刻洞察和把握国内外形势的重大变化和世界新军事变革的发展趋势，对加强国防和军队现代化建设提出了一系列新论断新举措，丰富和发展了毛泽东军事思想和邓小平新时期军队建设思想，创立了江泽民国防和军队建设思想，领导国防和军队现代化建设取得了巨大成就。江泽民同志高度重视事关党和人民事业的重大战略问题。从领导岗位上退下来以后，江泽民同志坚决拥护和支持党中央工作，关心中国特色社会主义伟大事业，坚定支持党风廉政建设和反腐败斗争。

我们缅怀江泽民同志的杰出理论贡献。江泽民同志坚持马克思主义的思想路线，尊重实践，尊重群众，准确把握时代特征，科学判断我们党所处的历史方位，围绕建设中国特色社会主义这个主题，在改革发展稳定、内政外交国防、治党治国治军等各方面都提出了一系列新思想新观点新论断，为坚持和发展党的基本理论、基本路线、基本纲领、基本经验作出了杰出贡献。特别是他集中全党智慧创立了"三个代表"重要思想，实现了党在指导思想上的又一次与时俱进，体现了一位真正马克思主义者的巨大政治勇气和理论勇气。"三个代表"重要思想突出强调我们党始终代表中国先进生产力的发展要求、代表中国先进文化的前进方向、代表中国最广大人民的根本利益，遵循了人类历史发展进步的普遍规律，顺应了时代发展潮流和我国社会发展进步要求，反映了全国各族人民利益和愿望，抓住了新形势下提高党的执政能力、巩固党的执政地位、完成党的执政使命的根本。"三个代表"重要思想最鲜明的特点和最突出的贡献，在于用一系列紧密联系、相互贯通的新思想新观点新论断，进一步回答了什么是社会主义、怎样建设社会主义的问题，创造性回答了建设什么样的党、怎样建设党的问题，是对马克思列宁主义、毛泽东思想、邓小平理论的继承和发展，深化了我们对新的时代条件下推进中国特色社会主义事业、加强党的建设的规律的认识。

我们缅怀江泽民同志的优秀品格和高尚风范。江泽民同志目光远大、审时度势，总是从中国和世界发展大势、从党和国家工作全局出发观察和思考问题，不断推进理论创新和其他各方面创新。江泽民同志信念坚定、处事果断，总是把党和人民放在心中最高的位置，始终不渝坚持共产党人的理想信念，在关键时刻具有作出果敢决策的非凡胆略和进行理论创新的巨大勇气。江泽民同志尊重实践、与时俱进，总是紧紧把握时代发展脉搏和契机，坚持从党和人民活生生的实践出发总结经验、寻找路子，脚踏实地而又开拓进取推进党和国家各项工作。江泽民同志尊重群众、关心群众，总是高度关注人民群众安危冷暖，依据最广大人民根本利益来检验和推动工作。江泽民同志的优秀品格和高尚风范将永远教育和激励我们前进。

在改革开放和社会主义现代化建设新时期，中国共产党人接续奋斗，我国实现了从生产力相对落后的状况到经济总量跃居世界第二的历史性突破，实现了人民生活从温饱不足到总体小康、奔向全面小康的历史性跨越。党的十八大以来，以习近平同志为核心的党中央团结带领全党全军全国各族人民，统揽伟大斗争、伟大工程、伟大事业、伟大梦想，开创了中国特色社会主义新时代，全面建成小康社会目标如期实现，党和国家事业取得历史性成就、发生历史性变革，推动我国迈上全面建设社会主义现代化国家新征程。

党的二十大制定了当前和今后一个时期党和国家的大政方针，描绘了以中国式现代化全面推进中华民族伟大复兴的宏伟蓝图。新征程上，我们一定要更加自觉地团结在以习近平同志为核心的党中央周围，坚持党的基本理论、基本路线、基本方略，深刻领悟"两个确立"的决定性意义，增强"四个意识"、坚定"四个自信"、做到"两个维护"，持之以恒推进全面从严治党，深入推进新时代党的建设新的伟大工程，以党的自我革命引领社会革命，使我们党坚守初心使命，始终成为中国特色社会主义事业的坚强领导核心。我们一定要坚持马克思列宁主义、毛泽东思想、邓小平理论、"三个代表"重要思想、科学发展观，全面贯彻习近平新时代中国特色社会主义思想，坚持把马克思主义基本原理同中国具体实际相结合、同中华优秀传统文化相结合，坚持解放思想、实事求是、与时俱进、求真务实，勇于进行理论探索和创新，在新时代的伟大实践中不断开辟马克思主义中国化时代化新境界，让当代中国马克思主义放射出更加灿烂的真理光芒。我们一定要坚定不移坚持中国共产党领导、坚持中国特色社会主义，坚持把国家和民族发展放在自己力量的基点上、把中国发展进步的命运牢牢掌握在自己手中，团结一心为全面建成社会主义现代化强国、实现第二个百年奋斗目标而努力，以中国式现代化全面推进中华民族伟大复兴，推动构建人类命运共同体，创造人类文明新形态。我们一定要坚持全心全意为人民服务的根本宗旨，树牢群众观点，贯彻群众路线，尊重人民首创精神，坚持一切为了人民、一切依靠人民，从群众中来、到群众中去，始终保持同人民群众的血肉联系，始终同人民同呼吸、共命运、心连心。我们一定要努力学习"三个代表"重要思想，学习江泽民同志的革命精神和革命风范，学习他运用马克思主义立场、观点、方法研究新情况、解决新问题的科学态度和创造精神，为把我国建设成为富强民主文明和谐美丽的社会主义现代化强国而团结奋斗。

中华民族的伟大复兴事业，凝结了包括江泽民同志在内的一代又一代共产党人的心血和奋斗。前进道路上，全党全军全国各族人民要在以习近平同志为核心的党中央坚强领导下，高举中国特色社会主义伟大旗帜，全面贯彻习近平新时代中国特色社会主义思想，弘扬伟大建党精神，坚定信心、同心同德，埋头苦干、奋勇前进，为全面建设社会主义现代化国家、全面推进中华民族伟大复兴而团结奋斗。

敬爱的江泽民同志永垂不朽！

（2022年12月06日　02版）

为全面建设社会主义现代化国家
开好局起好步

砥砺奋进开新局，凝心聚力再出发。12月15日至16日，中央经济工作会议在北京举行。会议认真总结今年经济工作，深入分析当前经济形势，全面部署明年经济工作。这是党的二十大后中央召开的一次十分重要的会议，对于我们统一思想、凝聚共识、真抓实干，为全面建设社会主义现代化国家开好局起好步，具有重大而深远的意义。

今年是党和国家历史上极为重要的一年。我们胜利召开党的二十大，描绘了全面建设社会主义现代化国家的宏伟蓝图。面对风高浪急的国际环境和艰巨繁重的国内改革发展稳定任务，在以习近平同志为核心的党中央坚强领导下，全党全国各族人民迎难而上，砥砺前行，落实疫情要防住、经济要稳住、发展要安全的要求，统筹国内国际两个大局，统筹疫情防控和经济社会发展，统筹发展和安全，加大宏观调控力度，应对超预期因素冲击，保持了经济社会大局稳定，全面建设社会主义现代化国家新征程迈出坚实步伐。

新时代以来的十年，有涉滩之险，有爬坡之艰，有闯关之难，在党和国家发展进程中极不寻常、极不平凡。十年来，以习近平同志为核心的党中央团结带领全党全国各族人民，稳经济、促发展，战贫困、建小康，控疫情、抗大灾，应变局、化危机，攻克了一个个看似不可攻克的难关险阻，创造了一个个令人刮目相看的人间奇迹。十年来，我国经济总量迈上新台阶，对世界经济增长的贡献在全球居于首位，发展的平衡性协调性包容性持续提高。特别是历史性地解决了绝对贫困问题，如期全面建成小康社会，实现第一个百年奋斗目标，迈上全面建设社会主义现代化国家新征程。这十年，是我国经济社会发展取得历史性成就、发生历史性变革、转向高质量发展的十年，书写了经济快速发展和社会长期稳定两大奇迹新篇章，我国发展具备了更为坚实的物质基础、更为完善的制度保证，站在新的更高历史起点上。

新时代的实践充分说明，做好经济工作，全面建设社会主义现代化国家，必须坚持党的全面领导特别是党中央集中统一领导，坚持发展是党执政兴国的第一要务，坚持稳中求进工作总基调，坚持和完善社会主义基本经济制度，坚持推进高水平对外开放，坚持推动经济发展在法治轨道上运行，确保中国经济巨轮始终沿着正确方向前进。

当前，世界之变、时代之变、历史之变正以前所未有的方式展开，我国经济恢复的基础尚不牢固，需求收缩、供给冲击、预期转弱三重压力仍然较大，外部环境动荡不安，给我国经济带来的影响加深。但要看到，我国经济韧性强、潜力大、活力足，长期向好的基本面没有变，各项政策效果持续显现，明年经济运行有望总体回升，要坚定做好经济工作的信心。党的二十大科学把握我们面临的战略机遇和风险挑战，制定了当前和今后一个时期党和国家的大政方针，明确了以中国式现代化全面推进中华民族伟大复兴的任务和路径。明年是全面贯彻落实党的二十大精神的开局之年，做好经济工作意义重大。做好明年经济工作，要以习近平新时代中国特色社会主义思想为指导，全面贯彻落实党的二十大精神，扎实推进中国式现代化，坚持稳中求进工作总基调，完整、准确、全面贯彻新发展理念，加快构建新发展格局，着力推动高质量发展，更好统筹疫情防控和经济社会发展，更好统筹发展和安全，全面深化改革开放，大力提振市场信心，把实施扩大内需战略同深化供给侧结构性改革有机结合起来，突出做好稳增长、稳就业、稳物价工作，有效防范化解重大风险，推动经济运行整体好转，实现质的有效提升和量的合理增长，为全面建设社会主义现代化国家开好局起好步。

做好明年经济工作，要坚持稳字当头、稳中求进，继续实施积极的财政政策和稳健的货币政策，加大宏观政策调控力度，加强各类政策协调配合，形成共促高质量发展合力。积极的财政政策要加力提效，稳健的货币政策要精准有力，产业政策要发展和安全并举，科技政策要聚焦自立自强，社会政策要兜牢民生底线。要坚持系统观念、守正创新，更好统筹疫情防控和经济社会发展，更好统筹经济质的有效提升和量的合理增长，更好统筹供给侧结构性改革和扩大内需，更好统筹经济政策和其他政策，更好统筹国内循环和国际循环，更好统筹当前和长远。要从战略全局出发，抓主要矛盾，从改善社会心理预期、提振发展信心入手，抓住重大关键环节，纲举目张做好工作。要着力扩大国内需求，加快建设现代化产业体系，切实落实"两个毫不动摇"，更大力度吸引和利用外资，有效防范化解重大经济金融风险。要全面推进乡村振兴，谋划新一轮全面深化改革，推动共建"一带一路"高质量发展，深入实施区域重大战略和区域协调发展战略，推动经济社会发展绿色转型，建设美丽中国。

全面建设社会主义现代化国家、全面推进中华民族伟大复兴，关键在党。完成好明年经济工作的目标任务，必须加强党对经济工作的全面领导。各地区各部门和各级领导干部要全面学习、全面掌握、全面贯彻党的二十大精神，把思想和行动统一到党的二十大精神和党中央关于经济工作的决策部署上来。要坚持把高质量发展作为全面建设社会主义现代化国家的首要任务，完善党中央重大决策部署落实机制，以奋发有为的精神状态和"时时放心不下"的责任意识做好经济工作。要坚持以人民为中心的发展思想，坚持真抓实干，求真务实，反对形式主义、官僚主义，真心实意为人民群众排忧解难，激发全社会干事创业活力。

　　团结就是力量，奋斗开创未来。明年经济工作的大政方针已定，任务艰巨，责任重大。让我们更加紧密地团结在以习近平同志为核心的党中央周围，全面贯彻习近平新时代中国特色社会主义思想，深刻领悟"两个确立"的决定性意义，增强"四个意识"、坚定"四个自信"、做到"两个维护"，坚定信心、勠力同心、勇毅前行，以实际行动把党中央决策部署落实到位，努力完成经济社会发展目标任务，为全面建设社会主义现代化国家、全面推进中华民族伟大复兴作出新贡献。

（2022年12月17日　01版）

铆足干劲，加快建设农业强国

乘势而上创伟业，接续奋斗谱新篇。12月23日至24日在北京举行的中央农村工作会议，认真总结今年"三农"工作，研究部署2023年"三农"工作。会议上，习近平总书记着眼全面建成社会主义现代化强国的全局大局，系统阐释了建设农业强国、加快推进农业农村现代化、全面推进乡村振兴的一系列重大理论和实践问题，明确了当前和今后一个时期"三农"工作的目标任务、战略重点和主攻方向，对于统一思想、深化认识、凝聚共识，奋力开创加快建设农业强国、推进农业农村现代化新局面，具有重大而深远的意义。

强国必先强农，农强方能国强。党的十八大以来，以习近平同志为核心的党中央坚持把解决好"三农"问题作为全党工作的重中之重，打赢人类历史上规模最大的脱贫攻坚战，历史性地解决了绝对贫困问题，实施乡村振兴战略，推动农业农村取得历史性成就、发生历史性变革，为党和国家事业全面开创新局面提供了重要支撑。今年以来，面对风高浪急的国际环境和艰巨繁重的国内改革发展稳定任务，我国"三农"各项工作扎实推进，全国粮食产量连续8年稳定在1.3万亿斤以上并实现高位增产，脱贫攻坚成果持续巩固，乡村振兴取得阶段性重大成就。实践充分证明，以习近平同志为核心的党中央驰而不息重农强农的战略决策完全正确，党的"三农"政策得到亿万农民衷心拥护。

党的二十大在擘画全面建设社会主义现代化国家的宏伟蓝图时，对农业农村工作进行了总体部署，提出全面推进乡村振兴、加快建设农业强国。必须深刻认识到，全面建设社会主义现代化国家，最艰巨最繁重的任务仍然在农村。农业强国是社会主义现代化强国的根基，满足人民美好生活需要、实现高质量发展、夯实国家安全基础，都离不开农业发展。习近平总书记科学把握农业现代化一般规律和我国国情农情，明确提出建设农业强国的基本要求和中国特色并进行战略部署。我们要把思想和行动统一到习近平总书记重要讲话精神和党中央关于"三农"工作的决策部署上来，把加快建设农业强国摆上建设社会主义现代化强国的重要位置，加强顶层设计，循序渐进、稳扎稳打，因地制宜、注重实效，科学谋划和推进"三农"工作，建设供给保障强、科技装备强、经营体系强、产业韧性强、竞争能力强的农业强国。

加快建设农业强国是新时代新征程我们党做好"三农"工作的战略部署，必须保持战略定力、久久为功。农业强，首要是粮食和重要农产品供给保障能力必须强。要全方位夯实粮食安全根基，实施新一轮千亿斤粮食产能提升行动，做到产能提升、结构优化、韧性增强、收益保障、责任压实。要统筹部署、协同推进乡村产业、人才、文化、生态、组织振兴，增强脱贫地区和脱贫群众内生发展动力，千方百计拓宽农民增收致富渠道。要协同推进科技创新和制度创新，开辟新领域新赛道，塑造新动能新优势，加快实现量的突破和质的跃升。要一体推进农业现代化和农村现代化，建设宜居宜业和美乡村，实现乡村由表及里、形神兼备的全面提升。

全面推进乡村振兴、加快建设农业强国，关键在党。必须坚持党领导"三农"工作原则不动摇，健全领导体制和工作机制，为加快建设农业强国提供坚强保证。要落实五级书记抓乡村振兴的要求，完善考核督查机制，以责任落实推动工作落实、政策落实。要提高"三农"工作本领，改进工作作风，打造一支政治过硬、适应新时代要求、具有领导农业强国建设能力的"三农"干部队伍。要把调查研究、求真务实作为基本功，强化系统观念，树牢群众观点、贯彻群众路线。要坚持本土培养和外部引进相结合，着力打造一支沉得下、留得住、能管用的乡村人才队伍。要健全村党组织领导的村级组织体系，持续为基层干部减负，让基层干部有更多精力为农民办实事。各级党委和政府要深入贯彻党中央关于"三农"工作的大政方针和决策部署，牢记"国之大者"、扛起政治责任，真抓实干、埋头苦干，在加快建设农业强国中展现新气象新作为。

伟大事业始于梦想、成于实干。明年是全面贯彻落实党的二十大精神的开局之年，做好"三农"工作，使命光荣、责任重大。让我们更加紧密地团结在以习近平同志为核心的党中央周围，全面贯彻习近平新时代中国特色社会主义思想，深刻领悟"两个确立"的决定性意义，增强"四个意识"、坚定"四个自信"、做到"两个维护"，锚定目标，铆足干劲，抓好以乡村振兴为重心的"三农"各项工作，大力推进农业农村现代化，为加快建设农业强国而努力奋斗！

（2022年12月25日　01版）

锚定奋斗目标　创造新的伟业

——元旦献词

时间的长河奔涌向前，奋斗的脚步永不停歇。走过波澜壮阔的历程，我们迎来了崭新的一年。

刚刚过去的2022年，是党和国家历史上极为重要的一年。党的二十大胜利召开，制定了当前和今后一个时期党和国家的大政方针，描绘了以中国式现代化全面推进中华民族伟大复兴的宏伟蓝图，全面建设社会主义现代化国家新征程迈出坚实步伐。一年来，国际环境风高浪急，国内改革发展稳定任务艰巨繁重。以习近平同志为核心的党中央团结带领全党全国各族人民迎难而上，全面落实疫情要防住、经济要稳住、发展要安全的要求，统筹国内国际两个大局，统筹疫情防控和经济社会发展，统筹发展和安全，加大宏观调控力度，发展质量稳步提升，科技创新成果丰硕，改革开放全面深化，保持了经济社会大局稳定。全年经济保持增长，就业总体稳定，物价平稳，国际收支状况较好。粮食产量连续8年保持在1.3万亿斤以上，粮食安全、能源安全和人民生活得到有效保障。成功举办北京冬奥会、冬残奥会。在百年变局和世纪疫情相互叠加的复杂局面下，面对超预期因素的冲击，面对诸多困难挑战，我们能够取得这样的成绩，殊为不易，值得倍加珍惜！

惟其艰巨，所以伟大；惟其艰巨，更显荣光。回望新时代以来这十年，有涉滩之险，有爬坡之艰，有闯关之难，在党和国家发展进程中极不寻常、极不平凡,我们肩负任务的繁重性和艰巨性世所罕见、史所罕见。稳经济、促发展,战贫困、建小康,控疫情、抗大灾,应变局、化危机……十年来,我们攻克了一个个看似不可攻克的难关险阻,创造了一个个令人刮目相看的人间奇迹,经受住了来自政治、经济、意识形态、自然界等方面的风险挑战考验,取得了新时代中国特色社会主义的伟大成就。

十年砥砺奋进,为实现中华民族伟大复兴提供了更为完善的制度保证。坚持和完善党的领导制度体系,坚持和完善社会主义基本经济制度,坚持和完善繁荣发展社会主义先进文化的制度,坚持和完善共建共治共享的社会治理制度,坚持和完善生态文明制度体系……各领域基础性制度框架基本确立,许多领域实现历史性变革、系统性重塑、整体性重构,中国特色社会主义制度更加成熟更加定型,国家治理体系和治理能力现代化水平明显提高,"中国之治"不断续写着新的时代华章。

十年勇毅前行,为实现中华民族伟大复兴提供了更为坚实的物质基础。实现了小康这个中华民族的千年梦想,打赢了人类历史上规模最大的脱贫攻坚战,切实贯彻新发展理念,着力推进高质量发展,推动构建新发展格局,推进一系列具有全局性意义的区域重大战略,国家经济实力、科技实力、综合国力跃上新台阶,书写了经济快速发展和社会长期稳定两大奇迹新篇章,人民群众获得感、幸福感、安全感更加充实、更有保障、更可持续,中国式现代化成功推进和拓展,为人类实现现代化提供了新的选择。

十年昂扬奋发,为实现中华民族伟大复兴提供了更为主动的精神力量。举旗帜、聚民心、育新人、兴文化、展形象,激发全民族文化创新创造活力,更好构筑中国精神、中国价值、中国力量,巩固团结奋斗的共同思想基础,全社会凝聚力和向心力极大提升,中国人民的前进动力更加强大、奋斗精神更加昂扬、必胜信念更加坚定,焕发出更为强烈的历史自觉和主动精神,正在信心百倍创造着新时代中国发展的伟大历史。

一路披荆斩棘，一路凯歌行进。新时代十年的伟大成就和变革，是在以习近平同志为核心的党中央坚强领导下、在习近平新时代中国特色社会主义思想指引下全党全国各族人民团结奋斗取得的。实践充分证明，"两个确立"是推动党和国家事业取得历史性成就、发生历史性变革的决定性因素，是战胜一切艰难险阻、应对一切不确定性的最大确定性、最大底气、最大保证。今天，一个欣欣向荣的中国、一个自信自强的民族，巍然屹立在世界东方，实现中华民族伟大复兴进入了不可逆转的历史进程。大道之行，天下为公。中国坚定站在历史正确的一边、站在人类文明进步的一边，同各国人民一道弘扬全人类共同价值，推动构建人类命运共同体，推动历史车轮向着光明的前途前进。

当前，世界之变、时代之变、历史之变正以前所未有的方式展开，我国发展进入战略机遇和风险挑战并存、不确定难预料因素增多的时期。走过万水千山，我们无比清醒，实现中华民族伟大复兴必须准备付出更为艰巨、更为艰苦的努力；穿越惊涛骇浪，我们更加笃定，比历史上任何时期都更接近、更有信心和能力实现中华民族伟大复兴的目标。2023年是全面贯彻落实党的二十大精神的开局之年，我们要胸怀中华民族伟大复兴战略全局和世界百年未有之大变局，坚定不移把党的二十大提出的目标任务落到实处，在新时代新征程上创造新的伟业，赢得更加伟大的胜利和荣光。

锚定奋斗目标、创造新的伟业，让我们保持战略定力，坚定信念信心。当今世界，要说哪个政党、哪个国家、哪个民族能够自信的话，那中国共产党、中华人民共和国、中华民族是最有理由自信的。前进道路上，越是风疾雨骤，越是爬坡过坎，越要坚定战略自信，保持战略定力。坚定志不改、道不变的决心，充分认识和用好我国发展的战略性有利条件，集中精力办好自己的事情，把中国发展进步的命运牢牢掌握在自己手中，稳扎稳打、稳中求进，中国号巨轮就一定能劈波斩浪、行稳致远。

锚定奋斗目标、创造新的伟业，让我们增强历史主动，发扬斗争精神。实现中华民族伟大复兴正处于关键时期，前进的每一步都是一次知重负重的艰难攀爬，都是一次攻坚克难的闯关夺隘，决不能因为胜利而骄傲，决不能因为成就而懈怠，决不能因为困难而退缩。无论风云如何变幻，无论挑战如何严峻，把握历史发展规律和大势，以思想的力量激扬奋进的力量，以理论的主动把握历史的主动，不断锤炼斗争精神和斗争本领，知难而进、奋发有为，我们就一定能依靠顽强斗争打开事业发展新天地。

锚定奋斗目标、创造新的伟业，让我们勇于担当作为，矢志团结奋斗。团结奋斗是中国人民创造历史伟业的必由之路。当此船到中流、人到半山之时，正需要全党全国各族人民在党的旗帜下团结成"一块坚硬的钢铁"，心往一处想、劲往一处使，凝聚起智慧和力量，激发出创造活力和发展动力。不断巩固全国各族人民大团结，加强海内外中华儿女大团结，汇聚万众一心的磅礴伟力，敢于担当、积极作为，求真务实、苦干实干，我们就一定能同心共圆中国梦。

当代中国，江山壮丽，人民豪迈，前程远大。奋进在全面建设社会主义现代化国家新征程上，中国人民具有无比广阔的时代舞台，具有无比光明的发展前景，具有无比强大的前进动力。让我们更加紧密地团结在以习近平同志为核心的党中央周围，全面贯彻习近平新时代中国特色社会主义思想，深刻领悟"两个确立"的决定性意义，增强"四个意识"、坚定"四个自信"、做到"两个维护"，坚定信心，踔厉奋发，乘势而上，铆足干劲，为全面建设社会主义现代化国家、全面推进中华民族伟大复兴而团结奋斗！

（2023年01月01日　05版）

全面推进乡村振兴　加快建设农业强国

一年之计在于春。新春伊始,中共中央、国务院公开发布《关于做好2023年全面推进乡村振兴重点工作的意见》。这是党的二十大胜利召开后发布的首个指导"三农"工作的"一号文件",体现了以习近平同志为核心的党中央对"三农"工作的高度重视,传递出重农强农的强烈信号。今年的中央一号文件从全面建设社会主义现代化国家的全局出发,对全面推进乡村振兴作出重大部署,对于做好今年和今后一个时期"三农"工作,全面推进乡村振兴,加快建设农业强国,具有重大指导意义。

党的十八大以来,以习近平同志为核心的党中央坚持把解决好"三农"问题作为全党工作的重中之重,打赢人类历史上规模最大的脱贫攻坚战,历史性地解决了绝对贫困问题,实施乡村振兴战略,推动农业农村取得历史性成就、发生历史性变革。"三农"向好,全局主动。2022年,面对风高浪急的国际环境和艰巨繁重的国内改革发展稳定任务,我国粮食生产实现"十九连丰",大豆油料扩种成效明显,脱贫攻坚成果持续巩固,乡村振兴取得阶段性进展。"三农"各项工作扎实推进,为有效应对超预期因素冲击赢得了主动权。

党的二十大擘画了全面建设社会主义现代化国家、以中国式现代化全面推进中华民族伟大复兴的宏伟蓝图,吹响了奋进新征程的时代号角。必须深刻认识到,全面建设社会主义现代化国家,最艰巨最繁重的任务仍然在农村。农业强国是社会主义现代化强国的根基,满足人民美好生活需要、实现高质量发展、夯实国家安全基础,都离不开农业发展。习近平总书记指出:"强国必先强农,农强方能国强。没有农业强国就没有整个现代化强国;没有农业农村现代化,社会主义现代化就是不全面的。"党中央着眼全面建成社会主义现代化强国,作出全面推进乡村振兴、加快建设农业强国的战略部署。我们必须把加快建设农业强国摆上建设社会主义现代化强国的重要位置,抓好以乡村振兴为重心的"三农"各项工作,大力推进农业农村现代化,为加快建设农业强国而努力奋斗。

今年是全面贯彻落实党的二十大精神的开局之年,开局关乎全局,起步决定后程。当前,世界百年未有之大变局加速演进,我国发展进入战略机遇和风险挑战并存、不确定难预料因素增多的时期,守好"三农"基本盘至关重要、不容有失。坚持以习近平新时代中国特色社会主义思想为指导,全面贯彻落实党的二十大精神,深入贯彻落实习近平总书记关于"三农"工作的重要论述,坚持和加强党对"三农"工作的全面领导,举全党全社会之力全面推进乡村振兴,建设供给保障强、科技装备强、经营体系强、产业韧性强、竞争能力强的农业强国,才能为全面建设社会主义现代化国家开好局起好步打下坚实基础。

全面推进乡村振兴是新时代建设农业强国的重要任务。要把人力投入、物力配置、财力保障都转移到乡村振兴上来,全面推进产业、人才、文化、生态、组织"五个振兴"。要认真贯彻落实中央一号文件部署要求,坚持农业农村优先发展,坚持城乡融合发展,强化科技创新和制度创新,坚决守牢确保粮食安全、防止规模性返贫等底线,扎实推进乡村发展、乡村建设、乡村治理等重点工作。要抓紧抓好粮食和重要农产品稳产保供,加强农业基础设施建设,强化农业科技和装备支撑,巩固拓展脱贫攻坚成果，推动乡村产业高质量发展，拓宽农民增收致富渠道，扎实推进宜居宜业和美乡村建设，健全党组织领导的乡村治理体系，强化政策保障和体制机制创新。

民族要复兴，乡村必振兴。做好"三农"工作，使命光荣、责任重大。让我们更加紧密地团结在以习近平同志为核心的党中央周围，坚定信心、踔厉奋发、埋头苦干，全面推进乡村振兴，加快建设农业强国，为全面建设社会主义现代化国家、全面推进中华民族伟大复兴作出新的贡献。

（2023年02月14日　01版）

为实现新时代新征程的目标任务汇聚智慧和力量

——热烈祝贺全国政协十四届一次会议开幕

春来潮涌，奋楫扬帆。3月4日，全国政协十四届一次会议在京隆重开幕。来自34个界别的2100多名新一届全国政协委员迎着新时代的浩荡东风，肩负亿万人民的殷切期待，齐聚首都共商国是。我们对大会的召开表示热烈祝贺！

新时代十年极不寻常、极不平凡。以习近平同志为核心的党中央团结带领全党全国各族人民，稳经济、促发展，战贫困、建小康，控疫情、抗大灾，应变局、化危机，取得了举世瞩目的伟大成就，推动我国迈上全面建设社会主义现代化国家新征程，实现中华民族伟大复兴进入了不可逆转的历史进程。特别是过去五年，我们经受了世界变局加剧、新冠疫情冲击和国内经济下行等多重考验，历史性地解决了绝对贫困问题，如期全面建成小康社会，实现第一个百年奋斗目标，取得疫情防控重大决定性胜利，创造了人类文明史上人口大国成功走出疫情大流行的奇迹，以奋发有为的精神把新时代中国特色社会主义不断推向前进。党和国家事业取得的历史性成就、发生的历史性变革，是以习近平同志为核心的党中央坚强领导的结果，是全国各族人民艰苦奋斗的结果，也是包括各民主党派、工商联和无党派人士在内的统一战线广大成员共同努力的结果。

为国履职显担当，为民尽责践初心。五年来，人民政协坚持以习近平新时代中国特色社会主义思想为指导，深入贯彻中央政协工作会议精神，紧紧围绕中心、服务大局，务实有效深化专门协商机构建设，凝心聚力共襄民族复兴历史伟业，与时俱进推进人民政协实践创新、理论创新、制度创新，人民政协事业展现新气象新面貌，为党和国家事业发展作出新贡献。

党的二十大擘画了全面建设社会主义现代化国家、以中国式现代化全面推进中华民族伟大复兴的宏伟蓝图，明确了新时代新征程党和国家事业发展的目标任务，吹响了奋进新征程的时代号角。当前，世界之变、时代之变、历史之变正以前所未有的方式展开，我国发展进入战略机遇和风险挑战并存、不确定难预料因素增多的时期，必须准备经受风高浪急甚至惊涛骇浪的重大考验。越是形势复杂，越是任务艰巨，越要发挥中国共产党领导的政治优势和中国特色社会主义的制度优势，切实把思想和行动统一到党的二十大作出的重大决策部署上来，为实现新时代新征程的目标任务广泛汇聚智慧和力量。

力量生于团结，幸福源自奋斗。实现宏伟蓝图，需要全国上下团结奋斗。人民政协因团结而生、依团结而存、靠团结而兴，肩负着为实现中华民族伟大复兴凝心聚力的重要使命。面对新时代新征程的新任务新要求，人民政协发挥作为最广泛的爱国统一战线组织功能，坚持大团结大联合，动员全体中华儿女围绕实现中华民族伟大复兴中国梦一起来想、一起来干，最大限度把各阶层各方面的智慧和力量凝聚起来，最大限度把全社会全民族的积极性、主动性、创造性发挥出来，一定能够形成同心共圆中国梦的强大合力。

协商民主是实践全过程人民民主的重要形式，人民政协是社会主义协商民主的重要渠道和专门协商机构，人民政协制度具有多方面的独特优势。前进道路上，要坚持和完善中国共产党领导的多党合作和政治协商制度，坚持党的领导、统一战线、协商民主有机结合，坚持发扬民主和增进团结相互贯通、建言资政和凝聚共识双向发力，发挥人民政协作为专门协商机构作用，加强制度化、规范化、程序化等功能建设，提高深度协商互动、意见充分表达、广泛凝聚共识水平，更好把人民政协制度优势转化为国家治理效能。

今年是全面贯彻党的二十大精神的开局之年。开局关乎全局，起步决定后程。向着新目标、奋楫再出发，人民政协使命光荣、责任重大。期待新一届全国政协委员牢记"国之大者"、增强历史主动、认真履职尽责，努力为实现新征程的良好开局建真言、谋良策、出实招。让我们更加紧密地团结在以习近平同志为核心的党中央周围，坚持以习近平新时代中国特色社会主义思想为指导，深刻领悟"两个确立"的决定性意义，增强"四个意识"、坚定"四个自信"、做到"两个维护"，坚定信心、同心同德、埋头苦干，为全面建设社会主义现代化国家开好局起好步，为实现第二个百年奋斗目标奠定坚实基础。

预祝大会圆满成功！

（2023年03月04日　01版）

激扬奋进力量　创造新的伟业

——热烈祝贺十四届全国人大一次会议开幕

律回春晖渐，万象始更新。3月5日，十四届全国人大一次会议在京隆重开幕。近3000名新一届全国人大代表肩负人民重托，齐聚首都共商国是，为全面建设社会主义现代化国家开好局起好步凝心聚力。我们对大会的召开表示热烈祝贺！

党的二十大擘画了全面建设社会主义现代化国家、以中国式现代化全面推进中华民族伟大复兴的宏伟蓝图，吹响了奋进新征程的时代号角。十四届全国人大一次会议将审议立法法修正草案，选举和决定任命新一届国家机构领导人员，决定一系列影响深远的重大事项。开好这次会议，把党的主张和人民意愿凝聚为国家意志，对贯彻落实习近平新时代中国特色社会主义思想和党的二十大精神，动员全党全国各族人民为全面建设社会主义现代化国家、全面推进中华民族伟大复兴而团结奋斗具有十分重要的意义。

过去五年和新时代以来的十年，有涉滩之险，有爬坡之艰，有闯关之难，在党和国家发展进程中极不寻常、极不平凡。在以习近平同志为核心的党中央坚强领导下，我们党紧紧依靠人民迎难而上，砥砺前行，攻克了一个个看似不可攻克的难关险阻，创造了一个个令人刮目相看的人间奇迹，成功推进和拓展了中国式现代化，不断丰富和发展人类文明新形态，为强国建设、民族复兴开辟了光明前景。新时代十年的伟大变革，在党史、新中国史、改革开放史、社会主义发展史、中华民族发展史上具有里程碑意义，对党、对中国人民、对社会主义现代化建设、对科学社会主义在21世纪中国的发展具有深远影响。

心系国是，情牵民生；汇聚民意，凝聚力量。十三届全国人大及其常委会把党的领导、人民当家作主、依法治国有机统一贯穿人大工作始终，坚定维护党中央权威和集中统一领导，坚决贯彻党中央大政方针和决策部署；坚持以人民为中心，积极践行全过程人民民主，依法维护人民群众根本利益；坚持履行宪法法律赋予的职责，进一步完善现代化治理的法律体系，推动人大工作取得新的重大进展，为党和国家事业发展作出积极贡献。

事非经过不知难，成如容易却艰辛。历史和实践充分证明，中国共产党具有无比坚强的领导力、组织力、执行力，始终是风雨来袭时全体人民最可靠的主心骨。"两个确立"是推动党和国家事业取得历史性成就、发生历史性变革的决定性因素，是战胜一切艰难险阻、应对一切不确定性的最大确定性、最大底气、最大保证。人民代表大会制度有效保证国家沿着社会主义道路前进，有效保证国家治理跳出治乱兴衰的历史周期率，有效保证国家政治生活既充满活力又安定有序，是坚持党的领导、人民当家作主、依法治国有机统一的根本政治制度安排，是符合我国国情和实际、体现社会主义国家性质、保证人民当家作主、保障实现中华民族伟大复兴的好制度，具有无与伦比的优越性和强大生命力。

"积力之所举，则无不胜也；众智之所为，则无不成也。"全面建设社会主义现代化国家寄托着中华民族的夙愿和期盼，凝结着中国人民的奋斗和汗水。中国式现代化是我们党领导全国各族人民在长期探索和实践中历经千辛万苦、付出巨大代价取得的重大成果，是一项前无古人的开创性事业，必须发挥亿万人民的创造伟力。一路走来，我们党紧紧依靠人民交出了一份又一份载入史册的答卷。前进道路上，无论是风高浪急还是惊涛骇浪，人民永远是我们党最坚实的依托、最强大的底气。只要始终坚持一切为了人民、一切依靠人民，始终与人民风雨同舟、与人民心心相印，想人民之所想，行人民之所嘱，尊重人民主体地位，尊重人民群众在实践活动中所表达的意愿、所创造的经验、所拥有的权利、所发挥的作用，不断把人民对美好生活的向往变为现实，就一定能凝聚同心共圆中国梦的磅礴力量。

全过程人民民主是社会主义民主政治的本质属性，是最广泛、最真实、最管用的民主。人民代表大会制度是实现我国全过程人民民主的重要制度载体。党的十八大以来，以习近平同志为核心的党中央坚持走中国特色社会主义政治发展道路，全面发展全过程人民民主，健全人民当家作主制度体系，支持人大及其常委会依法行使职权，改进人大代表工作，人大工作取得历史性成就，人民代表大会制度更加成熟、更加定型。前进道路上，要继续推进全过程人民民主建设，把人民当家作主具体地、现实地体现到党治国理政的政策措施上来，具体地、现实地体现到党和国家机关各个方面各个层级工作上来，具体地、现实地体现到实现人民对美好生活向往的工作上来，把人民代表大会制度的特点和优势充分发挥出来，确保党和国家在决策、执行、监督落实各个环节都能听到来自人民的声音，通过人民代表大会制度牢牢把国家和民族前途命运掌握在人民手中。

今年是全面贯彻党的二十大精神的开局之年，也是十四届全国人大及其常委会依法履职的第一年。向着新目标、奋楫再出发，让我们更加紧密地团结在以习近平同志为核心的党中央周围，坚持以习近平新时代中国特色社会主义思想为指导，深刻领悟"两个确立"的决定性意义，增强"四个意识"、坚定"四个自信"、做到"两个维护"，坚定历史自信，增强历史主动，激扬奋进力量，在全面建设社会主义现代化国家新征程上谱写新的时代华章、创造新的历史伟业。

预祝大会圆满成功！

（2023年03月05日　01版）

向着新目标，奋楫再出发

宏伟蓝图，展现光明前景；伟大征程，召唤新的进发。

在亿万人民意气风发迈上全面建设社会主义现代化国家新征程、向第二个百年奋斗目标进军之际，十四届全国人大一次会议举行全体会议，选举产生新一届国家机构领导人员，中共中央总书记、中央军委主席习近平全票当选中华人民共和国主席、中华人民共和国中央军事委员会主席。这充分反映了全党全军全国各族人民共同心愿，充分体现了党的意志、人民意志、国家意志的高度统一，极大鼓舞和激励亿万人民更加紧密地团结在以习近平同志为核心的党中央周围，踔厉奋发、勇毅前行，为实现党的二十大确定的目标任务而共同奋斗。

历史见证壮阔的征程，时间镌刻奋斗的足迹。党的十八大以来，以习近平同志为核心的党中央统筹中华民族伟大复兴战略全局和世界百年未有之大变局，以伟大的历史主动精神、巨大的政治勇气、强烈的责任担当，团结带领全党全军全国各族人民撸起袖子加油干、风雨无阻向前行，义无反顾进行具有许多新的历史特点的伟大斗争，经受住了来自政治、经济、意识形态、自然界等方面的风险挑战考验，如期打赢脱贫攻坚战，全面建成小康社会，实现第一个百年奋斗目标，取得疫情防控重大决定性胜利，创造了新时代中国特色社会主义的伟大成就，推动我国迈上全面建设社会主义现代化国家新征程。十年砥砺奋进，党和国家事业取得历史性成就、发生历史性变革，党心军心民心空前凝聚振奋，中华民族迎来了从站起来、富起来到强起来的伟大飞跃，中国式现代化得到成功推进和拓展，创造了人类文明新形态，为人类实现现代化提供了新的选择。新时代十年的伟大变革，在党史、新中国史、改革开放史、社会主义发展史、中华民族发展史上具有里程碑意义。中国共产党在革命性锻造中更加坚强有力，中国人民焕发出更为强烈的历史自觉和主动精神，实现中华民族伟大复兴进入了不可逆转的历史进程，科学社会主义在二十一世纪的中国焕发出新的蓬勃生机。

新时代以来这十年，在党和国家发展进程中极不寻常、极不平凡，我们面临的形势之复杂、斗争之严峻、改革发展稳定任务之艰巨世所罕见、史所罕见。正是因为确立了习近平同志党中央的核心、全党的核心地位，确立了习近平新时代中国特色社会主义思想的指导地位，党才有力解决了影响党长期执政、国家长治久安、人民幸福安康的突出矛盾和问题，消除了党、国家、军队内部存在的严重隐患，从根本上确保实现中华民族伟大复兴进入了不可逆转的历史进程。实践充分证明，"两个确立"是战胜一切艰难险阻、应对一切不确定性的最大确定性、最大底气、最大保证，是推动党和国家事业取得历史性成就、发生历史性变革的决定性因素，对新时代党和国家事业发展、对推进中华民族伟大复兴历史进程具有决定性意义。

万山磅礴，必有主峰；船重千钧，掌舵一人。在风云变幻中举旗定向、掌舵领航，在大战大考中指挥若定、运筹帷幄，在惊涛骇浪中力挽狂澜、砥柱中流，习近平总书记谋划国内外大局，统领改革发展稳定、内政外交国防、治党治国治军，充分展现了马克思主义政治家、思想家、战略家的恢弘气魄、远见卓识、雄韬伟略；始终坚持人民至上的执政理念，始终秉持为民造福的价值追求，想人民之所想，行人民之所嘱，充分彰显了大党大国领袖深厚真挚的人民情怀，不愧为党的核心、人民领袖、军队统帅，不愧为党领导人民成就伟业的主心骨，不愧为中华民族伟大复兴号巨轮的掌舵者、领航人。习近平总书记当选国家主席、中央军委主席，是党心所向、民心所盼、众望所归，体现了中国共产党、中华人民共和国、中国人民解放军领导人"三位一体"领导体制的制度安排，体现了中国共产党领导的政治优势和中国特色社会主义的制度优势，有利于坚持和加强党的全面领导，有利于坚持和完善党和国家领导体制，有利于维护以习近平同志为核心的党中央权威和集中统一领导，为全面建设社会主义现代化国家、全面推进中华民族伟大复兴筑牢坚实的政治根基、组织根基。

党的二十大擘画了全面建设社会主义现代化国家、以中国式现代化全面推进中华民族伟大复兴的宏伟蓝图，明确了新时代新征程党和国家事业发展的目标任务。新征程是充满光荣和梦想的远征。今天，我们比历史上任何时期都更接近、更有信心和能力实现中华民族伟大复兴的目标，同时必须准备付出更为艰巨、更为艰苦的努力，准备经受风高浪急甚至惊涛骇浪的重大考验。向着新目标，奋楫再出发，更加自觉地维护习近平总书记党中央的核心、全党的核心地位，更加自觉地维护以习近平同志为核心的党中央权威和集中统一领导，坚定不移在思想上政治上行动上同以习近平同志为核心的党中央保持高度一致，坚持用习近平新时代中国特色社会主义思想统一思想、统一意志、统一行动，心往一处想，劲往一处使，就一定能够战胜一切艰难险阻，在中国式现代化的康庄大道上奋勇前进，始终把我国发展进步的命运牢牢掌握在自己手中。

当代中国，江山壮丽，人民豪迈，前程远大。心中装着百姓，手中握有真理，脚踏人间正道，我们信心十足、力量十足。让我们更加紧密地团结在以习近平同志为核心的党中央周围，全面贯彻习近平新时代中国特色社会主义思想，深刻领悟"两个确立"的决定性意义，增强"四个意识"、坚定"四个自信"、做到"两个维护"，自信自强、守正创新，锐意进取、顽强拼搏，在全面建设社会主义现代化国家新征程上创造新的时代辉煌、铸就新的历史伟业。

《人民日报》（2023年03月11日　05版）

凝聚同心共圆中国梦的强大合力

——热烈祝贺全国政协十四届一次会议胜利闭幕

深入协商谋良策，广聚共识增合力。全国政协十四届一次会议不负重托、不辱使命，圆满完成各项议程，3月11日在北京胜利闭幕。我们对大会的成功表示热烈祝贺！

这是一次民主、团结、求实、奋进的大会。会议期间，中共中央总书记、国家主席、中央军委主席习近平等党和国家领导同志出席大会开幕会和闭幕会，看望了参加会议的委员，深入界别小组听取意见，与委员共商国是、共谋发展。广大政协委员认真履职尽责、积极建言资政、广泛凝聚共识，充分发挥了社会主义协商民主的独特优势，充分彰显了中国特色社会主义民主政治的生机活力。

政协章程是参加人民政协的各党派团体和各族各界人士共同的行为准则，是各级政协设立组织、开展工作的基本依据。对政协章程进行适当修改，是更好坚持和完善中国共产党领导的多党合作和政治协商制度、加强人民政协制度建设和自身建设的一件大事。这次会议把党的十九大以来习近平新时代中国特色社会主义思想新发展写入章程，把党的二十大提出的重要思想、重要观点、重大战略、重大举措和党中央关于人民政协工作的重要决策部署体现到章程中。政协章程不断适应新形势、作出新规范，有利于人民政协更好发挥作用、推动人民政协事业发展。

人民政协作为统一战线的组织、多党合作和政治协商的机构、全过程人民民主的重要实现形式,是社会主义协商民主的重要渠道和专门协商机构。实践充分证明,把人民政协制度坚持好、把人民政协事业发展好,必须毫不动摇坚持中国共产党的全面领导,必须准确把握人民政协性质定位,必须聚焦中心工作持续提高协商效能,必须坚持团结和民主两大主题,必须不断强化政协委员责任担当。

党的二十大擘画了全面建设社会主义现代化国家、以中国式现代化全面推进中华民族伟大复兴的宏伟蓝图。实现宏伟蓝图,需要在党的旗帜下团结凝聚起万众一心、共克时艰的磅礴力量,动员全体中华儿女一起来想、一起来干,朝着既定的战略目标前进,不断夺取新的更大胜利。人民政协是国家治理体系的重要组成部分,要坚持以习近平新时代中国特色社会主义思想为指导,学习贯彻习近平总书记关于加强和改进人民政协工作的重要思想,持续深入贯彻中央政协工作会议精神,认真履行各项职能,践行全过程人民民主,促进中华儿女大团结,凝聚同心共圆中国梦的强大合力。

商以求同,协以成事。人民政协要坚持党的领导、统一战线、协商民主有机结合,坚持发扬民主和增进团结相互贯通、建言资政和凝聚共识双向发力,围绕服务党和国家工作大局协商议政,坚持巩固和发展最广泛的爱国统一战线,更好成为坚持和加强党对各项工作领导的重要阵地、用党的创新理论团结教育引导各族各界代表人士的重要平台、在共同思想政治基础上化解矛盾和凝聚共识的重要渠道。要发挥人民政协作为专门协商机构作用,加强制度化、规范化、程序化等功能建设,提高深度协商互动、意见充分表达、广泛凝聚共识水平,完善人民政协民主监督和委员联系界别群众制度机制,把人民政协制度优势转化为国家治理效能。

齐众心、汇众力、聚众智。全面建设社会主义现代化国家寄托着中华民族的夙愿和期盼，凝结着中国人民的奋斗和汗水。中国式现代化是中国共产党领导全国各族人民在长期探索和实践中历经千辛万苦、付出巨大代价取得的重大成果，是强国建设、民族复兴的唯一正确道路。在充满光荣和梦想的新征程上，人民政协使命光荣、责任重大。让我们更加紧密地团结在以习近平同志为核心的党中央周围，全面贯彻习近平新时代中国特色社会主义思想，深刻领悟"两个确立"的决定性意义，增强"四个意识"、坚定"四个自信"、做到"两个维护"，全面贯彻落实党的二十大精神，同心同德、埋头苦干、奋勇前进，为实现新征程的良好开局、夺取全面建设社会主义现代化国家新胜利、实现中华民族伟大复兴的中国梦，汇聚磅礴伟力、作出新的贡献。

《人民日报》（2023年03月12日　04版）

踔厉奋发新征程　勇毅前行向复兴

——热烈祝贺十四届全国人大一次会议胜利闭幕

东风浩荡，奋进新程；凝心聚力，奋楫扬帆。3月13日，十四届全国人大一次会议圆满完成各项议程，在北京胜利闭幕。与会代表不负人民重托、积极建言献策、认真履职尽责，会议各项成果充分体现了党的主张和人民意志的统一。我们向与会代表致以崇高敬意，对大会的成功表示热烈祝贺！

这次大会是在全面贯彻落实党的二十大精神开局之年召开的一次重要会议，是一次民主、团结、求实、奋进的大会。大会高度评价过去五年党和国家事业取得的举世瞩目的重大成就，代表们一致认为这是以习近平同志为核心的党中央坚强领导的结果，是习近平新时代中国特色社会主义思想科学指引的结果，是全党全军全国各族人民团结奋斗的结果。大会选举和决定的新一届国家机构领导人员，结构更加优化、活力更为增强，为新时代坚持和发展中国特色社会主义提供了重要组织保证。大会审议并批准了政府工作报告和其他各项重要报告，代表们一致认为，政府工作报告体现了习近平新时代中国特色社会主义思想和党的二十大精神，明确了今年经济社会发展总体要求、主要预期目标和工作重点，是一个求真务实、开拓进取、团结鼓劲的好报告。大会审议通过关于修改立法法的决定，对于新时代加强党对立法工作的全面领导，坚持和发展全过程人民民主,加强和改进立法工作,完善以宪法为核心的中国特色社会主义法律体系,更好发挥法治固根本、稳预期、利长远的保障作用,具有重大意义。大会审议批准的国务院机构改革方案,着眼转变政府职能,加快建设法治政府,重点加强科学技术、金融监管、数据管理、乡村振兴、知识产权、老龄工作等重点领域的机构职责优化和调整,必将为全面建设社会主义现代化国家、全面推进中华民族伟大复兴提供有力保障。

"强国建设、民族复兴的接力棒,历史地落在我们这一代人身上。"闭幕会上,习近平主席发表重要讲话,深刻阐明全党全国人民的中心任务,着眼强国建设、民族复兴的新征程,强调我们要坚定不移推动高质量发展、始终坚持人民至上、更好统筹发展和安全、扎实推进"一国两制"实践和祖国统一大业、努力推动构建人类命运共同体,深刻指出"推进强国建设,必须坚持中国共产党领导和党中央集中统一领导,切实加强党的建设",强调"我们要只争朝夕,坚定历史自信,增强历史主动,坚持守正创新,保持战略定力,发扬斗争精神,勇于攻坚克难,不断为强国建设、民族复兴伟业添砖加瓦、增光添彩!"习近平主席的重要讲话,坚守人民立场、坚定历史自信、彰显使命担当、指引前进方向,必将激励全国各族人民在强国建设、民族复兴新征程踔厉奋发、勇毅前行。

制度稳则国家稳,制度强则国家强。实践充分证明,人民代表大会制度是坚持党的领导、人民当家作主、依法治国有机统一的根本政治制度安排,是符合我国国情和实际、体现社会主义国家性质、保证人民当家作主、保障实现中华民族伟大复兴的好制度。在全面建设社会主义现代化国家新征程上,我们要毫不动摇坚持、与时俱进完善人民代表大会制度,充分发挥人民代表大会制度的根本政治制度作用,继续通过人民代表大会制度牢牢把国家和民族前途命运掌握在人民手中，更好把各方面智慧和力量凝聚到党和人民事业中来。

党的二十大擘画了全面建设社会主义现代化国家、以中国式现代化全面推进中华民族伟大复兴的宏伟蓝图，明确了新时代新征程党和国家事业发展的目标任务。新时代新征程，我国发展面临新的战略机遇、新的战略任务、新的战略阶段、新的战略要求、新的战略环境。推进中国式现代化，是一项前无古人的开创性事业，必然会遇到各种可以预料和难以预料的风险挑战、艰难险阻甚至惊涛骇浪。团结就是力量，奋斗开创未来。面对国际国内环境发生的深刻复杂变化，我们要保持战略清醒、战略自信、战略主动，坚定必胜信念，抓住战略机遇，沉着应对挑战，继续披荆斩棘，朝着既定的战略目标前进，做到沉着冷静、保持定力，稳中求进、积极作为，团结一致、敢于斗争，心往一处想、劲往一处使，同舟共济、众志成城，奋力开创事业发展新局面，不断夺取新的更大胜利。

今年是十四届全国人大及其常委会依法履职的第一年。要在以习近平同志为核心的党中央坚强领导下，坚持以习近平新时代中国特色社会主义思想为指导，深入贯彻习近平总书记关于坚持和完善人民代表大会制度的重要思想，全面贯彻落实党的二十大精神，坚持党的领导、人民当家作主、依法治国有机统一，坚持好、完善好、运行好人民代表大会制度，扎实推进中国式现代化，坚持稳中求进工作总基调，完整、准确、全面贯彻新发展理念，紧紧围绕新时代新征程党和国家中心任务依法履职、担当尽责，加强和改进新时代人大工作，为全面建设社会主义现代化国家开好局起好步作出应有贡献。我们相信，新一届全国人大及其常委会一定能够担负起新时代赋予人大工作的历史使命，开拓进取、奋发有为，不断开创人大工作新局面。

　　踔厉奋发新征程，勇毅前行向复兴。今天，亿万人民正意气风发、团结一心奋进在充满光荣和梦想的新征程上。让我们更加紧密地团结在以习近平同志为核心的党中央周围，全面贯彻习近平新时代中国特色社会主义思想，深刻领悟"两个确立"的决定性意义，增强"四个意识"、坚定"四个自信"、做到"两个维护"，自信自强、守正创新，锐意进取、顽强拼搏，为全面建设社会主义现代化国家、全面推进中华民族伟大复兴而团结奋斗。

《人民日报》（2023年03月14日　04版）